西南政法大学
Southwest University of
Political Science & Law

涉外法律实务系列

总主编 张晓君

海关法律实务

The Law and Practice of Customs

主 编 / 丁丽柏

撰稿人（按章节先后）：

全小莲 丁丽柏 王 筝

厦门大学出版社 国家一级出版社
XIAMEN UNIVERSITY PRESS 全国百佳图书出版单位

图书在版编目(CIP)数据

海关法律实务/丁丽柏主编.—厦门:厦门大学出版社,2017.10
(涉外法律实务系列)
ISBN 978-7-5615-6435-6

Ⅰ.①海…　Ⅱ.①丁…　Ⅲ.①海关法-高等学校-教材　Ⅳ.①D912.2

中国版本图书馆 CIP 数据核字(2017)第 082203 号

出 版 人	蒋东明
责任编辑	李　宁
封面设计	李嘉彬
技术编辑	许克华

出版发行　厦门大学出版社

社　　址	厦门市软件园二期望海路 39 号
邮政编码	361008
总 编 办	0592-2182177　0592-2181406(传真)
营销中心	0592-2184458　0592-2181365
网　　址	http://www.xmupress.com
邮　　箱	xmup@xmupress.com
印　　刷	厦门市金凯龙印刷有限公司

开本	720mm×1000mm　1/16
印张	17
插页	2
字数	268 千字
版次	2017 年 10 月第 1 版
印次	2017 年 10 月第 1 次印刷
定价	49.00 元

本书如有印装质量问题请直接寄承印厂调换

厦门大学出版社
微信二维码

厦门大学出版社
微博二维码

西南政法大学涉外法律实务系列编委会

总 序

2013年，西南政法大学获批为教育部涉外法律人才教育培养基地，由国际法学院具体牵头建设。近些年，国际法学院积极探索创新涉外法律人才培养机制，努力培养一批具有国际视野、通晓国际规则，能够参与国际法律事务和维护国家利益的涉外法律人才；依托各种政策和发展契机，协同海内外高校和实务部门，以开设涉外法律人才实验班为重要抓手和创新载体，进一步探索实践涉外法律人才培养新模式新方式。涉外法律人才培养目标的实现需要与之相适应的教材系列。为此，在学校支持下，国际法学院精心组织策划涉外法律实务教材的系列编写，邀请来自高校和实务部门的专家学者参与本系列各教材的编写。这种"五湖四海"式组建编写团队，目的是保证本系列的实务性和高水准。

本系列围绕涉外法律实务能力和专业素质，着力突出专业和实务特色。一方面，本系列各教材主题的选定，以涉外法律人才要接触到的最广泛和经常性的国际法律实务为依据，涵盖了涉外法律实务的实体性和程序性问题，包括世界贸易组织法律实务、涉外工程法律实务、涉外民事诉讼法律实务、海商法律实务、涉外知识产权法律实务、涉外货物买卖法律实务、涉外金融法律实务、涉外民事关系法律适用实务、涉外投资法律实务等，着重阐述主要国际法律实务问题，基本涵盖了高端国际法律人才从事涉外法律实务工作必须学习和掌握的实务性专业知识。另一方面，本系列在内容结构和体例设计上，体现注重涉外法律实务知识和实务能力提高的总体要求。各教材编写，力求配合案例

总 序 •••

教学讨论式授课模式。严格统一编写体例,每章各节在内容结构上分成知识背景或知识点、案例裁决或法律文书摘录、延伸阅读三个板块,对涉外法律实务知识进行讲解。先系统性阐释专业知识内容,之后以真实案例为素材进行案例教学,精选的经典和富有代表性案例,都摘编节选自案例原文,这样既保持案例的本来面貌,又能深化读者对基础知识和案例内容的理解和掌握。专业知识衔接案例分析或法律文书摘录学习,配以延伸知识阅读,通过这样的体例设计,帮助学生切实有效地将知识转化为运用法律解决实际问题的能力,培养学生运用法律逻辑分析问题和独立思考的习惯。

西南政法大学涉外法律实务系列,是从以灌输知识为主,向培养能力为主的教学理念和教学方法转变的有益尝试,是涉外法律人才教育培养的经验总结和创新成果,也是深化涉外法律人才教育培养的重要内容和教学载体。期望这套丛书能够不断得到完善,在推进中国涉外法律人才教育培养事业中发挥作用。

西南政法大学校长   **付子堂**
教授、博士生导师

西南政法大学国际法学院院长   **张晓君**
教授、博士生导师

2017 年 5 月

编者介绍

丁丽柏,主编,西南政法大学国际法学院教授、博士研究生导师、中国国际法学会理事、中国—东盟法律研究中心理事。主要研究方向:国际公法、海关法等。主要教授课程:国际公法学、海关法、国际法成案分析等。主要学术成就:出版专著 1 部,主编教材 1 部,主持中国法学会部级重点项目 1 项以及其他省部级项目 6 项。她在《现代法学》《政法论坛》《南京社会科学》等国内期刊发表专业学术论文十余篇。联系方式:dinglibai@163.com。

全小莲,西南政法大学副教授、法学博士、硕士生导师。2013 年 3 月至 2014 年 7 月,在商务部条法司挂职,从事世贸争端解决案件、FTA 争端解决章节谈判等工作。2015 年 9 月至 12 月,她曾出版个人专著《WTO 透明度原则》,在《中国出版》《宁夏社会科学》《河北法学》《四川教育学院学报》等核心期刊发表科研和教改论文十余篇,主持国家社科基金项目 1 项、中国法学会部级项目 1 项以及其他省级和横向课题十余项,参与多项国家社科基金项目以及省部级重点项目研究工作。联系方式:xiaolian_jlu@163.com。

王筝,西南政法大学讲师。主要研究方向为国际法、国际商事仲裁等。她曾在《重庆大学学报》《湖南社会科学》等刊物发表《论国际商事仲裁制度中的意思自治原则》《论东盟区域一体化形成的基础》《TRIPS 协议中未披露信息与我国商业秘密的界定》等学术论文,参与多项国家社科基金项目以及省部级重点项目研究工作。联系方式:nix.w@163.com。

编写说明

海关是国家对外经济贸易的管理机关之一,在国家的对外经济贸易发展中有着重要的地位和作用。海关法是规范海关对出入境活动及参与出入境经济活动人员的行为规则体系,是我国涉外经济法的重要组成部分。伴随世界经济一体化和国际贸易的发展,海关法律制度也飞速发展,成为贸易便利化法律制度的重要组成部分。尤其在中国大力推进自贸区建设的大背景下,关于货物、人员、行李物品及运输工具通关的法律制度正在发生剧烈的变革。海关法律业务在我国法律服务市场中占越来越大的比重,我国海关法律人才的需求与日俱增。

对于高水平海关法法律人才的培养,除了海关法的专业知识和语言能力之外,更重要的是要培养学生具备法律逻辑推理能力和法律思维。要达到这样的教学目标,应当注重培养学生思辨批判的能力和实际解决问题的能力。这就需要大力提倡案例教学。因此,本书在结构设计和内容安排上,除了系统性地编写海关法的专业知识内容以外,还将涉及海关法的真实经典案例原文和精彩评论,置于各章节知识内容之后。这样有助于学生在海关法的法律实践中理解和掌握基础知识,力求帮助学生切实有效地将知识转化为运用法律解决实际问题的能力,培养学生运用法律逻辑分析问题和独立思考的习惯。

本书是各位作者集体智慧的结晶。本书具体撰稿人及分工如下:

第一、二、三章:全小莲(西南政法大学)

第四章:丁丽柏(西南政法大学)

第五、六、七章:王筝(西南政法大学)

本书在编写过程中,还受到厦门大学出版社及其编辑的大力支持,在此一并表示衷心的感谢！

虽然本书在结构设计和内容安排上都做了一定程度的新尝试，但限于时间和水平，书中内容错误和遗漏之处恐在所难免，敬请各位读者惠予批评指正。

编　者

2016 年 9 月

目　　录

第一章
海关法基本原理

【内容摘要】中华人民共和国海关是国家的进出关境监督管理机关。中国海关的关徽由金黄色钥匙与商神手杖交叉组成。两蛇相缠的商神手杖是古希腊商神赫尔墨斯手持之物,象征商业与国际贸易;钥匙象征海关为祖国把关,钥匙上的三齿分别代表新中国成立之初确定的海关三大任务:监管、征税、查私。中国海关关徽寓意着中国海关依法实施进出境监督管理,维护国家的主权和利益,促进对外经济贸易发展和科技文化交往,保障社会主义现代化建设。

第一节 海关法概念

●●●

一、海关法概述

关于"海关法"一词的含义,一般可作广义的理解和狭义的理解。广义的海关法,是指所有海关法律、法规和规章的总称。狭义的海关法,是指《中华人民共和国海关法》,简称《海关法》。现行有效的《海关法》于 1987 年 1 月 22 日第六届全国人民代表大会常务委员会第十九次会议通过,并于 2000 年和 2013 年进行了第一次和第二次修正。

海关法是指规定海关的组织和行为,调整海关与进出关境活动当事人、有关的国家机关以及海关机构之间在进出境监督管理中发生的社会关系的法律规范的总称。

海关法规定了海关的组织和行为,即海关的性质、组织体系、设置原则及海关的任务、职责、权力、义务等都由海关法明确规定,由此而确立了海关在国家和社会生活中的法律地位,赋予海关采取各项行政行为的资格,是海关履行进出境监督管理以及其他各项职责的法律依据。

海关法的调整对象主要是国家对国民经济进行管理中形成的涉外经济关系。同时海关法也调整了一部分公民和法人在进出境活动中产生的社会关系。由于各国海关法的授权不同,海关的职责也不尽相同。我国海关的主要任务是体现国家对涉外经济活动的宏观管理和调控、促进经济发展,同时还兼有对危害我国国家权益、有碍公共道德和社会风化、侵犯知识产权和影响环境保护的情事实施进出境管制,促进社会主义精神文明建设等社会功能。

海关法的体系可以分为宪法、法律、行政法规、行政规章四层。海关法的原则和规定首先应当符合根本大法《宪法》;海关法作为行政法的一个分支,受到对所有行政法律行为有普遍指导意义的《行政诉讼法》《行政许可法》《行政处罚法》《行政复议法》《国家赔偿法》等行政法律规章的制约;《中华人民共和国海关法》是海关法典,海关的所有法规、规章都不能与《海关法》相违背;在海关法典之外,具有较高法律效力的法律渊源是行政法规。目前,海关执法主要依据的行政法规有《中华人民共和国海关行政处罚实施条例》、《中华人民共和国进出口关税条例》(简称《进出口关税条例》)、《中华人民共和国知识产权海关保护条例》(简称《知识产权海关保护条例》)、《中华人民共和国海关事务担保条例》(简称《海关事务担保条例》)等。海关法律体系中数量最为庞大的是海关总署颁布的行政规章,具体指导各级海关和管理相对人实施通关活动或其他相关活动。

海关法体系当中还包括了狭义《海关法》没有规定的对海关权力的规定。《领海及毗连区法》《专属经济区和大陆架法》更多的是宣示国家主权,同时确定了海关管辖的外部界限。按照这两部法律,中国海关可以在领海、毗连区、专属经济区和大陆架的人工岛屿、设施和结构行使管辖权,并且有权行使自内水、领海、毗连区的紧追权。《刑法》《刑事诉讼法》是在违反海关法的行为构成犯罪时,海关进行执法的法律依据。

比较主要国家的成文海关法,在海关法体例结构上可以分为三大类:以海关制度或通关制度为标准的立法体例、以关税制度为核心的立法体例以及折中的立法体例。采用以海关制度或通关制度为标准的立法体例的国家一般都制定了单独的关税法,代表性国家有法国、新西兰、泰国,《关于简化和协调海关制度的国际公约》(简称《京都公约》)也是采用这种立法体例。而以关税制度为核心的立法体例的国家,通常是把关税法作为海关立法的主线,如美国的《1930年关税法》主要是围绕协调关税展开,包括海关通关制度、反倾销和反补贴等。折中的立法体例,代表性的有欧盟、加拿大、韩国等。其共同特点是海关法中包含关税法的内容并被放在重要位置,占相当大比例。这三类海关立法体例的划分不是绝对的。任何一国的海关法都包括关税和通关制度的基本内容,只是在侧重点上有所不同。偏重关税的体例受传统的海关观念影响较深,认为海关的基本职能是征税,其余职能是它的延伸。偏重通关制度的体例则反映了海关职能从征收关税向促进经济发展转变的时代要求。

二、海关法律关系

海关法律关系是指由海关法所规定和调整的,海关在对进出关境的监督管理活动中与管理相对人、有关的国家机关之间以及海关机构之间发生的社会关系。海关法律关系属于行政法律关系,包括海关外部关系和海关内部关系。海关外部关系是指海关与管理相对人和有关国家机关之间的关系,海关内部关系是指海关各机构之间的关系。海关法律关系的一方必定是海关,没有海关参与的海关法律关系是不存在的。同时,如果不是在进出境监督管理活动中形成的法律关系,即使有海关参与,也不是海关法律关系。

海关法律关系的要素包括海关法律关系主体、客体和海关法律关系内容。海关法律关系主体就是海关在进出关境监督管理活动中的各方参与者,包括管理主体、管理相对人。管理主体包括海关和有关国家机关。海关是国家进出关境监督管理机关,依法监督进出境的运输工具、货物、行李物品、邮递物品和其他海关业务。除海关外,其他国家机关对进出关境也行使一定的管理职权,如国家检验检疫部门对进出境货物、物品的质量行使检查权等。管理相对人是指从事进出关境活动的当事人,包括自然人、法人和其他组织。根据我国海关法的规定,管理相对人包括进出口货物收发货人、进出境物品所有人、报关代理人、进出境货物和物品承运人、进出境货物和物品经营管理人等。海关法律关系客体主要有进出口货物、进出境物品、载运进出境货物、物品的运输工具、知识产权、进出境行为等。海关法律关系的内容是指海关法律关系主体依法享有的权力或权利以及相应的义务。海关和有关国家机关的权力不能放弃或者转让,否则就构成渎职。

法律事实是海关法律关系产生、变更和消灭的客观事实,法律事实包括法律事件和法律行为,法律事件是不以人的意志为转移的各种客观情况,法律行为则是人的有意识的活动。海关法律关系不会凭空发生,海关法律规范仅仅为海关法律关系提供了可能,要使现实的法律关系发生,把可能性变为现实性,必须要有法律事实。海关法律关系产生后,主体、客体和内容三要素当中的任何一个要素变更,都会导致整个法律关系的变更。海关法律关系消灭,就是使海关法律关系不复存在,主要有三种情形:第一,主体双方行使权利并履行义务,这属于法律行为;第二,由于管理相对人的灭失而致;第三,作为客体的物的灭失而使海关法律关系消灭。

三、海关法的基本原则

维护国家主权是海关法的最高原则。海关是国家的进出关境监督管理机关。海关独立是国家主权独立的重要内容。尽管在贸易便利化的发展趋势中,各国尽可能采用国际通行规则,但采用的时间、程序、方式以及保留等完全是国家主权事项。将维护国家主权作为海关法的首要基本原则,就意味着我国将根据国情和社会主义的政治、经济体制独立自主地确定海关管理的政策、法律,并要求所有人,无论其国籍如何,都必须遵守中国海关法律、法规,不允许有凌驾于法律的特权,也不允许有歧视。

便利贸易原则是海关法的基本原则。在经济全球化的大背景下,海关是否方便人员的交流、便利贸易的开展直接关系到一国经济是否能够顺利发展。便利贸易也就成为海关的重要职责。传统的通过关税或非关税壁垒保护本国产业的思路,也渐渐让位于开放竞争并使国民经济整体活力在竞争中增强的新思维。世界贸易组织停摆多年的多哈回合谈判终于达成《巴厘协定》,在促进贸易便利化方面成果丰硕。协定同意建立"单一窗口"以简化清关手续。我国中小企业在出口格局中占有相当大的分量,简化通关程序,外贸中小企业将因通关成本的降低而获得效益。跨国公司对受通关延误的成本影响几乎可以被忽略,可对中小企业而言通关延误额外增加的成本将占总成本的20%左右。另外,现代行政法的指导思想在20世纪也经历了巨大的转变,从行政命令、强制和管理发展转变为行政机关和相对人之间加强合作,行政主体为社会公众提供公共服务。便利贸易原则正符合这种指导思想的转变,为海关和海关法的发展注入活力。因此,我国海关法尤其要以便利贸易原则为基本原则。

保护合法权益原则也是海关法的一大基本原则。海关保护企业和个人合法权益主要体现在:第一,海关打击违法走私行为,打击进出境环节侵犯知识产权的行为,制止危害我国环境保护的有害物资入境以及打击濒临灭绝的动植物进出境等;第二,制止不正当竞争行为,对外国货物进口中构成的倾销和政府补贴行为以及可能危及我国国民经济的行为征收反倾销税、反补贴税和采取必要的保障措施,体现了公平原则,保护我国国内产业的合法权益。

【案例裁决/法律文书摘录】

一、某工业有限公司与某海关信息公开纠纷上诉案

上诉人(原审原告):某工业有限公司。

被上诉人(原审被告):中华人民共和国某海关。

上诉人某工业有限公司(以下简称某公司)因诉被上诉人中华人民共和国某海关(以下简称某海关)信息公开一案,不服广州市中级人民法院(2012)穗中法行初字第170号行政判决,向本院提起上诉。本院依法组成合议庭审理了本案,现已审理终结。

原审法院查明:2012 年 6 月 13 日,某公司通过其代理人贺某律师以电子邮件的方式,向某海关申请公开"深圳兴华注塑有限公司(以下简称兴华公司)进出口货物的有关备案、报关、核销等文件资料",同时提供了身份证、证明书、海关信息公开申请表、律师执业证、深圳市宝安区人民法院民事裁定书、指定清算组决定书的电子复制件。某海关收到某公司上述申请后,发现贺某律师提供的《律师执业证》电子复印件有效期已届满且无所在律师事务所证明材料,故于 2012 年 6 月 13 日通过电话及电子邮件的方式要求贺某律师补充律师事务所联系函(正本)及未过有效期的律师证复印件。2012 年 6 月 14 日,贺某律师向某海关补充邮寄了未超过有效期的《律师执业证》复制件及广东经天律师事务所函。

2012 年 6 月 27 日,某海关通过电话方式向贺某律师提出两点意见:一是请其提供兴华公司清算组的有关联系方式;二是请其明确所申请的公开信息的具体内容和范围。同日,贺某律师通过电子邮件向某海关提供了兴华公司清算组的联系方式,并进一步明确其申请公开的是"贵关在履行职责过程中制作或者获取的,以一定形式记录、保存的有关兴华公司进出口货物的信息"。

2012 年 6 月 28 日,某海关约谈并当面告知贺某律师,根据相关规定,纸质报关单证保存期限为 3 年,依据某公司提供的企业名称等信息,在某海关数据库中没有查询到兴华公司的报关数据及进出口信息,建议找主管地海关查询;某公司所申请公开的信息涉及商业秘密及兴华公司清算组的合法权益,需要征求兴华公司清算组的意见。贺某律师在上述谈话中表示:兴华企业是在太平海关有转加工贸易,有关太平海关的信息应向某海关申请;另外同意按最新补充提供资料时间计算期限。同日,贺某律师通过电子邮件补充提供了兴华公司的海关编码、一份深加工结转申请表、六份出口货物报关单和东莞厚街恒信电子厂工商登记基本信息的电子复制件。2012 年 6 月 29 日,某海关制作了埔关开征〔2012〕001 号《海关依申请公开事项征求第三方意见书》,并于 2012 年 7 月 3 日派员赴深圳向兴华公司清算组送达。后因兴华公司清算组一直没有答复某海关,而且在某海关内部系统内仍查询不到某公司所申请的兴华公司有关信息资料,故某海关没有再对某公司申请的信息公开事项予以公开。

原审法院另查明:据深圳市市场监督管理局注册登记信息查询单显示,某公司是兴华公司的股东,出资比例为51%。某公司提供的报关单内审批海关为太平海关,而太平海关是某海关的隶属海关。某公司在庭审过程中明确向某海关申请公开的是兴华公司1987年至2002年之间进出口的有关备案、报关、核销等文件资料,但并未能提供证据证实某海关在履行职责过程中制作或者获取,以一定形式记录、保存有上述资料。

原审法院认为:《中华人民共和国政府信息公开条例》第2条规定:"本条例所称政府信息,是指行政机关在履行职责过程中制作或者获取的,以一定形式记录、保存的信息。"第21条规定:"对申请公开的政府信息,行政机关根据下列情况分别作出答复:(一)属于公开范围的,应当告知申请人获取该政府信息的方式和途径;(二)属于不予公开范围的,应当告知申请人并说明理由;(三)依法不属于本行政机关公开或者该政府信息不存在的,应当告知申请人,对能够确定该政府信息的公开机关的,应当告知申请人该行政机关的名称、联系方式;(四)申请内容不明确的,应当告知申请人作出更改、补充。"某海关收到某公司的信息公开申请后,经查找,在其内部系统查询不到某公司所申请的兴华公司有关信息资料后,已经及时告知某公司相关的情况并要求其向主管地海关申请,因此,某海关对某公司信息公开申请处理的方式,符合上述有关规定。《最高人民法院关于审理政府信息公开行政案件若干问题的规定》第12条规定:"有下列情形之一,被告已经履行法定告知或者说明理由义务的,人民法院应当判决驳回原告的诉讼请求:(一)不属于政府信息、政府信息不存在、依法属于不予公开范围或者依法不属于被告公开的……"太平海关虽然是某海关的隶属海关,但据某公司提供的报关单显示,太平海关是以该关名义对兴华公司的报关进行审批,某海关并非该项业务的审批机关。某公司也未能提供充分的证据证实某海关在上述过程中履行职责制作或者获取,以一定形式记录、保存某公司申请公开的有关资料。且据某海关的谈话记录显示,某海关也通过其电脑系统尽了查找信息并履行了法定告知或者说明理由的义务,因此,某公司申请某海关公开兴华公司进出口货物的有关备案、报关、核销等文件资料的主张不成立,原审法院不予支持。

据此,依照《最高人民法院关于审理政府信息公开行政案件若干问题的规定》第12条第(一)项的规定,判决驳回某公司的诉讼请求。

某公司不服原审判决上诉称:(1)原审法院认定某海关已经答复没有事实依据。某海关于 2012 年 6 月 28 日与贺某律师的约谈,只是双方对答复期限起点的重新协商、确定,不能认定为答复。(2)某海关未尽查找信息义务。某海关提交的《某海关谈话记录》只是证明了 2012 年 6 月 28 日约谈贺某律师的过程及具体内容,且某海关没有将该谈话记录用以证明其尽了查找信息的义务。(3)原审判决适用法律错误。某海关未尽答复义务,原审法院根据《最高人民法院关于审理政府信息公开行政案件若干问题的规定》第 12 条规定作出的判决,是适用法律错误。综上,请求二审法院撤销原判,判令被上诉人某海关向上诉人某公司公开兴华公司进出口货物的有关备案、报关、核销等文件资料。

某海关答辩称:(1)未发现存在某公司申请公开的相关信息。根据《中华人民共和国海关对加工贸易货物监管办法》的规定,海关对进出海关资料只保存三年,某公司于 2012 年 6 月申请公开兴华公司 2002 年前进出境货物信息的日期已超过三年,相关纸质单证海关已不存在;而在电子数据上,某海关的内部系统于 2002 年启用,且已经在内部系统中进行了充分检索,未发现相关数据。(2)已在法定时限内告知申请人。某海关于 2012 年 6 月 28 日约谈贺某律师时,已告知其未发现相关的信息存在及其原因,该事实有《某海关谈话记录》为据。

经审查,原审判决查明事实清楚,本院予以确认。

本院认为:某公司向某海关申请公开兴华公司 2002 年前的进出境货物信息,兴华公司 2002 年已停止营业,2005 年注销。根据《中华人民共和国海关对加工贸易货物监管办法》第 40 条规定:"加工贸易货物备案和核销单证自加工贸易手册核销结案之日起留存三年。"某海关目前已没有保存兴华公司 2002 年前的进出境货物信息,因此,某海关于 2012 年 6 月 28 日与贺某律师约谈时,已将兴华公司进出境货物信息不存在的情形和原因告知了某公司,该事实有《某海关谈话记录》证明。根据《中华人民共和国政府信息公开条例》第 21 条规定:"对申请公开的政府信息,行政机关根据下列情况分别作出答复:……(三)依法不属于本行政机关公开或者该政府信息不存在的,应当告知申请人,对能够确定该政府信息的公开机关的,应当告知申请人该行政机关的名称、联系方式……"某海关已依法履行了告知义务,某公司上诉认为某海关未履行答复义务的主张不成立,本院不予支持。

综上,原审判决认定事实清楚,适用法律正确,依法应予以维持。某公司上诉请求改判的理由不成立,依法应予以驳回。依照《中华人民共和国行政诉讼法》第61条第(一)项之规定,判决如下:驳回上诉,维持原判。二审案件受理费50元,由上诉人某工业有限公司负担。本判决为终审判决。

二、朱某某诉首都机场海关案

朱某某乘坐的港龙航班由香港抵达北京,其行李箱内一本2000年由香港中文大学出版社出版的《红太阳某某某》(以下简称《红》书)在未经询问和翻阅的情况下,被首都机场海关工作人员宣布为境外出版物,依法予以没收。2003年1月1日,朱某某向北京市第二中级人民法院提起行政诉讼,状告首都机场海关。

双方争议的焦点是:携书入境是否应当申报;《红》书性质如何确定;原告是否属于"走私"。首都机场海关称,经海关审查,《红》一书属于国家禁止进境的印刷品,朱某某携带该书入境,未向海关申报,已构成《海关法处罚细则》第3条第(二)项所列"携带国家禁止进出境物品"的行为。原告则认为,该书不属于国家明令禁止入境的印刷品,是否所有境外印刷品在通关时都要进行申报,海关并无明示,且海关没有受理此类申报的窗口,故携带该书入境未申报的责任不在行为人一方。朱某某对进出境物品(含印刷品)全部"申报"的现实性与合理性提出质疑。他说,根据公安部网站公布的数字,从2001年起,我国每年进出境的人次已过2亿。

2003年6月19日,一审宣判。法庭认为,根据有关法规,进出境旅客对其携带的行李物品,有依法向海关如实申报并接受海关查验的义务。海关有权对入境旅客携带的印刷品作通关查验,也有权对通关旅客携带的印刷品是否属于禁止进境物品进行审定。首都机场海关在扣留朱某某携带的《红》一书后,依程序请示海关总署,在得到批复后,对该书所做的没收的行政处罚决定,认定事实清楚,适用法律正确,程序合法,应予维持。

2003年6月25日,朱某某向北京市高级人民法院提起上诉。他认为,一审判决注重了对首都机场海关涉案行政行为程序合法与否的审查,却有意回避了对首都机场海关涉案行政行为实体上适用法律是否正确的审查。

《中华人民共和国海关对个人携带和邮寄印刷品及音像制品进出境管理规定》

对何为国家禁止进境的印刷品有明确规定:"(1)攻击中华人民共和国宪法的有关规定;污蔑国家现行政策;诽谤中国共产党和国家领导人;煽动对中华人民共和国进行颠覆破坏、制造民族分裂;鼓吹'两个中国'或'台湾独立'的;(2)具体描写性行为或淫秽色情的;(3)宣扬封建迷信或凶杀、暴力的;(4)其他对中华人民共和国政治、经济、文化、道德有害的。"《中华人民共和国禁止进出境物品表》中列明的禁止进境物品包括"对中国政治、经济、文化、道德有害的印刷品、胶卷、照片、影片、录音带、录像带、激光视盘、计算机存储介质及其他物品"。

2003年8月7日,二审开庭,北京市高级人民法院对此案进行了认真的实体审查。2003年9月8日,北京市高级人民法院宣布终审判决:撤销北京市第二中级人民法院〔2003〕二中行初字第59号行政判决书;撤销首都机场海关2002年12月17日作出的《行政处罚决定书》。法庭认为:根据《中华人民共和国行政处罚法》第39条第(二)项的规定,行政处罚决定书应当载明违反法律、法规或者规章的事实和证据。而首都机场海关所作的《行政处罚决定书》,认定上诉人朱某某携带《红》一书属于禁止进境的书籍,没有具体引证该书属于违反《中华人民共和国海关对个人携带和邮寄印刷品及音像制品进出境管理规定》的哪种情形。因此,首都机场海关所作的《行政处罚决定书》缺乏对禁止进境事实认定的依据,其做法违背了行政执法"行为有据"的基本原则,属于《行政诉讼法》第54条第(二)项第二目规定应予判决撤销的情形。据此,被上诉人首都机场海关提出维持其所作的《行政处罚决定书》的诉讼请求,高院不予支持。一审法院判决维持首都机场海关作出的《行政处罚决定书》,认定案件事实不清,应予纠正。

思考题:

请结合以上两个案件的裁决,论述海关法与行政法、行政诉讼法的关系。

【延伸阅读】

1.[美]博登海默:《法理学——法哲学及其方法》,邓正来等译,华夏出版社1987年版。

2.包万超:《行政法与社会科学》,商务印书馆2011年版。

3.袁曙宏:《现代公法制度的统一性》,北京大学出版社 2009 年版。

4.谢晖:《法林守道》,中国民主法制出版社 2011 年版。

第二节　海关组织法

一、海关的法律地位

海关的法律地位是指法律确定的海关性质以及海关的社会功能。我国海关是国家进出关境的监督管理机关。海关的功能是由海关的性质所派生的职能。根据《海关法》第 2 条:"中华人民共和国海关是国家的进出关境(以下简称进出境)监督管理机关。海关依照本法和其他有关法律行政法规监管进出境的运输工具、货物、行李物品、邮递物品和其他物品(以下简称进出境运输工具、货物、物品),征收关税和其他税、费,查缉走私,并编制海关统计表和办理其他海关业务。"

海关依照海关法和其他有关法律、行政法规行使其职能。海关依法实施监督管理,依法完成各项任务。海关的基本职能包括:

第一,监管进出境的运输工具、货物、行李物品、邮递物品和其他物品。这里所指的进出境运输工具,是指用以载运人员、货物、物品进出境的各种船舶、车辆、航空器和驮畜。货物是指贸易性的,而物品则是非贸易性的,它们在进出境时都是海关监管的对象。

第二,征收关税和其他税、费。关税是对进出境货物、物品所征收的税,征税主体是海关,征收关税是海关的基本职能之一。海关可以依法在进出口环节代征税款,以及依法收取费用。

第三,查缉走私。这是海关的基本职能之一,也是海关非常重要的职能。走私是逃避海关监管,进行非法的进出境活动,偷逃关税,非法牟取暴利,扰乱破坏社会经济秩序,严重危害国家主权和国家利益的违法犯罪行为。因此,我们必须坚决打击走私活动,查处走私案件,缉拿走私犯罪人员,惩罚走私行为。

第四，编制海关统计表。这又称海关统计，是国家进出口货物贸易统计，由海关负责。

第五，办理其他海关业务。这在法律上为海关可能发挥的作用留下了空间，也表明海关的职能是会增添一些新的内容的。

二、海关的组织机构

中国海关实行集中统一的管理体制，建立垂直的领导关系，这是符合海关基本性质的，也能适应海关实现其基本职能在组织体系上的要求。国务院设立海关总署，为中国海关的最高管理机关，是中国海关的首脑机关。海关总署与全国海关是领导与被领导、管理与被管理的关系。

国家在对外开放的口岸和海关监管业务集中的地点设立海关。海关的隶属关系，不受行政区划的限制。国家对外开放的口岸设立海关，适应了对外开放的需要，对外开放的口岸包括沿海港口、与海洋相通的江河港口、与邻国交界或者相通的江河港口、边境火车站和国际联通火车站、航空港、陆地边境上的公路车站或其他国界孔道等。在海关监管业务集中的地点设立海关，这是根据海关监管业务的状况来决定的，不是对外开放的口岸而海关监管业务集中的城市、地区也可设立海关。

海关的隶属关系不受行政区划的限制是海关设置的一条重要原则，也是确立海关的垂直领导关系的一项重要法律原则。它表明海关的设立是根据海关对进出关境实施监督管理的需要决定的，不是按某一级的行政区划逐个地设立，也就是将设不设海关与行政区划分开，这是符合海关的性质和职能需要的。海关的隶属关系是垂直的，自成系统，并不按属地原则由所在的地区来领导。这有助于海关自身形成法定的隶属关系，也有助于正确处理海关与所在地方的关系，可以有效避免在隶属关系方面的混乱。

海关依法独立行使职权，向海关总署负责。海关执法具有独立性，目的是不受干扰地公正执法，海关必须依法办事，履行职责，独立地承担责任。海关依法独立行使职权，与依法建立的垂直领导体制，依法接受领导与监督的关系，依法服从海关总署的管理并不矛盾，并且为了保障海关执法的独立性，在海关法中明确规定海关行使职权向海关总署负责,接受海关总署的领导,同时由海关总署监督和保障海关依法独立行使职权。

国家在海关总署设立专门侦查走私犯罪的公安机构,配备专职缉私警察,负责对其管辖的走私犯罪案件的侦查、拘留、执行逮捕、预审。海关侦查走私犯罪公安机构履行侦查、拘留、执行逮捕、预审职责,应当按照《中华人民共和国刑事诉讼法》的规定办理。海关侦查走私犯罪公安机构根据国家有关规定,可以设立分支机构。各分支机构办理其管辖的走私犯罪案件,应当依法向有管辖权的人民检察院移送起诉。地方各级公安机关应当配合海关侦查走私犯罪公安机构依法履行职责。各有关行政执法部门查获的走私案件,应当给予行政处罚的,移送海关依法处理;涉嫌犯罪的,应当移送侦查海关走私犯罪的公安机构、地方公安机关依据案件管辖分工和法定程序办理。

三、海关权力和海关的执法地域范围

海关的权力是根据海关的基本职能,为维护国家的主权和国家利益的需要而确定的,这种权力的授予必须经过法律。为维护国家的主权和利益,国家应当授予海关必要的权力,但这种权力必须依法行使。

海关法规定了海关对进出关境实施监督管理的基本权力,就是有权检查进出境运输工具,有权查验进出境货物、物品,对其中有违法行为的,海关有权扣留,即赋予海关扣留权,这样就保证海关在对进出境实施监督管理时,具有对违法的运输工具、货物、物品采取强制措施的权力。

海关有对进出境人员查阅证件的权力,以便证实进出境人员的身份,依法对与之有关的货物、物品采取监管措施。对于违反海关法和其他有关法律、行政法规的嫌疑人,海关有对其进行查问的权力,并有调查其违法行为的权力,这就是海关对进出境的有违法行为的嫌疑人所具有的查问权、调查权。

海关在对进出境实施监督管理时,有权查阅、复制与进出境运输工具、货物、物品有关资料的权力,无论是正常的监管进出境还是办理案件,都有这种查阅、复制的权力,行使这种权力的限制是只能查阅、复制有关的资料,而不应无限制地扩大范围。对于与违法的进出境运输工具、货物、物品有牵连的资料,可以扣留,这是对违法者可以采取法定强制措施。

海关在查缉走私时所具有的权力:第一,在海关监管区和海关附近沿海沿边规定地区,有检查权,其检查的对象为有走私嫌疑的运输工具,有藏匿走私货物、物品嫌疑场所,走私嫌疑人的身体。第二,在上述特定区域内,对有走私嫌疑的运输工具、货物、物品和走私犯罪嫌疑人有扣留权,法定权限和程序行为经直属海关关长或者其授权的隶属海关关长批准,这种扣留由于有其特定的条件,所以又称海关扣留。第三,对走私犯罪嫌疑人,扣留时间不超过 24 小时,在特殊情况下可以延长至48 小时,这是对海关扣留时间上的限制,是有必要的。第四,在特定区域即海关监管区和海关附近沿海沿边规定地区以外,海关所具有的权力,可以分为下列三种情况:(1)海关在调查走私案件时,对有走私嫌疑的运输工具和除公民住处以外的有藏匿走私货物、物品嫌疑的场所,经法定的批准程序,可以进行检查;(2)海关检查时,有关当事人应当到场,未到场的,在有见证人在场的情况下,海关也可进行检查;(3)对于检查中有证据证明有走私嫌疑的运输工具、货物、物品,可以扣留,也就是依照法律规定,海关在此类特定的情况下具有扣留权。

关于查询在金融机构、邮政企业的存款、汇款,海关法明确规定了海关行使权力的三个条件:第一,在调查走私案件时才具有这项权力;第二,查询需经批准,批准权力在直属海关关长或者其授权的隶属海关关长;第三,查询的范围限于涉嫌单位和涉嫌人员在金融机构、邮政企业的存款、汇款。以上三个方面都是法定事项,有利于保护存款者、汇款者的合法权益,也能保证调查走私案件的需要。

海关对进出境运输工具或者个人违抗海关监管逃逸的,具有紧追权,即可以连续追至海关监管区和海关附近沿海沿边规定地区以外,并将其带回处理。这是海关的一项特定权力,即可以不受特定区域的限制行使权力,追回违抗海关监管的逃逸者。

海关具有配备武器的权力。对于海关工作人员佩带和使用武器的规则,按照海关法的规定于 1989 年由国务院批准,海关总署和公安部联合发布了海关工作人员使用武器和警械的规定,明确海关工作人员使用的武器和警械,经当地公安机关同意后由海关总署统一配发,海关工作人员执行缉私任务时,应当依照该规定使用武器和警械。

法律、行政法规规定由海关行使的其他权力,也是海关权力的来源,成为海关可以行使的权力的一部分。同时,根据维护国家主权和利益的需要,以法律、行政法规的形式授予海关其他的一些权力,这也是与海关法的规定相衔接的。

出于海关行使权力的需要,海关执法的地域范围一般限于海关监管区和海关附近沿海沿边的规定区域。为强化海关作为缉私职能部门的地位,2000 年修订后的《海关法》将海关执法地域的范围扩展到海关监管区和海关附近沿海沿边规定地区以外的区域。

四、海关关员制度

海关关员是国家行政机关工作人员,属于公务员的范畴,有权行使海关的各项权力。海关关员的公务行为由海关承担法律责任,非公务行为不受海关法调整。

海关关员实行关衔制度。关衔是我国继军衔、警衔后实行的第三种衔级制度。关衔是区分海关关员等级、表明海关关员身份的称号和标志,是国家给予海关关员的荣誉。2003 年 2 月 28 日,第九届全国人民代表大会常务委员会第三十二次会议通过了《中华人民共和国海关关衔条例》,江泽民同志以中华人民共和国主席令第八十五号颁布实施;同年 7 月 8 日,国务院第十四次常务会议通过了《海关关衔标志式样和佩带办法》,温家宝同志以中华人民共和国国务院令第三百八十四号颁布实施;同年 8 月 4 日,海关总署正式下发《首次评定授予关衔办法》,并于 9 月 12 日在国务院隆重举行授予关衔仪式,时任国务院总理温家宝等领导同志为海关总监、副总监和一、二级关务监督代表共 277 人颁发授衔命令证书。

关衔的等级设置为五等十三级,即:一等,海关总监、海关副总监;二等,关务监督(一级、二级、三级);三等,关务督察(一级、二级、三级);四等,关务督办(一级、二级、三级);五等,关务员(一级、二级)。海关总监、海关副总监、一级关务监督、二级关务监督由国务院总理批准授予;三级关务监督至三级关务督察,由海关总署署长批准授予;海关总署机关及海关总署派出机构的一级关务督办以下的关衔由海关总署政治部主任批准授予;各直属海关、隶属海关的一级关务督办以下的关衔由各直属海关关长批准授予。

关衔的授予以海关工作人员现任职务、德才表现、任职时间和工作年限为依据。二级关务督察以下关衔的海关工作人员,在其职务等级编制关衔幅度内,按照规定的期限晋级;一级关务督察以上关衔的海关工作人员,在职务等级编制关衔幅度内,根据德才表现和工作实绩实行选升。

【案例裁决/法律文书摘录】

何某某不服汕尾市工商行政管理局查扣其随身携带外币的行政处罚案

[基本案情]原告:何某某,男,30岁,中国香港居民,原籍福建省福清龙田镇三村,现住香港荃湾中心上海楼某号楼某座。

被告:汕尾市工商行政管理局。

法定代表人:吴某,局长。

何某某于1988年8月23日从香港返回原籍福建省福清龙田镇。25日,何去深圳途经广东省海丰县城时,海丰县工商行政管理局检查站发现何随身携带美金38736元、港币158900元,其入境回乡证上当次仅申报登记美金1000元、港币3000元,检查站为查清何携带外币来源,遂扣留该笔外币,并报经海丰县公安局批准,对何某某实行监视居住,后转为收容审查(同年11月5日解除收审)。何某某在被收容审查期间,对该外币来源曾有多次不同陈述:一说是其父亲何某从新加坡托人带回家乡建房用的,又说是从市面上炒买炒卖得来的,还说是其母亲从香港多次带入境内,存在福建老家,这次带到深圳市准备购买楼房的。其陈述前后矛盾。经查实,何某某的母亲王某某(中国香港居民)于1988年7月3日至7月28日,先后5次携带港币152000元、美金42000元入境,均向海关登记申报,并有证据证明何某某父亲何某确实在福建老家准备建房,后因其他原因,其母王某某准备改变计划,在深圳购房。

海丰县工商行政管理局根据何某某的陈述,认定何在市面上非法炒买炒卖外币,属投机倒把行为,依据《投机倒把行政处罚暂行条例》和《违反外汇管理处罚施行细则》的有关规定,于1989年1月7日作出处理决定:(一)对被扣款项中的美金32736元、港币150000元交中国人民银行兑换,兑换款项没收50%,余款放行;(二)对何某某自称从香港带回而没有向海关申报的美金5000元、港币5900元交中国人民银行兑换,兑换款项放行;(三)对被扣款项中何某某已向海关申报的美金1000元、港币3000元,原款放行。何某某不服,向汕尾市工商行政管理局申请复议。汕尾市工商行政管理局于1989年3月15日作出复议决定,认定何某某于1988年8月11日、16日、23日入境时随身携带港币155900元、美金37736元,没有向入境地海关申报,违反了我国外汇管理规定,根据《中华人民共和国外汇管理暂行条例》第27条、第31条规定,作出处理决定:(一)海丰县工商局处理决定书对何某某炒买炒卖外汇一案所认定事实,仅有当事人的供认,证据不充分,不予认定,予以撤销;(二)何某某未向海关申报携带入境的港币155900元、美金37736元,强制交中国人民银行收兑,并处罚款人民币30000元;(三)何某某当次(1988年8月23日)入境已向海关申报的美金1000元、港币3000元,原款归还。

何某某不服汕尾市工商局复议决定,向汕尾市中级人民法院起诉称:汕尾市工商行政管理局没有查证事实,把他母亲经过合法途径带进来的美金、港币认定为其入境时没有向入境地海关申报登记而进行处罚是错误的,请求法院判决撤销汕尾市工商行政管理局的复议决定,归还被查扣的全部外币和该外币的银行利息,并判令被告赔偿他的工资、医药、交通、住宿等一切费用。汕尾市工商局答辩称:何某某携带港币、美金回乡,入境时未向海关申报,事实清楚,证据充分确实,他的行为已违反了《中华人民共和国外汇管理暂行条例》第27条的规定。根据《中华人民共和国外汇管理暂行条例》第31条的规定,对何某某入境进关没有申报登记的外币,作出收兑和罚款处罚是正确的;至于何某某要求赔偿经济损失,理由不足,请求法院判决驳回何某某的诉讼请求。

汕尾市中级人民法院审理认为:汕尾市工商行政管理局复议认定何某某随身携带的外币未经海关申报而作出的复议决定,证据不足,应予撤销,且对何某某请求赔偿经济损失的请求未予采纳。该院于1990年1月20日作出判决:(一)撤销汕尾市工商行政管理局复议决定书;(二)何某某被扣留的美金38736元、港币158900元,原款归还。

汕尾市工商行政管理局不服,以原审法院未认定何某某携带被查扣的外币来源,也没有查到新的事实,就判决撤销汕尾市工商行政管理局的复议决定,将外币归还何某某是错判等理由,向广东省高级人民法院提起上诉。何某某仍以原诉理由提出答辩,并在二审审理过程中,表示放弃赔偿之诉的请求。

广东省高级人民法院审理认为:根据我国外汇管理法规规定,在中国境内允许个人持有外币,公民在旅途中随身携带外币受国家法律保护。上诉人汕尾市工商行政管理局对何某某所携带外币,没有证据证明不是其母王某某经向海关登记申报携带入境的,即对何作出强制收兑和罚款处理,认定事实证据不确实,作出处罚决定没有法律依据,原审判决撤销复议决定正确,上诉人的上诉理由不能成立。何某某在二审过程中自愿放弃赔偿之诉的请求,是其处分自己的权利,依法应予准许。根据《中华人民共和国外汇管理暂行条例》第 14 条和《中华人民共和国行政诉讼法》第 61 条第(一)项之规定,广东省高级人民法院于 1990 年 11 月 20 日判决:驳回上诉,维持原判。

[分析]从本案的案情可以看出:

1. 汕尾市工商行政管理局对本案认定事实的主要证据不足。主要证据是能够证明案件基本事实的证据,即足以确认具体行政行为所必须具备的事实的证据。如果主要证据不足,基本事实就不能认定。本案中,何某某提出其携带的外币是其母王某某过去曾向海关登记申报带回来的,汕尾市工商局没有证据足以证明该外汇不是王某某已向海关登记申报携带入境的,也提不出何某某于何年何月何日从何地进关携带的外汇未曾申报的证据。据此,汕尾市工商局将何某某随身携带的外币认定为入境时未向海关登记申报,引用我国《外汇管理暂行条例》作出的行政处罚,显然证据不足,适用法律不当。根据《行政诉讼法》第 54 条第(二)项第一目之规定,行政机关的具体行政行为,主要证据不足的,人民法院应当判决撤销。

2. 汕尾市工商行政管理局以何某某随身携带外币入境未向海关登记申报而作出行政处罚,已超越其职权范围。携带外币入境未向海关登记申报,是逃避海关监管,违反海关法规的行为。根据《违反外汇管理处罚施行细则》第 13 条对违反外汇管理案件查处的分工和《海关法》《海关法行政处罚实施细则》的规定,此类案件应由海关处理,而不应由工商行政管理机关处理。根据《行政诉讼法》第 54 条第(二)项第四目的规定,行政机关的具体行政行为,超越职权的,人民法院应当判决撤销。

【延伸阅读】

一、《海关法》第二条至第七条的规定

第二条　中华人民共和国海关是国家的进出关境(以下简称进出境)监督管理机关。海关依照本法和其他有关法律、行政法规,监管进出境的运输工具、货物、行李物品、邮递物品和其他物品(以下简称进出境运输工具、货物、物品),征收关税和其他税、费,查缉走私,并编制海关统计和办理其他海关业务。

第三条　国务院设立海关总署,统一管理全国海关。

国家在对外开放的口岸和海关监管业务集中的地点设立海关。海关的隶属关系,不受行政区划的限制。

海关依法独立行使职权,向海关总署负责。

第四条　国家在海关总署设立专门侦查走私犯罪的公安机构,配备专职缉私警察,负责对其管辖的走私犯罪案件的侦查、拘留、执行逮捕、预审。

海关侦查走私犯罪公安机构履行侦查、拘留、执行逮捕、预审职责,应当按照《中华人民共和国刑事诉讼法》的规定办理。

海关侦查走私犯罪公安机构根据国家有关规定,可以设立分支机构。各分支机构办理其管辖的走私犯罪案件,应当依法向有管辖权的人民检察院移送起诉。

地方各级公安机关应当配合海关侦查走私犯罪,公安机构依法履行职责。

第五条　国家实行联合缉私、统一处理、综合治理的缉私体制。海关负责组织、协调、管理查缉走私工作。有关规定由国务院另行制定。

各有关行政执法部门查获的走私案件,应当给予行政处罚的,移送海关依法处理;涉嫌犯罪的,应当移送海关侦查走私犯罪公安机构、地方公安机关依据案件管辖分工和法定程序办理。

第六条　海关可以行使下列权力:

(一)检查进出境运输工具,查验进出境货物、物品;对违反本法或者其他有关法律、行政法规的,可以扣留。

(二)查阅进出境人员的证件;查问违反本法或者其他有关法律、行政法规的嫌疑人,调查其违法行为。

（三）查阅、复制与进出境运输工具、货物、物品有关的合同、发票、账册、单据、记录、文件、业务函电、录音录像制品和其他资料；对其中与违反本法或者其他有关法律、行政法规的进出境运输工具、货物、物品有牵连的，可以扣留。

（四）在海关监管区和海关附近沿海沿边规定地区，检查有走私嫌疑的运输工具和有藏匿走私货物、物品嫌疑的场所，检查走私嫌疑人的身体；对有走私嫌疑的运输工具、货物、物品和走私犯罪嫌疑人，经直属海关关长或者其授权的隶属海关关长批准，可以扣留；对走私犯罪嫌疑人，扣留时间不超过二十四小时，在特殊情况下可以延长至四十八小时。

在海关监管区和海关附近沿海沿边规定地区以外，海关在调查走私案件时，对有走私嫌疑的运输工具和除公民住处以外的有藏匿走私货物、物品嫌疑的场所，经直属海关关长或者其授权的隶属海关关长批准，可以进行检查，有关当事人应当到场；当事人未到场的，在有见证人在场的情况下，可以径行检查；对其中有证据证明有走私嫌疑的运输工具、货物、物品，可以扣留。

海关附近沿海沿边规定地区的范围，由海关总署和国务院公安部门会同有关省级人民政府确定。

（五）在调查走私案件时，经直属海关关长或者其授权的隶属海关关长批准，可以查询案件涉嫌单位和涉嫌人员在金融机构、邮政企业的存款、汇款。

（六）进出境运输工具或者个人违抗海关监管逃逸的，海关可以连续追至海关监管区和海关附近沿海沿边规定地区以外，将其带回处理。

（七）海关为履行职责，可以配备武器。海关工作人员佩带和使用武器的规则，由海关总署会同国务院公安部门制定，报国务院批准。

（八）法律、行政法规规定由海关行使的其他权力。

第七条　各地方、各部门应当支持海关依法行使职权，不得非法干预海关的执法活动。

二、专著

1. 何力：《日本海关法原理与制度》，法律出版社 2010 年版。

2. 周汉阳：《美国海关法律制度研究》，法律出版社 2010 年版。

第二章
海关通关法律制度

【内容摘要】中国海关的工作职责和任务是依据《中华人民共和国海关法》和其他有关法律、行政法规的规定,监管进出境的运输工具、货物、行李物品、邮递物品和其他物品,征收关税和其他税、费,查缉走私,并编制海关统计和办理其他海关业务。进出境运输工具、货物、物品,必须通过设立海关的地点进境或者出境。进口货物自进境起到办结海关手续止,出口货物自向海关申报起到出境止,过境、转运和通运货物自进境起到出境止,应当接受海关监管。中国海关根据《海关法》和国家有关进出口的政策、法律、规定,监督管理货物和运输工具的合法进出,检查并处理非法进出、逃避关税等走私违法活动。

第一节　通关的程序和阶段

●●●

一、一般通关程序

我国海关法规定的一般通关程序,适用于一般贸易进出口货物、进出境物品和进出境运输工具的通关。

一般通关程序由四个环节组成:(1)申报。运输工具、货物和物品在进境后或者出境前,由有关当事人按照海关法规定的要求和方式作的声明。(2)查验。海关针对当事人的申报,核实货物或物品的性质、原产地、状况、数量和价格是否与报关单所列的相符,对货物或物品进行实质核查。(3)征收关税和其他税费。(4)放行。对于一般贸易的进出口货物和进出境物品来说,放行是指海关准许办理结关手续,而由有关人员自行处理的行为,意味着海关监管的终结。但是对一些特殊规定的进出口货物而言,放行只是说明海关现场监管阶段的结束,并不意味着海关监管的终结,通关的过程尚未结束。

(一)申报

申报包括报告到达和离开,载运人员、货物的详细情况,上下人员装卸货物的许可等。《海关法》第14条规定:"进出境运输工具到达或者驶离设立海关的地点时,运输工具负责人应当向海关如实申报,交验单证,并接受海关监管和检查……"对于"进出境船舶、火车、航空器到达和驶离时间、停留地点、停留时间、更换地点以及装卸货物物品时间,运输工具负责人或者有关运输部门应当事先通知海关"。

对于正常进出境的船舶、航空器,《海关法》规定它们在指定的地点进出境,一般为设立海关的港口和机场。因紧急情况在指定的港口和机场以外的地点停靠、降落的,也必须及时向最近的海关报告。

对于船舶和航空器的进出境的申报时间,我国规定了到达前事先报批、提前申报、离开提前申报的制度。根据《国际航运船舶进出中华人民共和国口岸检查办法》第6条至第8条,船方或其代理人应当在船舶预计抵达口岸前7日,向港监部门报批,由港监召集海关、边检、进出口检验检疫机关参加的联合会议研究部署;在船舶预计到达口岸前24小时,船方或其代理人应当将抵达时间、停泊地点、靠泊移泊计划以及船员、旅客的有关情况向港监、海关、边检、进出口检验检疫机关等机关报告;在船舶驶离口岸前4小时内申报离开。但是,《国际航运船舶进出中华人民共和国口岸检查办法》《中华人民共和国海关对进出境国际航行船舶及其所载货物、物品监管办法》允许船舶在抵港后24小时内申报,使得我国的申报时间变成提前申报和到达申报相结合。飞机则在降停或者起飞前两小时由国际航空站通知海关。

　　对于车辆,无论是火车还是汽车,各国基本都规定必须从指定的边境通道入境,并且入境后按照指定的线路行驶。其实,这也是要求车辆从设立海关的口岸入境。只是由于车辆入境的通道相对较多,受道路限制相对较少,而对外开放的口岸比能够实际入境的通道要少,因此,监管的措施相对要严格一些,同时还可以防止外国车辆从事内国的国内运输,这一类运输各国通常规定只有本国车辆才能从事。各国边境基本都有进入本国的专门通道,在这些通道上设有海关。从可行性而言,各国可以要求车辆选择其中的某些道路。车辆进出境的申报时间,包括我国在内的各国都规定了到达口岸时申报。这主要是考虑到车辆与船舶、航空器相比有更大的灵活性,并且在口岸对车辆的检查相对简单一些。

　　运输工具在进出境时,我国规定其所有人或代理人要提交相关的单证,其中船舶进境需要提交《船舶进口报告书》、《进口载货清单》(无进口货物的交"无货清单")、《进境旅客清单》、《船员清单》;《船员自用和船舶备用物品、货币、金银清单》、《船员自用和船舶备用烟、酒加封清单》、《船舶进出境(港)海关监管簿》(境外船舶免交)以及海关监管需要的其他单证。出境船舶需要提交《出口载货清单》(无出口货物的,交无货清单)、《出境旅客名单》(无更动的免交)、《船员名单》(无更动的免交)、《船舶进出境(港)海关监管簿》(境外船舶免交)以及海关监管需要的其他单证。

　　载货清单的内容,在《中华人民共和国海关舱单电子数据传输管理办法》第5条中规定:运输工具名称、运输工具编号、国籍、装货港、指运港、提(运)单号、收货人或者发货人、货物名称、货物件数和重量、集装箱号、集装箱尺寸等。

　　航空器提交的基本也是载货清单、航班号、进出口日期、机组、旅客名单、装货港、指运港、运单号、收货人或者发货人、货物名称、货物件数和重量等。

　　进出境列车所要提交的单证相对更简单些,只需货物运单或者行李、包裹运行报单及添附文件、货物交接单或行包交接单等。进出境汽车提交的单证更加简便,只有一份载货清单,如果外籍车辆在口岸需要继续往我国国内行使,只需再填一式两份的《内驶车辆申报单》即可。

(二)查验和放行

　　海关在收到运输工具所有人的申报文件后,会根据文件内容办理运输工具进出境手续,对运输工具及其工作人员的自用物品除留出合理数量供其使用外,其余部分予以封存,对相关数据进行处理,作为后续相关管理的依据。对存在疑问或者有走私违法嫌疑的运输工具,海关会进行现场查验,以确定运输工具是否存在违法情形。在海关查验时,运输工具负责人或其代表应当到场并提供配合协助。

在海关未允许进出境运输工具进出境时,进出境运输工具不得擅自上下包括旅客在内的任何人员,不得擅自装卸货物。

海关在对进出境运输工具所有人的申报审核后,即作出放行的决定,进境运输工具可以进行进境后的装卸、上下客或者完成在境内的剩余行程;出境运输工具可以驶离口岸。

二、简化通关程序

简化通关程序是第二次世界大战后为促进货物的国际流动而在一些发达国家率先实行的。经过多年的发展,形成了预报关、上门报关等便利通关的制度。预报关即在货物进口前先预申报,待货物正式进口时由海关复核后放行;上门通关即货物径直运抵企业,由海关派员到企业办理通关手续。各种形式的简化程序在海关立法中明确规定,标志着通关程序的现代化。我国当前的对外贸易依存度不断提高,日益增长的进出口货物使口岸海关不堪重负,同时,各级政府和企业要求简化通关程序的呼声也日益强烈。为此,海关总署开始对简化通关程序的立法和实践进行了探索。

我国海关法规定的简化通关程序,也称作信任放行程序,适用于"信得过企业"和风险分析被评估为 A 类的企业。"信得过企业"应具备必要条件,由企业申请,经县、市以上的贸易主管机关或企业主管部门签注意见,海关审查批准后公开命名。

为了促进贸易便利化和适应高新技术企业的发展要求,我国主要实行了两类简化通关措施(根据国务院部委或者直属机构的行政发文形式确立)。

第一,简化/优先通关措施。该措施类似于"风险管理"或"信任管理"。海关将企业的信用等级由高到低分为 A、B、C、D 四类。A 类信用等级最高。因此对适用 A 类管理的企业,可以适用简化通关措施。具体内容为:(1)在海关业务现场设专门窗口,优先办理货物申报、查验和放行手续;优先实行"门对门"验货。(2)对从事加工贸易的企业,可实行海关派员驻厂监管或计算机联网管理。(3)对允许担保的货物,凭企业提交的保函验放,免收保证金。(4)对企业进口海关必检商品目录中的商品可免予取样化验。(5)为企业优先提供 EDI 联网报关的便利。(6)其他。

第二,便捷通关措施。对大型高新技术生产企业的有关审批和海关监管采取进一步的便利措施。经过认可的大型高新技术生产企业,经申请并提交担保后,可以享受的便捷通关措施有:(1)提前申报;(2)联网申报;(3)快速转关;(4)上门验收;(5)加急通关;(6)担保验放;(7)加工贸易联网。从事加工贸易的大型高新技术生产企业,如果其生产实行全过程信息化管理、保证有关数据真实无讹并向海关开放的,除可以适用以上七项进出口便捷通关措施外,还可以向海关申请加工贸易联网管理,实行免设台账、免审合同、免办手册三项便捷措施。

此外,各地海关还在《海关法》许可的范围内探索一些新的简化通关模式,例如在上海口岸被称为"提前报关、实货放行"的新通关模式。

第二节　报关与企业信用管理制度

报关是整个通关流程的发起程序。《中华人民共和国海关法》第 11 条规定:"进出口货物收发件人、报关企业办理报关手续,必须依法经海关注册登记。报关人员必须依法取得报关从业资格。未依法经海关注册登记的企业和未依法取得报关从业资格的人员,不得从事报关业务。"它以法律的形式明确了对向海关办理进出口货物报关手续的企业实行注册登记管理制度。因此,企业完成海关报关注册登记手续,取得报关资格才能成为报关单位。报关单位包括进出口货物收发货人和报关企业。进出口货物收发货人是指在中国境内从事对外贸易经营活动的企业、组织和个人;报关企业是指经进出口货物收发货人的委托,帮助其代理报关的企业。

针对报关单位中的企业,海关的企业信用管理制度经历了从分类管理到信用管理两个阶段。《中华人民共和国海关企业分类管理办法》(已于 2010 年 11 月 15 日失效)设定 AA、A、B、C、D 五个管理类别,制定相应的差别管理措施。2014 年 12 月 1 日施用的《中华人民共和国海关企业信用管理暂行办法》(以下简称《信用暂行办法》)在过去分类管理的基础上实行以信用评价为基础的登记和管理制度。

一、概述

《信用暂行办法》适用于报关单位中的企业。它根据一系列信用指标,将企业进行分类,适用不同的管理制度。它具体规定了海关注册登记企业信息的采集、公示,企业信用状况的认定、管理等,分别对应第二章企业信用信息采集和公示,第三章企业信用情况的认定标准和程序,以及第四章管理原则和措施。海关根据企业信用状况,将企业认定为认证企业、一般信用企业和失信企业,依据诚信守法便利、失信违法惩戒原则,分别适用相应的管理措施。其中,认证企业就是中国海关经认证的经营者(AEO),中国海关依法开展与其他国家或地区海关的 AEO 互认,认证企业可享受给予互认 AEO 企业的通关便利措施。海关还根据社会信用体系建设和国际合作需要,与国家有关部门以及其他国家或者地区海关建立合作机制,推进信息互换、监管互认、执法互助。

相比于《中华人民共和国海关企业分类管理办法》,《信用暂行办法》具有两大特色:

第一,充分体现了国家社会信用体系建设的原则和要求,符合国务院《社会信用体系建设规划纲要(2014—2020)》对各部门、各领域按照"守信激励、失信惩戒"的原则推进社会信用体系建设的要求。

第二,充分体现了与国际接轨的要求。中国海关于 2005 年 6 月在世界海关组织(WCO)第 105/106 次会议上签署了《全球贸易安全与便利标准框架》意向书。《信用暂行办法》充分融入了其中 AEO 制度的先进理念,明确规定"认证企业"就是中国海关经认证的经营者(AEO),适用我国与其他互认国家或地区海关所赋予的优惠待遇和通关便利措施。

二、企业信用信息采集和公示

在企业信息采集和公示阶段,不仅关系到企业信用信息管理系统所需采集的信息、信息的公开,而且包括对公开信息的异议和复核。

(一)采集

海关应当采集能够反映企业进出口信用状况的信息,包括:企业在海关注册登记信息、企业进出口经营信息、AEO 互认信息、企业在其他行政管理部门的信息,以及其他与企业进出口相关的信息。海关建立企业信用信息管理系统,数据源于登记所采集的信息。

(二)公示

为确保信息的准确性并加强公众监督,海关应当在保护国家秘密、商业秘密和个人隐私的前提下,公示企业下列信用信息:企业在海关注册登记信息、海关对企业信用状况的认定结果、企业行政处罚信息、其他应当公示的企业信息。海关对企业行政处罚信息的公示期限为 5 年。同时,海关应当公布企业信用信息的查询方式。

(三)提出异议及复核

公民、法人或者其他组织认为海关公示的企业信用信息不准确的,可以向海关提出异议,并提供相关资料或者证明材料①。海关应当自收到异议申请之日起 20 日内复核。公民、法人或者其他组织提出异议的理由成立的,海关应当采纳。

三、企业信用状况的认定标准和程序

《信用暂行办法》不再区分报关企业和非报关企业而分别设定认定标准。所有企业以《海关认证企业标准》(以下简称《标准》)和失信、一般信用企业标准为基础基本适用统一标准。企业信用状况由高到低分为高级认证企业、一般认证企业、失信企业和一般信用企业。高级、一般认证企业标准由《标准》涵盖,失信、一般信用

---

①　异议人为公民的,应当在提交材料上签名,海关验核异议人身份证件原件;异议人为法人或者其他组织的,应当在提交材料上加盖本单位印章。

企业标准则由《信用暂行办法》规定。

（一）海关认证企业标准

认证企业应当符合《标准》的规定。《标准》分为一般认证企业标准和高级认证企业标准，由海关总署制定并对外公布。2014 年 11 月 20 日，海关总署公布与《信用暂行办法》配套实施的《标准》。一般认证企业标准和高级认证企业标准分别以内部控制、财务状况、守法规范、贸易安全和附加标准五类标准的不同要求为准，分别 18 条 29 项和 18 条 32 项，每一项测评"达标"、"部分达标"或"不达标"采用赋分法。认证标准总分为基数 100 加上所有赋分项目得分总和，最终则以"所有赋分项目均没有不达标（－2 分）情形"和"认证标准总分在 95 分（含本数）以上"为通过条件。

相比高级认证而言，一般认证企业标准主要是减少了在内部控制、贸易安全等方面的要求。一般认证企业是中国海关对高信用企业的基本要求，享受中国海关提供的通关便利；而高级认证企业则是中国海关对高信用企业的较高要求，是和其他国家或者地区海关 AEO 互认的企业，享受国内海关比一般认证企业更多的通关便利，还可享受互认国家或地区的海关优惠措施和通关便利。

（二）失信企业和一般信用企业的认定标准

满足下列情形之一的，海关认定为失信企业：第一，有走私犯罪或者走私行为的。第二，非报关企业 1 年内违反海关监管规定行为次数超过上年度报关单、进出境备案清单等相关单证总票数千分之一且被海关行政处罚金额超过 10 万元的违规行为 2 次以上的，或者被海关行政处罚金额累计超过 100 万元的；报关企业 1 年内违反海关监管规定行为次数超过上年度报关单、进出境备案清单总票数万分之五的，或者被海关行政处罚金额累计超过 10 万元的。第三，拖欠应缴税款、应缴罚没款项的。第四，上一季度报关差错率高于同期全国平均报关差错率 1 倍以上的。第五，经过实地察看，确认企业登记的信息失实且无法与企业取得联系的。第六，被海关依法暂停从事报关业务的。第七，涉嫌走私、违反海关监管规定拒不配合海关进行调查的。第八，假借海关或者其他企业名义获取不当利益的。第九，弄虚作假、伪造企业信用信息的，以及其他海关认定为失信企业的情形。

满足下列情形之一的，海关认定为一般信用企业：第一，首次注册登记的企业；

第二,认证企业不再符合《信用暂行办法》第9条规定条件,且未发生《信用暂行办法》第10条所列情形的;第三,适用失信企业管理满1年,且未再发生其他法定情形的。

（三）认定程序

企业向海关申请成为认证企业的,海关按照《标准》对企业实施认证。海关或者申请企业可以委托具有法定资质的社会中介机构对企业进行认证;中介机构认证结果经海关认可的,可以作为认定企业信用状况的参考依据。

海关应当自收到企业书面认证申请之日起90日内作出认证结论。特殊情形下,海关认证时限可以延长30日。企业有下列情形之一的,海关应当终止认证:第一,发生涉嫌走私或者违反海关监管规定的行为被海关立案侦查或者调查的;第二,主动撤回认证申请的;第三,其他应当终止认证的情形。

海关对企业信用状况的认定结果实施动态调整。一方面认证企业需要定期或不定期重新认证;另一方面企业信用状态变动后,其认证也随即变化,认证企业依据是否通过重新认证判断,非认证企业则通过适用达到期限获得上调或申请资格:

1.海关对高级认证企业应当每3年重新认证一次,对一般认证企业不定期重新认证。

2.认证企业若未通过重新认证,则适用一般信用企业管理,且1年内不得再次申请成为认证企业;高级认证企业未通过重新认证,但符合一般认证企业标准的,适用一般认证企业管理。

3.适用失信企业管理满1年,且未再发生《信用暂行办法》第10条规定情形的企业,海关应当将其调整为一般信用企业管理。失信企业被调整为一般信用企业满1年后,可以向海关申请成为认证企业。

认证企业发生信用等级调整的,应当将原《认证企业证书》交回海关。无法交回的,海关公示作废。企业遗失《认证企业证书》的,可以向原发证海关申请补发,遗失证书海关公示作废。

《标准》用于企业向海关提出适用认证企业管理申请之前,由企业按照认证标准进行自我评估,并将自我评估报告随认证申请一并提交海关。若在海关评估过程中,企业某些项目不达标或者部分达标的,一般允许企业规范改进,但若会计、偿付、盈利、缴税能力,违法记录,管理要求,外部信息不达标或部分达标的例外。规范改进的期限由海关确定,最长不超过 90 日。最终是否通过认证由海关根据规范改进情况认定。

（四）已认定企业对《信用暂行办法》的适用

新法与旧法建立了不同的等级体系,已认证企业的等级适用新法的问题,海关总署公布:自 2014 年 12 月 1 日起,按照《中华人民共和国海关企业分类管理办法》（海关总署令第 197 号）适用 AA 类管理的企业过渡为高级认证企业;适用 A 类管理的企业过渡为一般认证企业;适用 B 类管理的企业过渡为一般信用企业;适用 C 类、D 类管理的企业,海关按照《信用暂行办法》重新认定企业信用等级。C 类、D 类企业经重新认定后信用等级为失信企业的,企业信用等级适用时间仍按原适用 C 类、D 类时间计算。认证企业可以凭适用 AA 类、A 类管理的法律文书向海关申请换领《认证企业证书》。

四、管理原则和措施

企业认证的最终目的是依据企业信用评价标准判断企业是否具有报关资格,以及企业信用状况在通关过程中应适用何种等级的管理和措施。相应的,企业在认证过程中完成企业海关注册登记,获得报关资格,并且根据所认定的信用状况适用一定的通关管理原则和措施。《信用暂行办法》就四种企业分类分别规定了管理原则和措施。

一般认证企业适用下列管理原则和措施:第一,较低进出口货物查验率;第二,简化进出口货物单证审核;第三,优先办理进出口货物通关手续;第四,海关总署规定的其他管理原则和措施。

高级认证企业除适用一般认证企业管理原则和措施外,还适用下列管理措施:第一,在确定进出口货物的商品归类、海关估价、原产地或者办结其他海关手续前先行办理验放手续;第二,海关为企业设立协调员;第三,对从事加工贸易的企业,不实行银行保证金台账制度;第四,AEO 互认国家或者地区海关提供的通关便利措施。高级认证企业适用的管理措施优于一般认证企业。但因企业信用状况认定结果不一致导致适用的管理措施相抵触的,海关按照就低原则实施管理。认证企业涉嫌走私被立案侦查或者调查的,海关暂停适用相应管理措施,按照一般信用企业进行管理。

失信企业适用海关下列管理原则和措施:第一,较高进出口货物查验率;第二,进出口货物单证重点审核;第三,加工贸易等环节实施重点监管;第四,海关总署规定的其他管理原则和措施。

企业名称或者海关注册编码发生变更的,海关对企业信用状况的认定结果和管理措施继续适用。企业有下列情形之一的,按照以下原则做出调整:第一,企业发生存续分立,分立后的存续企业承继分立前企业的主要权利义务的,适用海关对分立前企业的信用状况认定结果和管理措施,其余的分立企业视为首次注册企业;第二,企业发生解散分立,分立企业视为首次注册企业;第三,企业发生吸收合并,合并企业适用海关对合并后存续企业的信用状况认定结果和管理措施;第四,企业发生新设合并,合并企业视为首次注册企业。

【延伸阅读】

1.海关总署第 225 号令:《中华人民共和国海关企业信用管理暂行办法》

2.海关总署公告 2014 年第 81 号:《关于〈中华人民共和国海关企业信用管理暂行办法〉实施相关事项的公告》

第三节　海关事务担保法律制度

● ● ●

一、海关事务担保法律制度概述

(一)海关事务担保概念

海关事务担保是指进出口人在确定货物的商品归类、估价上与海关存在争议或者一时来不及提供有效报关单证或者办结其他海关手续,但是货物需要尽早放行,进出口人提供与其依法应当履行的法律义务相适应的担保,海关随后放行的制度。

海关事务担保是不同于民事担保的担保形式,海关事务担保有以下特点:

第一,海关事务担保是特定主体之间的担保。海关事务担保是进出境货物的收发货人、进出境物品的所有人,在进出境活动中,为了使货物、物品及时通关,同时又保证海关有关义务的履行,向进出境管理机关海关提供的担保。而民事担保和其他经济活动的担保,没有特定主体的要求。

第二,海关事务担保是针对法定事项的担保。海关事务担保是针对通关活动中进出境货物收发货人、物品的所有人需要履行的法定义务,如在确定归类、估价等事项前,要求提前放行货物的、暂时进出口货物的关税担保,履行海关处罚决定的担保等。哪些海关事务可以提供担保,由法律具体规定。法律未规定的事项不能使用担保作为要求海关提前放行货物的条件。

第三,海关事务担保带有行政性特性,是行政管理的一种措施和手段。民事担保是实现当事人之间的民事权利的手段,是平等主体间的法律关系,是保证法律关系各方财产权益的法律手段。而海关事务担保是不平等主体间的法律关系,目的是保证海关行政管理活动的顺利进行。

第四,担保形式的特点。可以作为海关事务担保的财产和权利是采用法律具体列举的方式。有关货物的担保形式有货币、票证和银行或其他金融机构的保函等。有关其他海关事务的担保还有担保金、担保抵押物等形式。总之,这些是能够保证海关担保事项实现的形式。

(二)我国海关担保制度的建立和发展

海关担保放行制度,是在海关的监管放行阶段实行的一种管理制度,是一项旨在加强严格管理的前提下,促进对外贸易发展,方便进出口企业、单位和进出境旅客的具体措施。建立海关担保制度,是解决海关管理中简化手续、加速通关与严密监管、防范风险这一对矛盾的有效方法之一。1987 年,海关总署颁布了《中华人民共和国海关关于进出口货物申请担保管理办法》,该办法的颁布实施,标志着海关有关进出口货物的担保制度的建立。1987 年,海关总署制定的担保办法主要是有关进出口货物和物品的担保。除此以外,1987 年的《海关法》和《中华人民共和国海关法行政处罚实施细则》规定了有关关税征收、海关行政处罚在执行中的担保问题。2000 年修订的《海关法》在全面总结十几年来海关担保制度实施经验的基础上,将海关担保制度作为新增加的一章,对海关事务担保制度做了全面的规定,为海关事务担保制度的立法和执法提供了作为国家法律这一渊源层次的依据。

新修订的《海关法》有关海关事务担保一章的规定主要是有关进出境货物和物品的担保。此外,在其他章节对有关关税征收的担保、海关行政处罚当事人担保等做了原则性的规定,共同构成海关事务担保法律制度。

二、海关事务担保的范围

根据《海关法》的规定,除法律特准的外,进出口货物在收发货人缴清税款或提供担保后,方可放行货物。

(一)海关接受担保的情况

海关接受担保的情况有:(1)在海关确定货物的归类、估价前,要求提前放行货物的。(2)进出口货物不能在报关时交验有关单证,如发票、合同、装箱清单等,而货物已运抵口岸,亟待提取和发运,要求海关先放行货物,后补交有关单证。(3)办结其他海关手续前,要求放行货物的,如:应税货物,请求缓缴税款的;正在向海关申请减免税手续,而货物已经运抵口岸,亟待提取和发运,要求海关缓办进出口纳税手续,先放行货物的;暂时进出口货物;经海关同意,将海关未放行的货物暂时存放于监管区以外场所的;法律、法规规定的保税货物等。(4)其他法律、行政法规规定适用担保的情况,如《海关知识产权保护条例》规定的适用担保的情况、《中华人民共和国反倾销和反补贴条例》规定的适用担保的情况以及未来立法确定的适用担保的情况。

(二)海关不接受担保的情况

海关不接受担保的情况有:(1)国家对进出境货物有限制性规定的,应当提供许可证件而不能提供的。许可证件包括一般限制进口货物的进出口许可证和进出口金银、濒危动植物、文物、中西药品、食品、体育及狩猎用枪支弹药和民用爆破器材、无线电器材、保密机等受国家有关规定管理的进出口货物,有关部门批准的文件或证明。不能够提供许可证的情况,包括还未领取许可证、已经领取许可证因故不能向海关提供的、已领取的许可证已经失效的等情况。但 ATA 暂准单证项下需要申领许可证的出口货物除外。(2)法律、行政法规规定不得接受担保的其他情形。此处是为未来立法提供法律依据。

三、海关事务担保的形式

(一)金钱担保

这是海关担保特有的一种担保方式,即在海关担保实践中所称"保证金"的担保,在性质上有的类似于《担保法》中的定金担保,即担保人直接以现金的方式保证债务的履行,一般由担保人向海关提供与所要履行的海关债数量相当的金钱,当债务人到期不能履行依法应履行的债务时,海关可直接以担保人提供的现金来满足海关债的履行。因这一担保方式简便易行,给海关工作带来较大方便,且担保功能较强,目前在海关担保实践中应用最为广泛。金钱担保的标的可以用人民币或者可自由兑换货币。

(二)权利质押担保

所谓权利质押是指债务人或者第三人将出质的权利交债权人占有,作为债权的担保,在债务人不履行债务时,债权人有权以该权利折价所得价款受偿。我国长期以来"抵质"不分,在《担保法》颁布后,质押首次得以确立独立地位。质押与传统的抵押最大的区别在于债权人是否占有担保标的,质押以转移担保标的的占有为要件。质押作为债的担保的一种,对促进资金融通和商品流通,保障交易安全和债权的实现,稳定社会经济秩序,具有重要的社会意义。

海关担保中所规定的权利质押担保只规定了证券债权质权的设定,没有包括其他诸如普通债权质权、股份质权、无体财产权等的设定。证券债权的设质,就是以债券、汇票等有价证券为债权人设立质权,以担保债务的履行。证券上载明了一定的权利,转让证券权利,就得转让证券,证券与证券权利不可分。海关法规定的证券质押标的或种类有:

1.汇票。依《中华人民共和国票据法》(以下简称《票据法》)的规定,汇票是由出票人签发的,委托付款人在见票时或者在指定日期无条件支付确定的金额给收款人或者持票人的票据。汇票分为银行汇票和商业汇票。汇票必须记载"汇票"字样、无条件支付的委托、确定的金额、付款人名称、收款人名称、出票日期、出票人签章,上述内容须完整记载,只要有一项未记载,汇票无效。

2.本票。《票据法》规定，本票是出票人签发的，承诺自己在见票时无条件支付确定的金额给收款人或持票人的票据。本票必须记载"本票"字样、无条件支付的承诺、确定的金额、收款人名称、出票日期、出票人签章，上述内容必须完整，少一项记载，本票无效。

3.支票。《票据法》规定，支票是由出票人签发的，委托办理支票存款业务的银行或者其他金融机构在见票时无条件支付确定的金额给收款人或者持票人的票据。支票必须记载"支票"字样、无条件支付的委托、确定的金额、付款人名称、出票日期、出票人签章，上述内容必须完整记载，少一项，支票即无效。

4.债券。债券是指依照法定程序发行的，约定在一定的期限内还本付息的有价证券，包括国库券、企业债券、金融债券等。

5.存单。存单是指由银行、储蓄机构发给存款人的证明其债权的凭证。

（三）保证担保

保证担保不同于抵押、质押等担保形式，它属于人的担保，即以债务人以外的第三人的信誉和不特定财产作为债的担保，在债务人不能履行债务时，保证人按照约定履行债务或者承担责任。值得注意的是，在保证担保中，保证人只能是债务人以外的第三人，不能是债务人本人。在海关担保实践中，曾经长期存在由债务人本人承担保证担保义务的做法，这有悖民法法理，也破坏了担保目的。

因为债务人以其本身所有的财产承担其对债务履行的义务是法律本身所要求的，法律之所以要设立保证担保，其目的在于增加债务履行的责任人，由债务人和保证人负连带责任，而且保证人一般具有良好信誉，从而达到担保的目的，由债务人本人保证，不符合保证的法律特征，不能被认定为保证，充其量只能算债务人向海关"表决心"而已，不具有法律效力。现在海关法已经对此进行废除，规定海关只接受由银行或者非银行金融机构的保函。银行一般具有雄厚的资金、良好的信誉，由银行作为保证人，增强了海关债的履行能力，容易达到担保的目的。

（四）海关认可的其他担保方式

为避免立法上的挂一漏万以及满足今后海关担保的发展要求，我国海关法在担保方式一款中最后以一种开放式的条文形式，将上述未列举的或者今后可能出现的担保方式统统纳入其中。按目前的相关规定和海关担保实践，其他担保方式主要有抵押担保和留置担保。

1.抵押担保。所谓抵押担保,是指债务人或第三人以特定的财产来担保海关债的履行,当债务人不履行时,海关有权将抵押物折价或者以变卖所得的价款抵偿。抵押担保和质押担保的最大区别在于,抵押担保并不转移抵押物的占有。抵押被认为是现代社会最理想的担保方式,其优越性表现在:首先,债务人对抵押物仍享有占有权和使用权,可以就抵押物而取得的收益作为清偿债务的资金;其次,债权人(抵押权人)可以解脱自己直接利用、占有抵押物的不便利,仅依赖抵押物的价值作为债权的担保,可以促使债务人履行债务。抵押担保方式在海关法中没有明确规定,但在海关的相关法规中曾有所体现,如原来的《中华人民共和国海关法行政处罚实施细则》中就有关于抵押的规定(如第 29 条、第 30 条)。

2.留置担保。所谓留置担保,是指债权人依法律规定或者合同约定合法占有债务人之物,且享有就该物所产生的债权已届清偿期时,债权人得于其债权未受偿前留置该物,以作为担保的物权。留置权的产生必须有法律明确的规定。我国《海关法》中实际上已有留置担保的条文规定。《海关法》第 61 条规定,海关在发现纳税风险而实施关税保全的措施中,在纳税义务人不愿提供纳税担保的情况下,可以采取某些强制措施,其中包括扣留义务人的财产。此种关税保全措施,应当说带有以行政强制为手段的行政保全的意味,是一种留置行为,从广义上,它也是海关事务担保的形式之一,只不过是在特殊条件下由海关主动采取的,是单方法律行为,与因当事人申请而提供担保的情况有着明显的区别。过去,在海关监管实践中,海关对那些未完成海关某种特定义务的当事人,常常对其在海关监管下的货物实施留置来作为对该当事人要求履行义务的担保。而且,海关对进口货物所有人在无其他担保的情况下要求先放行货物的,海关也可以在当事人同意的情况下,采取留置其一部分与其需履行的义务相适应的海关监管货物作为一种制约性保证措施,其余货物则可准予放行。

四、海关事务担保中担保人的法律责任

被担保人应当在规定的期间内全面、正确地履行其承诺的海关义务,如按时缴纳税款、按时缴纳罚款等。如果被担保人在规定期间内全面、正确地履行了海关义

务,担保人的担保责任则依法予以解除,海关应当及时办理销案手续,退还有关款项等。如果被担保人在规定期间内未予以全面、正确地履行其承诺的义务,担保人即应承担相应的责任。

担保人所应承担的担保责任,根据担保个案情形的不同,如,仅担保税款、担保税款及利息等,依照担保人与海关的约定可以包括税款、利息乃至于罚款。担保期间,是指担保人承担担保责任的起止时间。担保人在规定的担保期间内承担担保责任,逾期即使被担保人未履行海关义务的,担保人也不再承担担保责任,海关不得要求担保人承担担保责任。鉴于法律规定可担保范围涉及事项的千差万别,法律不可能对此做"一刀切"的规定。因此,法律本身只做原则性的规定,留下空间由行政法规约定,乃至个案由担保人与海关约定。

担保责任分为一般责任和连带责任。一般责任担保的担保人享有先诉抗辩权,担保人只有在被担保人的财产依法强制执行仍不能履行义务后,才承担担保责任。连带责任担保的担保人没有先诉抗辩权,只要被担保人在规定期间没有履行海关义务,海关即可以要求被担保人继续履行义务,也可以直接要求担保人承担担保责任。因此,连带责任较一般责任重。

《海关法》没有明确担保人是承担一般责任抑或是连带责任。但选择连带责任担保方式对国家利益的实现较为有利,有助于保障国家税收的实现。因此,将来的行政法规对此问题仍需进一步予以明确,或者在审查银行或者非银行金融机构的保函时应予以明确约定。

被担保人的某些特殊义务,如向海关提供有效单证,不会因担保人承担了担保责任而归于消灭,担保人所能承担的只能是能通过经济手段转化的责任。因此,在担保人承担担保责任后,被担保人仍需办理有关的海关手续。

【案例裁决/法律文书摘录】

中成宁波进出口有限公司诉北仑海关行政纠纷案

[基本案情]2005 年 10 月 21 日至同年 11 月 11 日期间,中成宁波进出口有限公司(以下简称"中成公司")委托宁波北仑报关有限公司、宁波保税区瑞成报关有

限公司向北仑海关申报进口铁壳废电机、无壳废电机和废五金 11 票,数量共计 649937 千克,货值人民币 337 万余元。申报收货单位和提交的废物利用单位均为台州长青金属有限公司(以下简称"长青公司")。经立案调查,该批货物系宁波海曙玲珑贸易有限公司(以下简称"玲珑公司")委托中成公司进口,收货单位和废物利用单位并非台州长青金属有限公司,且申报时所提交的废物进口批准证书也经证实系伪造(对此,北京市朝阳区公安分局已经刑事立案)。北仑海关因此认定其构成收货单位申报不实的事实,影响国家许可证件管理。案件调查过程中,北仑海关于 2005 年 12 月 27 日向中成公司收取抵押金人民币 10 万元。

2006 年 7 月 4 日,北仑海关依据中成公司申请举行了行政处罚听证。2006 年 7 月 11 日,北仑海关作出行政处罚决定,认定中成公司的行为已构成收货单位申报不实的事实,影响国家许可证件管理,并依据《海关处罚条例》第 15 条第(三)项之规定,可处中成公司罚款人民币 41 万元。中成公司不服上述行政处罚决定以及海关收取抵押金的行政行为,于 2006 年 7 月 24 日分别向宁波市中级人民法院提起了行政诉讼。

2006 年 9 月 5 日,宁波中院对中成公司不服北仑海关收取抵押金行为及行政处罚案公开开庭进行了审理。2006 年 10 月 11 日,宁波中院判决驳回了中成公司不服北仑海关收取抵押金行为的诉讼请求,其在法定期限内未提起上诉。2006 年 10 月 24 日,中成公司向宁波中院申请撤回不服北仑海关行政处罚起诉,法院裁定准予撤诉。

中成公司认为:第一,《海关法》第 66 条第 3 款规定:"国家对进出境货物、物品有限制性规定,应当提供许可证件而不能提供的……海关不得办理担保放行。"海关不应对中成公司涉嫌擅自进口固体废物且已被放行的货物实施行政强制担保措施。《海关处罚条例》第 39 条规定可以要求提供担保的对象应该是指符合担保放行条件,但又无法或者不便扣留的嫌疑货物、物品和运输工具。海关以《海关处罚条例》第 39 条为依据,要求中成公司提供担保,属于适用法律错误。第二,按照《海关处罚条例》第 39 条规定,海关要求提供担保的财产必须与货物等值,海关只要求中成公司缴纳人民币 10 万元保证金,不符合《海关处罚条例》规定。因此,认为海关收取 10 万元保证金实际上是在预收行政处罚罚款。第三,海关收取保证金的法律依据在"保证金收据"上没有记载,海关在"行政诉讼答辩状"上也没有予以明确,说明海关在实施收取保证金行为时没有法律依据。因此,请求法院判决确认海关收取保证金的行为违法并返还该保证金。第四,认为海关作出行政处罚决定程序违法,根据海关在《行政处罚告知单》中的记载,证据材料中有一份《公安立案决定书》。如果事实确实如此,既然公安机关已经立案,公安机关的调查有助于查清本案关键事实,譬如《进口废物批准证书》到底是不是真实的,如果是伪造的,本案相关人员包括中成公司有关经办人是否涉嫌刑事犯罪,等等。在刑事侦查终结之前,海关作出行政处罚决定,是不合法的。第五,根据海关《行政处罚决定书》记载,处罚中成公司的理由是其行为影响国家许可证件管理。但在处罚决定书及听证过程中却未表明中成公司的行为所影响的许可证管理具体条例。因此,中成公司认为在本案中其行为并未影响国家许可证件管理。

北仑海关认为:第一,2005年9月2日至10月25日期间,中成公司委托报关企业共向北仑海关申报进口废电机、废五金等货物11票。申报收货单位和提交的废物进口批准证书所列利用单位均为台州长青金属有限公司。经查,台州长青金属有限公司从未委托中成公司进口废物,且中成公司所提交的废物进口批准证书也系伪造,中成公司的通关行为已构成涉嫌申报不实、擅自进口固体废物。第二,《海关处罚条例》第39条规定的担保是为了保证将来作出的行政处罚能够得到切实执行。涉案货物已经放行属于无法实施扣留措施的情形,海关要求中成公司提供担保,符合《海关处罚条例》规定。《海关处罚条例》所称的担保与《担保法》中规定的担保不同,不能适用担保法原理。第三,海关作出的行政处罚决定,尚未完成执行程序,不返还收取的抵押金不违反法律规定。第四,中成公司诉状中提及的《公安立案决定书》与本案处罚决定书所认定的主体与事实完全不同,根本不存在刑事程序和行政程序的竞合冲突问题。何况,现行法律对刑事程序是否优先于行政程序并没有明确的法律规定,因此认为其主张不能成立。第五,根据现行法律规定,本案涉案进口货物属于国家限制进口的可用作原料的固体废物,实行许可证管理,即其进口需凭国家主管部门发放的废物进口批准证书验放。中成公司收货单位申报不实的目的在于使收货单位与废物批准证书上列明的废物利用单位相符,这种行为在客观上已经影响了海关对限制性进口废物的管理。

综上,请求法院驳回中成公司的诉讼请求。

宁波中院经审理认为:第一,对有违法嫌疑但已经放行的货物,能否依照《海关处罚条例》第30条规定,要求收货人提供担保。海关事务担保是指与进出境活动有关的当事人,以法定的方式向海关保证在一定期限内履行法定义务的行为。该行为所担保的对象是通关义务。《海关法》第66条第3款规定的海关对限制进口货物或物品,应当提供许可证而不能提供的,不得为其办理担保放行,是对此类货物、物品海关不得为其办理通关事务担保的禁止性规定。《海关处罚条例》第39条规定的担保是海关在查处违法、违规行为过程中,对应当予以扣留的货物和物品,因无法或不便扣留,为保证实现行政处罚,由当事人向海关提供等值担保的行为。《海关处罚条例》第39条规定的担保是对行为责任的担保,实质上是一项财产保全措施,保全对象是物的价值,海关可以依照《海关处罚条例》第39条规定,接受当事人提供的担保。中成公司认为海关接受担保与《海关法》第66条规定不符,属理解错误。第二,不等值收取保证金是否符合法律规定。《海关处罚条例》第39条规定:"有违法嫌疑的货物、物品、运输工具无法或者不便扣留的,当事人……应当向海关提供等值的担保,未提供等值担保的,海关可以扣留当事人等值的其他财产。"本条规定对当事人的要求是应当提供等值的担保,对海关的要求是可以扣押当事人等值的其他财产,本条规定既含有义务性规范,又含有授权性规范。海关在实践中可以依据本条授权,视个案具体情况责令当事人提供等值担保,或者实施等值扣押。海关未予实施等值保全措施,不能据此倒推,认为未予等值实施的保全措施,是为了其他行政处罚所设定的担保。中成公司认为,海关收取的保证金与货值不等,实为预收行政处罚罚款,无事实和法律依据。第三,保证金收取的程序是否合法,有无适用的法律依据。收取保证金是对相对人不利的行政管理行为。按照正当程序原则,海关在收取保证金前,应当告知收取保证金的事实、理由及依据,听取中成公司的陈述、申辩。海关举证证据,无从说明海关履行了此项义务。对此不足,海关应在以后的工作中加以改进。保证金收款收据系格式单据,按通常操作方法,收款依据一般不会出现在收款收据上。收款人的收款依据可以在收款通知上予以说明,也可以在行政答辩书上、庭审辩称中予以明确。本案中,海关就收款依据已在庭审答辩中予以阐明。法院可以认为海关在收取保证金时,已经适用了法规依据——《海关处罚条例》第 39 条。中成公司认为海关没有适用,理由不足。

综上,宁波中院认为,海关是国家进出关境的监督管理机关,对涉嫌违法进口的货物,有权依据《海关处罚条例》第 39 条规定对中成公司酌情收取行政处罚保证金 10 万元。据此,依据《最高人民法院关于执行〈中华人民共和国行政诉讼法〉若干问题的解释》第 56 条第(四)项之规定,判决驳回中成公司的诉讼请求。

[分析]有观点认为,海关行政担保行为属于行政强制的范畴,特别是依据《海关行政处罚条例》第 39 条收取担保的行为。上述宁波中院及海关系统的一些人就持这种观点。笔者认为,海关行政强制包括海关行政强制措施和海关行政强制执行。海关行政强制,系指海关及其他法定授权主体在海关行政管理过程中,为加强进出境监督管理及维护正常的进出口贸易秩序,为制止走私等违法行为、防止证据损毁、避免危害发生、控制危险扩大等,对自然人的人身自由实施暂时性限制,或者对公民、法人或者其他组织的财物或其他利益、权利、自由实施暂时性控制或紧急性剥夺的行为,或对不履行行政决定义务的相对人依法强制履行义务或达到履行义务状态的行为。海关行政强制与普通的行政强制一样具备一个非常显著的特征,即强制性,而海关行政担保行为并不具有强制性,相对人并不会因为拒绝提交担保而遭受海关的无理扣留而强制实现该效果。或许有人会提出,依据《海关处罚条例》第 39 条规定拒绝提供等值担保的,将导致海关扣留其等值的其他财产的不利法律后果,但我们要看到:一是导致该后果最根本的原因还是涉案货物无法扣留或者不便扣留,而不仅仅是单纯拒绝交保的行为;二是该条规定海关"可以"扣留其等值的其他财产,而不是"应当"或"必须";三是如果海关行政担保行为为行政强制的话,那么在当事人不自愿交纳的时候应该是强制交保,而不需要采取扣留其等值其他财产的手段。随着《行政强制法》于 2012 年 1 月 1 日起施行,海关目前已经不能再采取扣留其等值其他财产的手段,原因是该手段存在与《行政强制法》第 23 条规定的"不得查封、扣押与违法行为无关的场所、设施或者财物"相冲突之嫌。

海关行政担保行为可分为两类:第一类,海关责令提供担保或者要求提供担保。《海关法》第 61 条规定:"进出口货物的纳税义务人在规定的纳税期限内有明显的转移、藏匿其应税货物以及其他财产迹象的,海关可以责令纳税义务人提供担保;纳税义务人不能提供纳税担保的,经直属海关关长或者其授权的隶属海关关长批准,海关可以采取下列税收保全措施……"《海关加工贸易企业联网监管办法》第16条规定:"联网企业有下列情形之一的,海关可以要求其提供保证金或者银行保函作为担保:(一)企业管理类别下调的……"第二类,当事人可以提供担保或应当提供担保。《海关处罚条例》第39条规定:"有违法嫌疑的货物、物品、运输工具无法或者不便扣留的,当事人或者运输工具负责人应当向海关提供等值的担保,未提供等值担保的,海关可以扣留当事人等值的其他财产。"《海关对加工贸易货物监管办法》第15条第1款规定:"经营企业或者加工企业有下列情形之一的,海关可以在经营企业提供相当于应缴税款金额的保证金或者银行保函后予以备案:(一)涉嫌走私、违规,已被海关立案调查、侦查,案件未审结的……"第24条第1款规定:"有下列情形之一的,申请开展外发加工业务的经营企业应当向海关提供相当于外发加工货物应缴税款金额的保证金或者银行保函:(一)外发加工业务跨关区的……"

　　海关责令提供担保或者要求提供担保的行为可理解为行政命令与行政担保行为混合在一起的复合性行政活动,而当事人可以提供担保或应当提供担保且海关予以接受的情形仅为单纯的行政担保行为。但无论是哪一种担保行为,笔者认为都属于一种海关行政合同行为,而不属于海关行政强制行为。[①]

【延伸阅读】

1.《中华人民共和国海关事务担保条例》

2.海关总署:《关于大型高新技术企业适用便捷通关措施的审批规定》

3.《海关总署关于下发〈便捷通关作业规程(试行)〉的通知》

---

① 晏山嵘:《海关行政执法案例指导》,中国法制出版社2013年版,第166~167页。

第四节 进出境货物通关规则

一、概述

我们在日常生活中会遇到形形色色的货物,这里所指的货物是以进出口贸易的方式进出关境的有形物体,或者有形物体与无形物体、权利、智力成果的结合体。通关,按照《关于简化和协调海关制度的国际公约》,其定义为:"指完成必需的海关手续以使货物出口、为境内使用而进口或置于另一种海关制度下。"[①]它是货物通关监管活动中最重要的内容之一,因其工作量最大、涉及价值最高、直接关系国家经济安全而成为各国海关最重视的工作。货物通关的地点、时间由于贸易方式等因素的不同而有所不同,本章所述通关,如无特别指出,是指通过进出口地的口岸海关完成的通关。

二、法律关系

(一)主体

货物通关中涉及的主体主要是海关和货物所有权人。我国现行的《海关法》并没有对进出口货物的所有权人作出规定,而是以"进口货物的收货人""出口货物的发货人"这样的概念代替了所有权人的概念,仅在进口货物申明放弃的时候提到货物所有人。

除了上述主体外,货物进出口监管法律关系中还有一些第三人,主要包括与进出口货物或者其所有权人有关的债权人、知识产权权利人可能或已经取得代位求偿权的保险人、提供第三方服务的理货人、仓储人、进出口代理人、报关代理人等。

---

① 海关总署国际合作司:《关于简化和协调海关制度的国际公约(京都公约)总附约和专项附约指南》,中国海关出版社 2003 年版,第 7 页。

(二)内容

进出口货物通关法律关系的内容主要是法律关系主体的权利义务,具体而言就是在进出口报关、查验、征税、放行、扣押等情况下,海关和货物所有权人、第三人各自享有的权利和义务,即进出口货物的所有权人依法应当在货物进出口时向海关如实申报,并接受查验,缴纳关税及其他税收,货物放行后依法处分货物,在因涉嫌违法被扣留后有按照法律维护自身合法权利为自己申辩的权利;而海关则享有依法接受申报、进行查验、征税、保税、放行,对涉嫌违法的货物所有人采取扣留货物或人身的权力。

(三)客体

进出口货物通关法律关系的客体是权利义务指向的对象,即进出口货物和进出口人的行为。

三、通关法律制度

(一)进出口货物的通关规则

进出口货物在进出境前必须经历处于海关监管之下,并完成所有海关手续的过程,这一过程就是通关。货物在由运输工具载运进境后和出境前,除运输工具所有人向海关作申报外,货物进口人或代理人也应该向海关作进出口申报。前者的申报主要表明运输工具载运了哪些货物,既不涉及货物进出口主体,也不包含进出口货物的详细信息;而后者是由货物进出口人以自己的名义,亲自或委托代理人向海关作出的进出口申报,其法律责任直接归于进出口人。

所谓进出口申报,是指进出口货物的收发货人、受委托的报关企业,依照《海关法》以及有关法律、行政法规和规章的要求,在规定的期限、地点,采用电子数据报关单和纸质报关单形式,向海关报告实际进出口货物的情况,并接受海关审核的行为。申报是进出口人对海关作出的申明,这样的申明有承诺和保证的作用,表明进出口人要受自己的申报拘束,并对其中的错误负责。申报通过填写、递交进出口报关单实现,这是海关审核进出口货物的第一份法律文件,是针对进出口货物做出行政行为的初步依据,也是海关对违法行为进行处罚的第一份证据。

进出口申报按照货物的流向可以分为:进口申报、出口申报和通运、转运申报;

按照贸易性质不同可以分为:一般贸易货物进出口、保税货物进出口、特定减免税货物的进出口;按照申报时间可以分为:提前申报、正常时间申报、事后集中申报等。

通过申报,进出口人进入了国家对进出口管理的最后一道程序。在这道程序中,海关可以掌握日后估定税费、编制统计和实施《海关法》规定的其他职责所需要的必要信息,在此海关要求进出口人提交的信息,应以完成上述职责所需的必需信息为限,即最少数据原则。为此,《关于简化和协调海关制度的国际公约》规定了6大类21种信息,我国进出口人将向海关详细地报告的内容包括:货物的进出口时间、运输工具名称、提(运)单号、税号、品名、规格型号、用途、贸易方式、数量、重量、价格、原产地、有关进出口货物的合同、发票、运输单据、装箱单、获得的许可证件、加工贸易手册等信息。[①] 可以看出,在申报内容的规定上,我国的规定与国际通行做法大致相同,体现了便利贸易的原则。

申报的法定期限,是指海关法所规定的,进口货物应在运输工具申报进境之日起14日内,出口货物除海关特准外在运抵海关监管区后、装货前24小时向海关申报;为进一步便利进出口,进口货物在品名、规格、数量确定无误的情况下可以在货物起运后、抵港前或者出口货物运入海关监管场所前3日内向海关提前申报。超过了法定报关期限,应视为不履行法定义务而要承担支付滞报金或不予按时出口的法律后果。

由于要求进出口人对申报的内容负责,我国规定对已经申报的内容原则上不允许修改或撤销,但由于计算机、退关、操作或书写失误等原因,可以修改或撤销。这实际上是以立法的形式赋予了申报法律效力。在报关单递交以后,即产生对自身拘束的法律效力,企业一旦涉嫌走私违法,已经递交的报关单就具有证据效力,因此,海关一般都重视和谨慎行使同意撤销或修改的权力,并且从立法角度规定能够撤销或者修改的情况,以杜绝随意地撤销或修改。

如果进出口人迟迟不向海关申报,这种情况应当有一个时间限度,但这个时间限度应当比前述申报时间长一些,以便进出口人能够有时间对自己的行为做出补

---

① 参见《海关进出口货物申报管理规定》(海关总署令第103号)第12条和第19条。

救。我国对此规定,进口货物的收货人,自运输工具申报进境之日起超过 14 日不超过 3 个月,未向海关申报的,海关按照《海关征收进出口货物滞报金办法》征收滞报金。滞报金的日征收金额为进口货物完税价格的 0.5%,以人民币"元"为计征单位,不足人民币 1 元的部分免予计收。滞报金虽然具有惩罚性质,但更主要的是对进口人不及时申报行为的督促。它指向的是进口人不及时申报的行为,而不是不及时缴税的行为,后者应当由滞纳金来加以督促。这方面,我国台湾地区的做法值得借鉴,台湾规定进口货物不依规定期限报关者,自保管期限届满翌日起,按日加征滞报费新台币 200 元。这种做法更能够体现督促的作用,而不至于对进出口人造成过重的负担。而以完税价格的一定百分比作为滞报金的日征收金额,即使百分比很低,也可能由于货物本身价值较高,造成滞报金绝对价值很高。

对超过 3 个月未向海关申报的,其进口货物由海关提取,依法变卖处理,对拍卖所得价款,在扣除运输、装卸、储存等费用和税款后,尚有余款的,自货物依法变卖之日起 1 年内,经收货人申请,予以发还;其中属于国家对进口有限制性规定,应当提交许可证件而不能提供的,不予发还。这就保证了货物所有权人对货物正当的权益,部分免除了承运人可能遇到的民事索赔,避免了因海关行为导致的承运人和货物所有权人之间的诉讼——这种诉讼只是在问题解决的外围绕圈子,无论哪一方败诉,都解决不了问题。

与进口不及时申报相对应的,是出口申报后不及时出口。简言之,由于国外买方违约等情况,国内出口方在完成出口申报后不再出口或者推迟出口。由于对船公司和集装箱公司的违约等因素,出口方取回货物已经变得不再经济,但是出口方也没有明确表示放弃货物。这时船公司、集装箱公司和海关,面对这些货物都有不能直接处分的尴尬。这些货物完成出口报关实际离境前是海关监管的货物,船公司、集装箱公司未经海关许可不得处分。由于对在海关已完成出口申报,但没有出口的货物如何处置并没有相应的法律法规规定,因此也只能等待出口人主动向海关申报退关。如出口人不作为时,海关也无可奈何,因为出口人并没有违反海关的法律法规。

货物在向海关申报后,即由海关进行审核。海关审核主要就货物的品名、规格、数量、价格、商品归类、原产地、运输工具名称、进出口日期等内容的真实性、准确性进行核实,同时审查进出口人是否全部提交了货物进出口所必需的其他许可证件。海关在审核的基础上,进行风险分析,做出正常征税或免税放行、布控查验、提取货样,以便进一步核实,或作出拒绝申报等决定。风险分析的手段在各国海关中都得到了利用,欧盟新海关法典就明文规定电子预申报用于海关风险分析。

在确定进行查验或者取样的情况下,海关将派出关员对货物进行现场查验和取样,从海关法学的角度看,除了法律规定或经海关批准免予查验之外,对于收发货人和报关代理人而言,接受和配合海关查验的义务具有绝对性的特征。这就是说,当海关决定查验某货物时,收发货人或报关代理人必须接受,不得以任何借口或理由拒绝被查验,尽管在实践中被查验的货物只占全部进出口货物的较少比例,但查验仍是货物通关的法定环节。同时,该项义务还明确要求在海关查验货物时,收发货人或报关代理人均应按照海关事先通知的时间到达查验现场,并应根据海关查验的要求负责搬移货物,开拆和重封货物的包装,恢复原样,配合海关的查验。海关查验完毕后,关员要填写《海关进出境货物查验记录单》,配合海关查验的收发货人或其报关代理人应当认真审阅查验记录是否凿实并签字确认。

在正常通过了审单、查验等海关监管程序后,海关即对进出口货物做出放行决定,进口人即可凭海关加盖放行章的报关单证,前往港口、仓库提取货物了。出口货物也可以装上运输工具实际离境出口了。

出口货物通过出口报关和实际离境之前,由于种种原因有可能最终推迟或者取消出口,这就造成报关出口与实际出口之间的误差。这种误差会影响海关统计数据的准确性,也会对出口结汇和退税产生影响。因此,在出口报关和实际离境之间还必须有一道两厢核对、证实的程序——舱单核销。这道程序无须出口人直接参与,但是出口人必须等到舱单核销结果出来证明货物最终出口离境后,才能取得出口的最终证明。

(二)一些特殊的通关规则

过境、转运和通运货物,这类运输是货物在海关监督下,从一个海关办公机构运至另一个海关办公机构的海关制度,并且有关的海关办公机构涉及不止一个关境。简而言之,货物由境外启运,通过某国境内,随后继续运往境外。按照中国海关的分类,通过境内陆路运输的,为过境货物;在境内设立海关的地点换装运输工具,而不通过境内陆路运输的,称为转运货物,就是通常所说的转口贸易货物;由船舶、航空器载运进境并由原装运输工具载运出境的,称为通运货物。由于这类货物最终不进入一国国内市场,不涉及进口关税和相关的进口管制,并且发达的转口贸易还能带来大量物流、资金流和信息流,带动当地就业,各国一般都持欢迎的态度,并为之提供一定的方便,表现在海关制度上也是如此。对这类货物,海关一般都不征税,手续也比较简单,如不需要审核各类许可证或配额、实行一张单证完成全部报关手续,但是要求他们在规定时间内,按照规定的行径线路必须离境,如果要转为在通过国家境内销售,则要重新办理与其他进口货物同样的进口海关手续。

转关运输属于海关转运中的国内转运类型,是"货物在同一关境内从一个海关办公机构运往另一个海关办公机构"。转关运输是海关为方便进出口人、提高通关效率,避免某一地海关办理的业务量过于集中而采取的一项措施;是规定当进出口货物在两个以上且海关都可以办理进口或出口手续时,通过不同地点海关之间的内部分工协作,使进出口人可以选择在并非第一进境地或最后离境地的海关,办理进口或出口手续。这样可以使得进出口人,按照自己报关的方便程度或者快捷程度,选择合适的海关办理手续,使办理海关手续更加灵活,也减少了货物受损的风险,进出口成本进一步降低。相应的,海关在没有最终办结所有的海关手续前,对货物采用特殊的监管措施,以确保进出口货物在转关运输期间,其状态、性质不变。由于转关运输货物仍然没有办结正式的进出口海关手续,进出口人的货物所有权仍有一定的负担,所以,转关运输货物未经海关许可,不得开拆、改装、调换、提取、交付。

集中申报,是指经海关备案,进出口人在同一口岸多批次进出口时效性较强的货物、危险品或者鲜活、易腐、易失效等不宜长期保存的货物,以及公路口岸进出境的保税货物等,先以海关进出口货物集中申报清单申报货物进出口,在规定的时间内再以报关单集中办理海关手续的通关方式。适合于集中申报的货物主要是图书、报纸、期刊类出版物等时效性较强的货物,危险品或者鲜活、易腐、易失效等不宜长期保存的货物,公路口岸进出境的保税货物等。

快件,是指进出境快件运营人以向客户承诺的快速商业运作方式,承揽、承运的进出境货物、物品。在中国,未经邮政部门批准,快件运营人还不能承运私人信件。快件与普通货物进出口不同,不但表现在其运输的快速,而且表现在通关的快捷。因此,运营人除必须首先取得快件运营人资格外,还应当取得代理报关资格,以便为收件人代理报关,为收件人节约与快件运营人以外的报关与运输代理交接,分清各自负责阶段等一系列活动的时间。相应的,海关也专门针对快件运营人提供了一系列的方便,以提高通关效率。

加工贸易和减免税货物的通关法律制度与一般贸易大体相同,需要向海关申报的内容也有大量相同的地方。不同之处在于,这类货物通关需要提交企业主管地海关颁发的减免税证明或加工贸易登记手册(或电子账册),口岸海关在上述减免税证明或加工贸易登记手册(或电子账册)上签注,注明进口的商品名称、数量、重量、价格等。企业凭减免证明或加工贸易登记手册,在进口时免领进口许可证,免于交税或者暂时不交税,加工贸易产品在出口时,企业仍然需要提交加工贸易登记手册(或电子账册),由出口口岸海关在手册上签注出口商品的名称、数量、重量、价格等内容,但是对我国实行出口许可证和出口配额管理的商品出口时,加工贸易企业仍然需要提交出口许可证和出口配额证。

暂准进口制度,是指"某些货物进入某一关境时可有条件地免除全部或部分税费,这类货物须为特定目的而进口,并拟在特定期限内复出口,除因使用而产生的正常折旧外,这类货物不得有任何改变"。[①]目前,我国主要对国际组织、外国政府、外国和香港、澳门地区的企业、群众团体,或个人为开展经济、技术、科学、文化合作交流,而暂时运入我国境内的货物实行这项制度。我国规定暂准进口货物,准予暂时免领进口货物许可证和免纳进口关税、产品税(或增值税)和其他由海关代征的税费,在境内可以停留 6 个月,特殊情况还会延长。为保证暂准进口货物符合其进口目的,上述货物未经海关许可,不得出售、转让或移作他用,同时还要向海关交纳相当于税款的保证金,或提供海关认可的书面担保。

退运,是指货物进境或出境之后,因故经海关审核并查验后,重新出境或进境的行为。根据货物的流向,退运分为出境货物退运进境和进境货物退运出境两种

---

① 海关总署国际合作司:《关于简化和协调海关制度的国际公约(京都公约)总附约和专项附约指南》,中国海关出版社 2003 年版。

情况;根据货物的性质,退运分为一般贸易货物的退运和加工贸易货物的退运。出境货物退运进境,是指出境货物因退换、修理等原因重新进境。出境货物退运进境除加工贸易货物外不再征收各项税费,但已经取得出口退税的,海关要求提供出口退税部门的已补税证明。进境货物退运出境的原因包括错发,误卸,不能支付进口税、费款,或未按时支付货款致使货物所有权已发生转移等。货物的退运分为在货物放行结关前的退运,以及由于货物残损、规格型号错误而产生的在货物放行结关后的退运。前者称为"直接退运",后者称为"放行后的退运"。直接退运,经海关同意,不予征税;放行后的退运,经海关同意,如果系应当征收出口税的商品,可以不征收出口税,但已经征收的进口税不退。除此之外,还有一类退运是海关对贸易的禁止性管理措施,即已经入境的国家禁止进口的货物。按照国家检验检疫政策法规,不能入境的货物,虽然不属于禁止进口的,但是属于未经许可擅自进口的,我国限制进口的、用作原料的固体废物等货物。为维护我国的国家利益,海关将在口岸甚至在货物尚未到达口岸时就进行拦截,勒令直接退运出境。这样的退运,除退运的直接后果外,还往往伴有处罚等其他后果。

(三)信息技术在货物通关中的应用

随着现代电子商务的蓬勃发展,电子数据的使用日益普遍,各国海关对电子数据普遍持开放接纳的态度。《关于简化和协调海关制度的国际公约》(以下简称《公约》),设专章规定了信息技术的应用,并且列举了应用 IT 技术给海关带来的更有效的监管、更有效的通关、海关法的统一适用、更有效的税收征管、更有效的数据分析、更有效地收集对外贸易统计数据、数据质量提高七大方面的益处。单就更有效的通关而言,它就能提高工作效率,更好地利用资源;通过加速货物放行,更准确、及时的信息,更好的执法能力,减少港口机场的堵塞等减少海关和贸易伙伴的成本,从而有效处理货物申报。《公约》指出了 IT 技术"将不断促进整个国际海关从根本上调整向世界贸易和运输业提供服务的方式"。[①] 而世界贸易中跨国公司内部交易的比重越来越大,零库存引发更多的小额贸易,网上购物引发的零散商品进

---

① 海关总署国际合作司:《关于简化和协调海关制度的国际公约(京都公约)总附约和专项附约指南》,中国海关出版社 2003 年版,第 139~144 页。

口、出口等新趋势,也要求海关的监管必须适应这种发展的要求。信息技术为海关适应这种新发展提供了技术支持,也为海关转变监管方式,开展稽查、风险管理提供了可能。

为此,美国在其《1930年关税法》中增加了一个小节,专门对海关自动化系统进行规范。① 欧盟为此对1992年的《海关法》进行全面的修订,颁布了2004年的《新海关法》,不但鼓励进出口人以电子数据进行简要申报,而且还把电子数据作为原则,纸质报关单的简要申报仅作为例外,并且还要符合作为电子数据使用的相关要求。② 它在正式申报中规定了电子、纸质、口头三种申报形式,而纸质申报也是因为国际协定和欧盟委员会有规定才可以采用。③ 我国海关在这方面也走在了其他行业的前面,早在《海关法》修订之前,海关已经尝试进行企业电子申报的试点,在上海等地推行EDI无纸报关,海关还开发了H883、H2000系统对无纸报关进行电脑规范。这在当时应当说是屈指可数的,甚至对电子数据的法律效力首次正式认可的1999年的《合同法》,也是之后的立法。2000年的《海关法》全面修订后,更是明确了电子报关的法律效力,及至《电子签名法》的生效,困扰海关的电子申报单以外的随附单据的法律效力问题也迎刃而解,推行电子申报已无法律阻碍,无纸化报关必将迎来一个飞速发展的时期。由于我国各地发展的不平衡,期望像欧盟那样全面实施电子申报近期还不能实现,但是电子报关以及随之而来的电子管理,必将成为包括我国在内的各国海关的必然选择。我国也正在大力建设中国电子口岸工程,打造一个网上公共信息平台。进出口人只需把相关的进出口信息发送到这一信息平台,海关、进出口检查检疫、外汇管理、税务等部门就可以获得各自需要的信息,完成各自职权范围内的检查、审批、监管,既减少了进出口人的重复劳动,又大大提高了工作效率。这必将引起海关相关法律制度的深刻变革。

① 《美国海关法典》,蒋兆康等译,中国社会科学出版社2003年版,第111~115页。
② 欧盟《新海关法》第74条第1款,详见欧盟网站。
③ 欧盟《新海关法》第90条,详见欧盟网站。

【案例裁决/法律文书摘录】

境外某银行与某海关超期报关纠纷上诉案

[基本案情]2001年2月,汕头A公司向中国香港B公司订购了一批国家限制进口钢材,香港B公司随后与韩国C公司签订了购买钢材的合同,同时委托境外D银行为其购买上述钢材开具信用证,D银行于同年4月向韩国C公司开立了金额为92.5万美元的信用证。2001年8月,韩国C公司按合同约定将上述信用证项下钢材运抵汕头港并储存在港口海关监管区内,但此后汕头A公司未收取货物、支付货款并办理进口报关手续,香港B公司也没有就该批钢材向境外D银行支付货款赎取提单。在此情况下,D银行向国外供货方韩国C公司支付了信用证项下货物应付款项,并以此获得了进口钢材的正本提单。在此期间,汕头A公司进口钢材因自运输工具申报进境之日起超过3个月未向海关申报,某海关根据《海关法》第30条的规定,于2002年2月依法提取上述超期未报关钢材,委托专门拍卖机构进行公开拍卖,拍卖所得价款人民币8896025.60元,扣除拍卖手续费、仓储费、税款等有关费用后,剩余货款为人民币5832052.82元。境外D银行在获悉进口钢材被海关拍卖后,持正本提单以货物所有权人身份向某海关申请发还上述变卖余款。

2002年8月,某海关针对D银行的申请作出不予发还变卖余款的书面决定,同时阐明了有关理由,即D银行属于境外银行,不是具有进出口经营权并实际进口货物的中华人民共和国境内法人或组织,不是海关法所规定的进口货物"收货人",因此无权要求海关发还超期未报关货物的变卖余款。D银行不服某海关的上述决定,向海关总署申请行政复议。D银行认为,该银行通过支付货款合法取得了信用证项下进口钢材的正本提单,其对上述钢材依法享有所有权;进口钢材未在规定期限内报关应完全归责于中国A公司没有依法履行进口申报义务,该银行本身无任何过错,某海关变卖处理钢材后应将拍卖所得款项全额发还所有权人,但某海关拒不履行上述义务,其行为进一步侵犯了该银行的合法权益。鉴于此,D银行请求总署依法确认某海关提取并变卖进口钢材行为违法,撤销该海关不予发还变卖款项的行政决定,并责令其发还上述款项。

海关总署经复议认为,《海关法》第30条规定,对进口货物的收货人自运输工具申报进境之日起3个月内未办理报关手续的进口货物,海关有权提取并变卖。根据上述规定,本案某海关对超过规定期限未办理报关手续的进口钢材进行提取并变卖行为于法有据,并无不当。同样基于《海关法》的规定,变卖价款在扣除相关费用后的余款只有"进口货物收货人"有权在规定期限内(1年内)申请发还;其中属于国家对进口有限制性规定,应当提交许可证件而不能提供的,不予发还。本案D银行系境外金融机构,该银行虽通过垫付信用证款项取得了涉案钢材的正本提单(所有权凭证),但其本身不具备海关法所规定的"收货人"的主体资格,亦不能提供钢材进口所需的许可证件,因此无权要求海关发还钢材变卖余额。2002年11月5日,海关总署作出复议决定,驳回D银行的复议申请,维持某海关提取并变卖超期未报关货物的具体行为以及不予发还变卖余额的决定。

[分析]我国《海关法》规定了进出境货物通关时,收发货人应承担的义务和享有的权利。其应当承担的义务包括:(1)在法定期限内如实申报的义务;(2)交验法定单证的义务;(3)接受查验的义务;(4)缴纳税款或提供担保的义务;(5)接受海关稽查的义务;(6)享受特定减免关税进境货物的收货人的义务;(7)不得侵犯海关检查货物的义务。

《海关法》赋予海关对超期未报关货物采取必要的强制性措施的权利,包括对自运输工具申报进境之日起14日内未报关的货物征收滞报金以及对超过3个月未申报的进口货物进行提取、变卖处理等措施。本案某海关对汕头A公司超过3个月未申报的进口钢材采取的变卖处理措施即属于后一种情形。汕头A公司对此虽未提出异议,但境外D银行作为涉案钢材正本提单的持有人(所有权人),不服某海关提取并变卖钢材的具体行政行为及不予发还变卖余额的决定申请行政复议。

《海关法》第30条规定,进口货物的收货人自运输工具申报进境之日起超过3个月未向海关申报的,其进口货物由海关提取,依法变卖处理。《海关关于超期未报关进口货物、误卸或溢卸的进境货物和放弃进口货物的处理办法》(海关总署第91号令)第2条规定,进口货物收货人应当自运输工具申报进境之日起14日内向海关申报,超过上述规定期限申报的,由海关征收滞报金;超过3个月未向海关申报的,其进口货物由海关提取并依法变卖处理。根据上述规定,如果进口货物的收货人自运输工具申报进境之日起超过 3 个月未办理报关手续,海关就有权依法提取并变卖进口货物(超过 14 日但未满 3 个月的,海关依据有关规定按日征收滞报金)。这是《海关法》赋予海关在货物通关监管方面的一项法定职权。

对于超期未报关货物的变卖余款自货物依法变卖之日起 1 年内,经收货人申请,予以发还;逾期无人申请或申请人不符合发还条件的,余款上缴国库。那么,具备哪些条件有权申领变卖余款? 当事人必须具备海关法中"收货人"的主体资格,才有权申领超期未报关货物的变卖余款。作为海关行政执法范畴中的特定概念,《海关法》及有关海关规章对"收货人"这一概念的含义和范围作了明确界定。根据《海关法》的立法原义及《海关关于超期未报关进口货物、误卸或溢卸的进境货物和放弃进口货物的处理办法》的有关规定,海关法上的"收货人"是指经商务主管部门登记或核准,具有货物进口经营资格,并经海关报关注册登记的实际从事进出口业务的中华人民共和国关境内法人或者其他组织。只有符合上述条件,即具备"收货人"主体资格的当事人,才有权申领超期未报关货物的变卖余款,此外,就余款发还问题主动向海关提出申请。根据《海关法》的规定,超期未报关货物变卖余款的退还程序以收货人提出申请为启动要件,如果收货人未就有关问题提出申请,海关没有主动向收货人退还变卖余款的义务,而且收货人必须在规定期限内申请发还余款。根据《海关法》的规定,要求发还超期未报关货物变卖余款的收货人必须自货物变卖之日起 1 年内提出申请,逾期申请的,海关有权拒绝发还余款。收货人必须履行交验许可证件的法定义务。海关对超期未报关货物进行变卖处理,并不免除收货人在货物进口环节应尽的其他法律义务。如果滞报货物属于国家对进口有限制性规定的商品,要求海关发还变卖余款的当事人除需满足上述条件外,还要履行提交进口货物许可证件的法定义务,否则,余款不予发还,全部上缴国库。

【延伸阅读】

一、相关法律规定条款、文件

1.《海关法》第 30 条

第三十条　进口货物的收货人自运输工具申报进境之日起超过三个月未向海关申报的,其进口货物由海关提取,依法变卖处理。所得价款在扣除运输、装卸、储存等费用和税款后,尚有余款的,自货物依法变卖之日起一年内,经收货人申请,予以发还;其中属于国家对进口有限制性规定,应当提交许可证件而不能提供的,不予发还。逾期无人申请或者不予发还的,上缴国库。

2.海关总署令第 91 号:《海关关于超期未报关进口货物、误卸或溢卸的进境货物和放弃进口货物的处理办法》

3.海关总署令第 103 号:《海关进出口货物申报管理规定》

4.海关总署令第 89 号:《海关关于转关货物监管办法》

5.海关总署令第 143 号:《海关进出口货物报关单修改和撤销管理办法》

6.海关总署令第 138 号:《海关进出口货物查验管理办法》

二、专著

1.刘达芳:《海关法教程》,中国海关出版社 2009 年版。

2.邵铁民:《海关法学》,上海财经大学出版社 2004 年版。

3.海关总署政策法规司:《案说海关》,中国海关出版社 2007 年版。

4.万曙春:《海关法文献集疏》,立信会计出版社 2010 年版。

第五节　进出境物品通关规则

●　●　●

一、进出境物品的概念

进出境物品,是指以非贸易方式进出关境的物品。它们大多本身不具备进出境赢利的性质,主要表现为进出境旅客的行李物品、邮递物品等。因而,非贸易进出境物品不像进出境货物那样具有明显的商业营利性、批量性。但是,非贸易进出境物品仍然存在进出境渠道多样,物品种类丰富,涉及国家政策、法律,面广量大,敏感性较强的特点;又由于进出境物品往往直接和进出境的旅客有切身利害关系,容易成为国家法制程度的直接对外反映。

非贸易进出境物品与贸易性的进出口货物相比,在数量上并不存在绝对的区别,有些贸易性的进出口货物数量也很小,如租赁进口的设备等,两者最主要的区别,笔者认为,还是体现在是否具有贸易的营利性上。非贸易进出境物品往往是日常生活的一些相关物品,因为习惯、方便、表达感情等原因而进出境,虽然其中有些也是商品,但是已经主要不表现为通过商品的买卖牟利,而主要是体现其使用价值的一面。因而,非贸易进出境物品使用的领域也不会体现在商品生产领域,而是个人的生活领域。

二、进出境物品的分类

进出境物品由于其种类非常丰富,因而具有各种不同的特点,在对不同的进出境物品进行监管时,也必须针对不同的物品,制定不同的监管制度。因此,对进出境的非贸易物品进行分类不仅可能,而且需要。

根据非贸易进出境物品进境渠道的不同,它可以分为旅客携带进出境的物品和邮递进出境的物品两大类;根据物品本身的属性,它可以分为禁止、限制进出境物品和一般进出境物品;根据物品使用者、所有者的不同,它可以分为使领馆物品,我国驻外人员、留学生的物品,其他人员的进出境物品;根据物品在进出境过程中可能引起的其他部门的重视程度,它可以分为摄影摄像器材、人血制品等特殊物品和一般进出境物品等。

印刷品及音像制品是一类比较特殊的进出境物品,一般旅客携带的行李或者邮寄的物品中都会有印刷品及音像制品。印刷品和音像制品并不能成为一类独立于行李物品或者邮递物品之外的物品。但是印刷品和音像制品的特殊之处在于,它们作为介质本身的价值可以忽略不计,可它们所承载的内容却能够产生大得多的使用价值和影响力。这种影响力随着内容的价值取向向各个不同的方向释放,对国家的统治者来说,其效用可能在正的方向上大得惊人,同样也可能在负的方向上可怕无比,因此对印刷品和音像制品的进出境管理就被提升到一个比较高的水平。目前,对进出境印刷品和音像制品监管的主要依据是《进出境印刷品和音像制品监管办法》。

现实中,上述分类分别存在,而且并未严格区分,但是海关的监管制度大体还是按照这样的分类制定,针对不同种类的进出境物品,采取不同的措施。

三、进出境物品通关规则

我国海关法规定了进出境物品通关时管理相对人应承担的义务和享有的权利。本节从相对人应承担的义务和享有的权利角度展开详述。

(一)进出境物品所有人的义务

进出境物品的所有人是指因公务、商务或因私而携带、邮寄行李物品进出境的人员。从进出境物品所有人的性质看,其包括从事考察、经商、劳务、文体、讲学、科研、留学、探亲、治病等各类人员。从进出境物品所有人的国籍看,其既包括中国籍的境内居民、港澳台同胞、海外侨胞,也包括外国公民和无国籍人。我国对进出境的所有人员(法律另有规定的除外)行使行政和司法管辖是国家主权的充分体现。为此,《海关法》规定了携带或邮寄物品进出境的人员应履行的义务有:

1.向海关如实申报、接受海关查验的义务

各类人员,除法律另有规定外,其携带或邮寄进出境的物品均需向海关如实申报,不得隐瞒、伪报或夹带。旅客选择绿色(无申报)通道进出境,虽然无须书面报关,但是,其行为本身已表达了申报的意思。

接受海关查验,对于进出境人员来说,是具有绝对性的义务,这意味着任何人不得以任何借口或理由拒绝甚至抗拒海关的查验,当然,法律另有规定的除外。

2.超过限量的物品负有纳税的义务

在改革开放之初,我国为鼓励外商来投资,对在外商投资企业工作的外籍和我国港澳台地区高级职员,海关法规定了可以一次性免税携带进境规定范围内的物品;对港澳台地区同胞和海外侨胞,海关法规定了每一年可以免税携带进境范围内的一件物品;对境内出国人员,海关法规定了在境外居住满一定时间后可以免税携带进境规定范围内的物品。近几年来,随着我国减免税政策的逐步调整,目前,除境内因公出国和出国留学人员还保留免税携带物品进境的权利外,其他人员都不再享有该项权利。

对各类进出境人员,海关法规定了可以免税携带限额的生活用品,对携带物品超过海关法规定限额的部分,物品所有人负有缴纳关税的义务。当然,海关征税放行的物品数额以不超过自用、合理数量为限,而不是无限制的。

3.暂时免税进境或者出境的物品复带出境或者进境的义务

在我国过境的各类人员,未经海关批准并办理海关手续,对于经海关登记准予暂时免税进境或者暂时免税出境的物品,如贵金属制品、外汇等,物品所有人负有复带出境或者复带进境的义务。在我国过境的各类人员,未经海关批准并办理海关手续,负有不得将其所带物品留在我国境内的义务。

(二)邮寄、邮运进出境物品的承运人的义务

利用邮递的方式传递物品是一种古老的方式。由于邮递相对高效、安全、廉价,很早就被用于进出境物品的传递。在中华人民共和国成立初期,邮递渠道还是一个重要的对外联系的通道。因此,我国海关很早就建立了对通过邮递渠道进出境物品的监管制度,早在1958年,海关总署就发布了《海关对国际邮袋装卸转运监管办法》,该《办法》历经半个世纪,仍然是我国海关对邮递进出境物品监管办法的法律渊源。邮寄进出境物品的承运人是邮政企业。海关法规定,进出境邮袋在装卸、转运和过境时,承运人负有接受海关监管、向海关递交邮件路单的义务。这里说的邮件路单,是指国际邮件互换局之间或邮政企业之间反映邮件交接传递情况

的通用邮件清单。邮件路单是海关监管时重要的单证。

邮政企业对进出境的国际邮袋,负有将开拆或封发的时间事先通知海关的义务,这项义务对保证进出境国际邮袋置于海关监管下开拆或封发有着重要意义。

邮运进出境物品的承运人是指从事进出境运输业务的航空公司、船舶公司和铁路局。邮运进出境物品,一般是指非贸易性的少量消费品或货样、广告品等。近几年来,随着我国经济的高速发展,邮运进出境的物品数量骤增,品种也呈现多样化的态势,快递物品在我国的发展迅速。我国海关法规定,承运人的义务是承运进出境的物品必须经海关查验放行后,方可投递或者交付给收件人,也就是说,只有在海关监管终结后,物品才能处于自由流通状态。

(三)进出境物品的所有人的权利

进出境物品所有人在通关时享有的权利和货物的收发货人基本一致,包括:要求海关依法监管的权利;查看物品的权利;对确属误卸、溢卸物品,有申请退运或进口的权利;对海关执法中的侵权行为,有要求海关赔偿的权利;对海关及其工作人员实施监督和控告的权利。下面主要阐述的是根据海关法的规定,特定人员享有的某些权利。

1.外交机构和外交人员享有的特权与豁免权

我国是《维也纳外交关系公约》和《维也纳领事关系公约》的缔约国。根据公约的规定,缔约国之间互相派驻的外交领事机构和外交领事人员享有公约规定的一些特权和司法行政管辖的豁免权。为此,国务院制定颁布了《外交特权与豁免条例》。根据该《条例》的规定,各国驻华领事馆的办公用品以及外交、领事官员的个人物品在入境时享有免纳关税和免予查验的权利。从海关法规定的一般原则看,这属于例外,这种例外是由法律确定的,属于法律赋予特定人员的一种特权和豁免权。根据国际法的规定,一国的国家元首、政府首脑、外交部部长和负有特定或临时外交使命的官员、联合国及国际组织的官员等到我国进行公务活动,也作为外交人员享有免纳关税和免予海关查验的特权和豁免权。

2.进出境旅客选择通关通道的权利

随着我国对外开放向广度和深度发展,进出我国关境的人员剧增,为方便进出境人员的通关,我国海关法规定了红绿通道管理制度。红色通道即申报通道,绿色通道即无申报通道。海关法将进出境人员可以免税携带进出境的物品品名和数量、应税物品的品名以及禁止或限制进出境物品等用公告的方式告示进出境人员，并告知红绿通道的通关管理办法。在此基础上，海关法赋予进出境人员选择通关通道的权利。进出境人员依法正确选择通关通道，是合法的进出境行为。如果进出境人员携带禁止、限制或应税物品却选择绿色通道通关，则是一种滥用权利的不当行为，由此应承担相应的法律责任，这和我国法理学的基本原理也是吻合的。

【案例裁决/法律文书摘录】

周某诉某海关及某市邮政局开拆其邮递物品案

[基本案情]原告：周某，某大学法学院教师

被告：某海关及某市邮政局

法定代表人：某某，职务：关长

2001 年 7 月 23 日，某海关驻邮局办事处依法对成都市邮政局国际邮件交换中心（以下简称交换中心）送交的国际邮递物品进行查验。在查验过程中，经 X 光机检测，海关发现收件人为原告的两件邮递物品内为纸制品，遂依照有关规定开拆查验。经查验无异常，查验关员将物品交返交换中心重封并加盖了"某海关查验某国际邮局会同重封"戳记。

2001 年 9 月 28 日，原告向某市中级人民法院提起诉讼，将某海关及某市邮政局列为被告，诉称两被告开拆其邮递物品的具体行政行为违反法定程序，其理由是《邮政法实施细则》第 48 条第 2 款规定：海关依法查验国际邮包时，在设关地应当与用户当面查验。原告认为，他的物品从德国以包裹而非印刷品的方式交寄，海关同邮局查验国际邮包时应当通知他到场，被告未通知其到场查验的行为违反了法定程序。

被告海关认为，海关查验关员通过 X 光机检测，能有充分理由判明原告所寄邮递物品内装物为印刷品，根据《邮政法实施细则》规定对印刷品可径行查验。

[分析]《邮政法实施细则》第 48 条第 2 款规定："海关依法查验国际邮包时，在设关地应当与用户当面查验。收、寄件人不能到场的，由海关开拆查验，邮政工作

人员在场配合。被开拆查验的邮包,由海关和邮政企业共同封装,双方加具封签或者戳记。海关依法开拆查验的印刷品,应当重封并加具封签或者戳记。"

《海关对个人携带和邮寄印刷品及音像制品进出境管理规定》第2条规定:"本规定所称进出境印刷品,系指用机械或照相方法使用锌版、模型或底片,在纸张或常用的其他材料上翻印的内容相同的复制品,以及摄影底片、纸型、绘画、剪贴、手稿、手抄本、复印件等。"

海关总署《关于执行〈海关对个人携带和邮寄印刷品及音像制品进出境管理规定〉的若干意见》第2条第4款规定:"海关在查验邮寄封口印刷品时,应只挑选封套上剪角的,以及虽然未剪角和注明,但封套体积大,能有充分理由判明内装物是印刷品的。"

该案中提出的一个问题就是海关在对邮寄物品进行查验时应当遵循怎样的法定程序。

行政程序是现代行政法的重要内容之一,从我国的情况看,在行政立法和执法领域,长期存在着"重实体、轻程序"的倾向,但随着依法行政观念的强化和推进法治政府建设的必要要求,行政程序制度也日益受到重视。建立民主、公正、科学的行政程序,不仅在保障行政行为实体的公正、准确方面获得了实体性价值,其自身也有着独立价值,行政行为因法定程序不合法,在行政诉讼中也可能被撤销。从行政程序的制度化来看,目前我国尚未制定统一的行政程序法,但在少数行政领域(如行政处罚领域),已建立了较完善的行政程序制度。1996年10月1日起施行的《行政处罚法》从程序规范角度作出明确规定,当事人对于行政处罚享有陈述权、申辩权、要求告知权、要求听证权、复议申请权、诉讼请求权、提出赔偿权等一系列合法对抗权力。但在大多数行政领域,行政程序制度尚不完善,甚至缺乏基本的程序规范。

我国海关对邮递邮寄物品进行查验的实体规范和程序规范依据体现在《海关法》及其他法律法规中。本案中,原告对海关查验的程序提出的异议是,海关对其国际邮包进行查验,按照《邮政法实施细则》第48条第2款规定,海关依法查验国际邮包时,在设关地应当与用户当面查验;如果按照海关的答辩意见即海关将其邮递物品作为印刷品进行查验可不通知用户,那么,按照《邮政法实施细则》的规定,海关对查验后的印刷品"应当重封并加具封签或者戳记",而不应出现本案事实中邮包上有海关同邮局加盖的两家共同的戳记的现象,这是按照邮寄包裹的查验程序处理,即海关的答辩意见与事实查验程序上存在前后矛盾。就适用依据问题,海关提出根据国家邮政局颁发的《国际邮件处理规则》第194条的规定:"由各类进口国际邮件总包内开拆出来的应交海关查验的邮件(简称验关邮件),不论落地投递或应转发至国内其他邮局投递的,均应交由驻局海关查验,并会同海关办理开拆和重封手续……海关验讫后的邮件,应尽量利用原包装妥为重封,在封口处粘贴'××海关查验××邮局会同重封'字样的封签加盖名章,再行转发。"根据该规定,海关同邮局据此加盖戳记,并不存在程序错误的行为。本案是针对海关执法程序问题提起的诉讼,从海关对国际邮包进行查验所遵循的依据看,海关操作层面上直接依据的规则是《国际邮件处理规则》,该《规则》是邮政总局以文件形式下发的,它的法律效力低于《邮政法实施细则》,事实上,海关业务的特殊性与专业性使得海关系统执法所依据的规定,绝大多数是海关总署颁布的规章、文件,甚至司局文件;而法院对具体行政行为的合法性进行审查适用法律时却是从层级效力高的法律、法规来进行审查,作为基层的海关执法单位往往并不会去查证其直接适用的操作规则是否与上位法一致或存在冲突的问题,因此,当海关的具体规定或通行做法与效力更高的法律或行政法规的规定不相符或矛盾的时候,其结果就会导致依照海关内部的具体规定所做的具体行政行为违法。

综上所述,该案法院经审理认为,海关有理由确认原告国际包裹内装物为印刷品,依法进行查验的行为合法,判决予以维持,并裁定本案中第二被告邮局在查验进出口邮递物品的行政行为中只是配合海关工作,不是本案适格的被告。法定上诉期限内原告未提起上诉。

【延伸阅读】

一、相关法律文件

1.国务院令第65号:《邮政法实施细则》

2.海关总署令第21号:《海关对个人携带和邮寄印刷品及音像制品进出境管

理规定》

3.海关总署:《关于执行〈海关对个人携带和邮寄印刷品及音像制品进出境管理规定〉的若干意见》

4.《海关对进出境快件监管办法》(根据海关总署令第 147 号修改并重新发布)

5.海关总署令第 55 号:《海关关于进出境旅客通关的规定》

6.海关总署令第 9 号:《海关对进出境旅客行李物品监管办法》

7.海关总署令第 43 号:《禁止进出境物品表》和《限制进出境物品表》

二、专著

1.刘达芳:《海关法教程》,中国海关出版社 2009 年版。

2.邵铁民:《海关法学》,上海财经大学出版社 2004 年版。

3.陈晖、邵铁民:《海关法案例教程》,立信会计出版社 2007 年版。

4.万曙春:《海关法文献集疏》,立信会计出版社 2010 年版。

第六节 进出境运输工具通关规则

一、概述

国与国之间的人员往来、货物交流离不开运输工具。运输工具在到达设立海关的地点时,运输工具的负责人要向海关申报、交验单证,接受海关监管和检查;上下旅客或者装卸货物要事先通知海关并接受海关检查;从不设立海关的地点临时进出境时,也同样要向海关申报、交验单证,办结相关手续,接受海关监管和检查。随着科技的不断进步,运输工具的内涵和外延都有了巨大的变化和充实,目前,常用的运输工具包括各类航空器、船只、火车、汽车、拖车等;在一些特殊场合,一些特殊的装置也构成了运输工具的一部分,如渔船、钻井平台等用于从事自然资源捕捞、开采的生产工具;在一些边远的交通不便的地区,运输工具就包括驮畜等。上述运输工具由于形态、特点各异,所以要求适用的法律法规也不一样。但是由于它们作为运输工具的共同属性,在适用法律法规时又有一定的共性。

除了运输工具,还有一类与运输工具密切相关的对象——海关监管场所,这类监管场所主要包括港口码头的监管区域、陆路车辆监管点、空运或者铁路运输货栈、堆场、快件监管场所、旅客通关监管场所、台轮停泊点等。

二、法律关系

(一)主体

作为代表国家行使进出境运输工具管理权的政府机构,海关毫无疑问是法律关系的一方主体。另一方主体《海关法》使用了"运输工具负责人""运输工具"的概念。

至于"运输工具负责人"这个概念本身,由于我国目前无论是《海关法》《行政处罚实施条例》,还是《海关对进出境国际航行船舶及其所载货物、物品监管办法》都没有对此给出明确的定义,笔者认为:在指称对运输工具进行现场管领、操作的场合,船长、机长、列车长、汽车驾驶员比较合适;在指称对运输工具的经营、承担法律责任,则指运输工具所有人、租赁人比较合适。虽然在运输工具的运行中,法律赋予船长、机长、列车长、汽车驾驶员比较大的权力,一些具体的申报行为也是由他们具体做出或者指挥他人做出,但是除非他们本身就是运输工具的所有人、租赁人,否则他们只是上述人的代理人,他们的行为只是履行职责或者执行运输工具所有人指示的职务行为,引起的法律责任应当由所有人、租赁人承担。只有他们本身在职务之外从事犯罪活动或者与所有人、租赁人共谋从事犯罪活动时,他们才应当对自己的行为负责。2008 年 2 月 29 日,海关总署颁布的《海关进出境航空旅客舱单电子数据传输暂行规定》第 2 条规定:进出境航空器负责人应当按照海关备案的范围在规定时限向海关传输舱单电子数据。

在法律关系主体之外,还有一些重要的参与人,包括运输工具到达或者经停地点的代理人员和为运输工具提供装卸、供应等相关配套服务的人员,前者应当视为运输工具所有人的代理人,无论其是否属于运输工具所有人的分支或者派出机构;后者只有在与运输工具所有人有明确的委托代理关系时,并且在代理所指向的行为或标的范围内,才能视为其代理人。因此,他们的行为或者其他意思表示,不能简单地被视为运输工具所有人的意思表示。[1]

然而,为运输工具提供装卸、供应等相关配套服务的人员极有可能是海关监管场所经营人的代理人。海关监管场所经营人是一类独立的主体,他们一方面为运输工具提供服务,另一方面也向海关承担了一些独立的义务,为此,他们还要为运输工具的负责人设定某些义务。在海关监管过程中,他们也应根据不同情况,或者独立承担责任,或者与运输工具负责人共同承担责任。

(二)内容

运输工具通关法律关系的内容主要包括,海关的权力和运输工具所有人各享有权利,承担各自的义务。海关的权力主要表现为,对进出境运输工具的监管以及对违法进出境运输工具的处罚;义务表现为对合法进出境运输工具给予通关许可和便利。相应的,运输工具所有人的权利表现为可以合法地进出境,不受非法或无理的阻挠;义务表现为办理海关手续,接受海关监管,遵守海关法律法规规章。

(三)客体

客体是权利义务指向的对象,在这里主要是指运输工具及其活动。运输工具不仅指飞机、轮船、汽车等用于载货的工具本身,也包括用于满足运输工具及其操作人员自身需要的物料、生活物品等;运输工具本身又具有活动性,能够在不同的地点移动,这种移动构成海关监管的一个重要的组成部分。

就军舰和政府公用船、飞机是否是通过法律关系的客体,各国的规定也不尽相同,如美国把这部分运输工具排除在通关法律关系的客体之外,[2]而法国则规定本国军舰进出港时,舰长应履行所有商船船长应履行的海关手续。[3] 我国海关法则

---

[1]　曾经发生过装卸工人为操作方便,在装卸过程中径自把一外籍船舶舱底的货物卸下并转移到码头堆场的事件,海关在接到该轮走私货物的举报后介入调查,因装卸工人并非装卸该涉案货物意义上的代理人,所以不能被视为运输工具所有人的行为,无法证明运输工具所有人存在走私故意,最终没有以走私处罚。

[2]　美国 1930 年《关税法》第 1441 条。转引自《美国海关法典》,蒋兆康等译,中国社会科学出版社 2003 年版。

[3]　黄胜强译:《法国海关法典》,中国社会科学出版社 1999 年版,第 41～57 页。

未明确规定。

三、运输工具进出境规则

（一）运输工具进出境地点规则

海关法规定,运输工具必须通过设立海关的地点或虽未设立海关,但是经国务院或者国务院授权的机关批准的地点进出境。由此,承运人的义务就是要使其负责管理下的运输工具遵守进出境地点的规定。经批准,通过不设立海关的地点临时进出境时,承运人有义务向批准机关指定的海关办理进出境海关手续。我国有几万公里的海岸线和边界线,如果运输工具随处可以进出境,则海关管理形同虚设,必然导致国家主权和利益无从保障,所以,通过强制性的进出境地点规则来设定承运人的这项义务实为维护国家利益的法律保障。当然,运输工具承运人如果不遵守规定,而在非设关地进出境,一旦被海关查获,便是违法行为,要受到海关的制裁。

（二）进出境运输工具事先通知的规则

海关法对进出境的船舶、火车和航空器等确立了事先通知规则,即上述运输工具的承运人或者有关当事人(交通运输部门)负有在运输工具进境或离境前,将其到达或驶离的时间、在我国境内停留的地点、停留期间更换地点以及装卸货物、物品的时间等预先通知海关的义务。这项义务的意义是能够使海关对船舶、火车、航空器进出境的时间和状况有通盘了解,以便组织人员办理各项通关手续,从这一意义上讲,它对加快运输工具的通关速度是有益的,同时,对于加强海关的管理、防治失控也是必要的。当然,我们也应当看到,在实践中,要求承运人对其进境的船舶、火车、航空器在进境前向海关申报,在操作上有一定的难度,因此,一般都由有关交通运输管理部门来履行这一义务。

（三）运输工具进出境行驶路线规则

为加强海关监管,海关法对运输工具在进出境时的行进路线作了明文规定,以保证进出境运输工具能处于海关的监控之下。由此,设定了承运人的义务就是要保证进境的运输工具在进境以后向海关申报以前,出境的运输工具在办结海关手续以后出境以前,严格按照交通主管机关规定的路线行进。交通主管机关没有规定时,则按海关指定的路线行进,这项义务的意义在于防止运输工具在办理通关手续以前或正式结关以后在我国境内期间任意行进而脱离海关监控,以至可能发生装卸货物行为。在我国现代通关制度全面建立之前,这项承运人的义务在实践中有着重要的作用。

（四）承运人向海关如实申报、交验单证的义务

运输工具到达设立海关的地点后或驶离设立海关的地点前,承运人应按法律规定的时间向海关申报。进境运输工具应于进境 24 小时内向海关申报。出境的运输工具在向海关申报并办结海关手续后才能离境。承运人必须向海关如实报关,并交验法定的各种单证。这里所谓的如实报关,是指承运人或其他代理人应向海关呈交载货清单等,不得隐瞒、伪报所载物品、物品的品名和数量。这里所谓的法定单证,是指海关法根据运输工具的种类,分别规定了通关时须向海关交验单证的类别。如船舶一般要交验船员名册、吨位证书、旅客清单等;航空器要交验旅客名单及行李舱单等。

（五）承运人接受海关对运输工具监管规则

运输工具进出境时和在我国关境内停留期间,应遵守我国海关法的有关规定。对于承运人来说,必须履行以下义务:

1.承运人应将进出境运输工具装卸货物、上下旅客及物品的时间以及在指定区域的停留地点事先通知海关,以便海关能派员监管。

2.当运输工具装卸进出境货物、物品或者上下进出境旅客时,货物、物品装卸完毕,承运人应向海关递交反映实际装卸情况的交接单据和商务记录。这里说的运输工具,包括进出境运输工具和驳运、接载、转运进出境货物、物品的境内运输工具。

3.当海关对进出境运输工具或境内驳运进出境货物和海关监管货物的运输工具进行例行检查或重点检查时,承运人应当到场,并根据海关检查的需要,开启有关舱室、房间、车门,开拆有关部位,搬移货物、物料,以接受海关的检查。

4.当海关认为有必要而决定派关员随运输工具执行监管时,承运人应当在生活起居和工作方面为海关人员提供方便和必要的条件。

5.当进出境运输工具从一个设立海关地点驶往另一个设立海关地点时,承运

人应按转关运输的要求办理海关手续,对货物、物品加施关封或其他措施。进出境运输工具未办结海关手续时,承运人不得决定改驶境外,脱离海关监管。

6.进境运输工具装载转运货物,在设立海关的地点换装运输工具时,承运人或其代理人应将转运的货物、邮件、行李和其他物品卸于海关指定或许可的仓库场所,接受海关监管。

为便于海关管理,海关法规定了进出境汽车和境内载运海关监管货物的汽车,其承运人负有向海关办理注册登记手续的义务。若承运人未履行这项义务,则不能从事进出境运输业务或载运海关监管货物。承运人向海关注册登记时,应向海关交验合法、有效的法定证件,并提供由境内单位出具的担保。

四、进出境运输工具发生变化时的规则

(一)经营范围变化时的规则

从事进出境运输业务的船舶和航空器,当业务经营范围发生变化,如改营境内运输业务时,其承运人应向海关报告并经海关同意。对于改营境内运输业务的运输工具,承运人应将原来营运所需在境外装载或携入的物品或备件、燃料等向海关办理结关手续。对于兼营境内运输业务的进出境运输工具,其承运人应按海关监管要求的条件从事业务。如在两次国际航班的间歇期间跑一次国内航班的船舶,应办理必要的海关手续,对有关物品进行登记或加施关封。对国际航班的客机搭载国内航班旅客的,应接受海关派员随机监管或符合海关的监管要求等。海关法的这一立法原意在于,既考虑到企业以追求利润为目的,扩大运输能力亦符合国家利益;又要加强海关监管,防止可能的疏漏而导致违法走私行为的发生。

(二)改变载体性质时的规则

船舶、航空器、火车、汽车、驮畜,还有集装箱,在通关时具有两重性:当作为货物、旅客及物品的载体时,按运输工具办理通关手续;但是,它们还能以商品进入流通或用于馈赠。因此,海关法明确规定,当作为载体进境的境外运输工具或出境的境内运输工具,要改变其载体的性质,作为货物或物品转让或移作他用时,其承运人必须先向海关办理作为载体的结关手续,然后再向海关办理作为货物或物品进口或出口的海关手续并缴纳关税,才能解除海关监管。海关法对承运人规定的这

项义务对防止某些特定物在通关时性质混淆而导致海关管理失控是完全必要的。同时,它也明确指出进境的境外运输工具或出境的境内运输工具不办理相关的海关手续就擅自转让、出售的违法性。

五、对某些特定船舶制定的规则

对于沿海航行的客货轮船,在沿海直至公海捕鱼的渔船,以及在领海、公海从事石油勘探和采集、科学考察、运输给养、海上执法等特种船舶,因其工作性质关系,与同在海上作业的外国籍或我国港、澳、台地区的船舶无法隔离。为加强海关监管,海关法规定上述船舶的承运人未经海关同意,不得载运或者换取、买卖、转让进出境货物、物品。这项禁止性规范为承运人设定的义务虽然在实践中较难监督,却为上述船舶承运人的行为划定了合法与违法的界限,对于引导、教育承运人知法自律及必要时制裁违法行为都有重要的意义。

六、因不可抗力事件而产生的承运人的义务

不可抗力事件是指人们事先无法预见,对其发生既不能避免也不能克服的客观情况,一般包括因自然因素产生的不可抗力事件和因社会因素产生的不可抗力事件两大类。因不可抗力事件引发的违约或违法后果,法律规定可以免除责任。运输工具,尤其是船舶和航空器,在运输过程中,因台风、海啸等自然因素或机械故障等不可抗力事件的发生,为避免人身和财产遭受更大的危害,被迫在我国关境内未设立海关的地方停泊、降落或者抛掷、起卸货物、物品时,依据不可抗力事件免责理论,可以免除其在未设立海关的地点进境的责任,但是由此而引起的海关法律关系。为此,海关法规定,作为海关法律关系主体的承运人负有立即向附近海关报告、接受海关监管的义务。这里说的"立即"是指在可能的条件下尽量早报告,并没有具体的时间限制。因为不可抗力事件对运输工具有可能已造成损害,致使其无法实现与外界的联络,所以,承运人应根据具体情况来判断是否立即报告,应采取积极措施来履行这项义务。

七、境内运输工具接载海关监管货物规则

一般而言,境内运输工具和海关没有管理和被管理的关系,但是,接载海关监管货物的境内运输工具,虽然从事进出境运输的业务,但其载运的货物仍处于海关监管之下,并未终结海关监管,因此,海关对该货物的监管必然要延伸到对其载体的监管上,舍此便无法实现对海关监管货物的有效管理。所以,海关对接载海关监管货物的境内运输工具的规定,是保持海关对海关监管货物管理的连续性和稳定性的必要保障。

海关法对境内承运海关监管货物的运输工具的承运人规定了应履行的义务,主要有:第一,接载海关监管货物在境内运输的汽车,其承运人须向海关办理注册登记,并使其车辆具备或符合经海关认可的加封设备和条件;第二,装卸海关监管货物必须在海关指定的地点,并向海关呈交货物交接清单,接受海关检查核对;第三,因不可抗力而发生车辆故障,不能继续运输,或致使海关监管货物发生毁损时,承运人应立即向附近海关或主管海关报告,并按海关的要求换装其他车辆或办理必要的手续;第四,承运人负有不侵犯海关封志和海关监管货物的义务,这是指承运人应保证海关封志的完好无损,未经海关批准,不得擅自开拆、伪造海关封志,不得交付、提取或处理海关监管货物。

承运人在履行上述法定义务的同时,当然也享有海关法和其他法律、法规赋予的一定权利。承运人的权利和收发货人在通关时享有的权利基本上是一致的。

八、电子信息技术在申报阶段的应用

由于电子信息技术的广泛应用,电子申报得以运用到海关监管中。为了提高通关效率,也为了提高监管的严密性和实现反恐等其他职能,海关要求运输工具进出境前,首先要进行电子申报,即向海关传输反映进出境运输工具所载货物、物品及旅客信息的原始舱单、预配舱单、装(乘)载舱单。其中,进境运输工具传输原始舱单,出境运输工具传输预配舱单、乘载舱单,是出境运输工具在办理旅客登机(船、车)手续后,运输工具上客以前向海关传输乘载舱单电子数据。电子申报的义务人为:进出境运输工具负责人、无船承运业务经营人、货运代理企业、船舶代理企

业、邮政企业以及快件经营人、海关监管场所经营人、理货部门、出口货物发货人等,他们在正式书面向海关申报运输工具前以及装卸环节前后,分别向海关传输舱单电子数据。为保证舱单电子数据的效力和质量,海关对向海关传输舱单电子数据的义务人的范围和资格有一定的规定,其中进出境运输工具负责人、无船承运业务经营人、货运代理企业、船舶代理企业、邮政企业以及快件经营人,负责传输舱单电子数据;海关监管场所经营人、理货部门、出口货物发货人,负责传输舱单相关电子数据。所有义务人事先必须向其经营业务所在地的直属海关或者经授权的隶属海关备案。取得备案的进出境运输工具负责人、无船承运业务经营人、货运代理企业、船舶代理企业、邮政企业以及快件经营人,才有资格向海关传输舱单电子数据。舱单电子数据分为原始舱单电子数据、分拨货物、物品申请等;取得备案的海关监管场所经营人、理货部门、出口货物发货人,需要向海关传输理货报告、疏港分流申请、运抵报告等。

根据作业的先后顺序,进出境运输工具负责人、无船承运业务经营人、货运代理企业、船舶代理企业、邮政企业以及快件经营人,首先,要向海关预报运输工具抵港时间;其次,根据运输工具的不同种类,按照不同的时限传输原始舱单主要电子数据;最后,在运输工具抵港后进行抵港申报。

需要指出的是,传输原始舱单电子数据是一项强制性的业务,如果不向海关传输原始舱单电子数据,所载货物的收货人及其代理人将无法向海关申报货物的进口,运输工具运载货物进境将毫无意义。

【案例裁决/法律文书摘录】

赵某不服某海关没收其运输进境龙眼干行政处罚上诉案

[基本案情]原告:A 有限公司

被告:甲海关

第三人:赵某,浙江省温岭市石塘镇粗沙村农民,个体经营户

2001 年 11 月 21 日,浙江商人赵某在泰国清迈购买了泰国产龙眼干 2915 件,42341 千克,价值人民币 467626 元。赵某委托西双版纳任达航运公司(中国注册)

在泰国清盛临时聘用人员林某,约定由西双版纳任达航运公司负责将货物经澜沧江——湄公河航道途经西双版纳运至昆明,合同议定的全部代办价格为每千克1.80元人民币。林某收货后,在未经货主赵某同意的情况下,私自将该合同转给A有限公司(以下简称A有限公司)。11月24日,A有限公司将货物从泰国清迈启运,由澜沧江——湄公河航道沿江而上,11月25日下午在缅甸梭累港上岸后改用汽车运输,于11月26日零时从未设有海关机构的240界碑处(以下简称240通道)运输入境。26日凌晨6时,甲海关根据情报在某市嘎洒镇曼飞龙水库附近将该批货物扣查。

2001年12月15日,甲海关向A有限公司送达了(2001)某关查告字第14020022号《海关行政处罚告知单》,拟认定A有限公司的行为构成了《海关法行政处罚实施条例》中所规定的走私行为,拟根据《实施条例》的规定,没收在扣的龙眼干。随后,A有限公司要求举行听证,赵某要求作为本案的第三人参加听证。2002年1月4日,甲海关应当事人的要求举行了听证会。2002年2月1日,甲海关以14020022号《处罚决定书》认定:A有限公司逃避海关监管,擅自将应税货物偷运入境的行为构成了《海关法行政处罚实施条例》中的走私行为。决定没收在扣的龙眼干2915件、42341千克。2002年4月2日,A有限公司第一次向甲海关的上级海关乙海关提出行政复议申请,要求撤销原认定,依法重新认定。乙海关于当日受理了该复议申请。2002年5月21日,乙海关以乙关复字(2001)第1号《行政复议决定书》作出第一次复议决定,以适用法律依据错误、听证程序违法,撤销被申请人甲海关(2001)某关查字第14020022号处罚决定,责令被申请人重新做出具体行政行为。

2002年10月22日,甲海关在补充调查取证的基础上,再次以(2002)某关查字第86220022号《处罚决定书》作出如下处罚决定:A有限公司违反《海关法》第48条、《细则》第3条第1项的规定,构成走私行为。依照《细则》第5条第1款第2项的规定,没收其在扣的2915件、42341千克龙眼干。

对甲海关作出的第二次处罚决定,A有限公司仍不服,于2001年12月24日向甲海关的上级海关乙海关第二次提出复议申请,再次请求依法撤销该处罚决定,予以重新处理。乙海关受理该复议申请后,经审查,于2002年2月22日以乙关复字(2001)第 3 号《行政复议决定书》作出复议决定,维持被申请人甲海关(2001)某关查字第 86220022 号处罚决定。

2002 年 3 月,A 有限公司向甲中级人民法院提起行政诉讼,一审法院追加赵某为本案的第三人参加诉讼。经过审理,甲中级人民法院作出"驳回当事人诉讼请求,维持海关行政处罚决定"的一审判决。收到一审判决书后,A 有限公司仍不服,又向某省高级人民法院上诉。2002 年 12 月 12 日,某省高级人民法院作出"驳回上诉,维持原判"的终审判决。

[分析]

A 有限公司认为:第一,海关行政处罚决定认定其故意逃避海关监管与客观事实不符,原告不是逃避海关监管,而是因 240 通道无海关机构,他们准备将货物运到景洪(甲海关所在地)后,再办理报关手续;第二,原告认为从 240 界碑起到景洪市几十公里的地区属于甲海关的监管区,该批货物从 240 通道入境后,在运往景洪海关所在地报关途中被查扣,不能认定为走私;第三,认为 A 有限公司在本案中只是代理人的身份,并非货物的实际所有人,《海关法》所处罚的对象是进出口货物的所有人,海关在处罚对象的主体上认定错误。

甲海关认为:第一,A 有限公司在明知货物未经报关不得运输入境的情况下,将该批货物偷运入境,其主观上的走私故意是非常明显的。第二,《海关法》规定,进出境货物应从设立海关的地点进出,特殊情况需临时进出未设立海关机构的地点的,需事前报国务院或国务院授权的部门批准。240 通道是甲海关的辖区内未设立海关的地点,并非海关监管区。当事人需要进出该通道的,需事前批准。第三,《海关法》处的对象是进出口货物的持有人,并不对该持有人是否是货物的实际所有人进行实质性审查。

由于陆路海关与境外陆路相连,一般少有天然屏障,可供人员、货物进出境的通道众多,海关管理困难,一些走私分子利用边境地区的这些特点,有组织地进行走私活动,一旦被查获,就为自己找出各种各样的借口,企图逃避处罚。

根据海关法的规定,载运进出境货物、物品的运输工具的通关规则包括:(1)运输工具进出境地点规则;(2)进出境运输工具事先通知的规则;(3)运输工具进出境行驶路线规则。此外,承运人还负有向海关如实申报、交验单证的义务,接受海关对运输工具检查和监管的义务等。

其中,运输工具进出境地点规则的具体含义是指运输工具必须通过设立海关的地点或虽未设立海关,但是经国务院或国务院授权的机关批准的地点进出境。由此,承运人的义务就是要使其负责管理下的运输工具遵守进出境地点的规定。经批准,通过不设立海关的地点临时进出境时,承运人有义务向批准机关指定的海关办理进出境海关手续。我国有几万公里的海岸线和边界线,如果运输工具随处都可以进出境,海关管理则形同虚设,必然导致国家主权和利益无从保障。《海关法》规定,"海关监管区"是指设立海关的港口、车站、机场、国界孔道、国际邮件互换局(交换站)和其他有海关监管业务的场所,以及虽未设立海关,但是经国务院批准的进出境地点。根据国务院、海关总署对甲海关设立的批准文件规定,甲海关监管现场为某港(水港)、某机场。240 通道为未设立海关的进出境通道,其进出境货物的海关监管,应符合《海关法》第 8 条的规定,即"进出境运输工具、货物、物品,必须通过设立海关的地点进境或者出境。在特殊情况下,需要经过未设立海关的地点临时进境或者出境的,必须经国务院或国务院授权的机关批准,并依照本法规定办理海关手续"。因此,本案首先涉及承运人违反了运输工具进出境地点规则。

同时,本案还涉及对于走私行为的认定问题。走私行为以当事人的主观故意为前提。本案中,A 有限公司在复议和诉讼中多次声称其未事先报关是因为 240 通道无海关办事机构,距国境线最近的申报地点在某港,他们只是将货物运到海关所在地申报,并非故意逃避海关监管。事实是:A 有限公司事前曾与某水运公司联系,要求水运公司代理报关,水运公司工作人员当即告知 A 有限公司业务经理罗某,"货物未办理报关手续,不能进境";案发当日,货物偷运进境后向商检部门申报时,商检值班人员也告知罗某"货物未报关不能进境"。

以上事实说明,A 有限公司业务经理罗某明知该批货物在未向海关申报并未经海关同意的情况下是不能入境的。明知不能为而为之,A 有限公司的主观故意表现得非常明显。因此,本案件是一起典型的绕关走私案件,在陆路边境海关有一定的代表性。

【延伸阅读】

一、相关法律条款、文件

1.《海关法》第 11 条和第 82 条的规定：

第十一条　进出境运输工具、货物、物品，必须通过设立海关的地点进境或者出境。在特殊情况下，需要经过未设立海关的地点临时进境或者出境的，必须经国务院或者国务院授权的机关批准，并依照本法规范办理海关手续。

第八十二条　违反本法及有关法律、行政法规，逃避海关监管，偷逃应纳税款，逃避国家有关进出境的禁止性或者限制性管理，有下列情形之一的，是走私行为：

（一）运输、携带、邮寄国家禁止或者限制进出境货物、物品或者依法应当缴纳税款的货物、物品进出境的；

（二）未经海关许可并且未缴纳税款、交验有关许可证件，擅自将保税货物、特定免税货物以及其他监管货物、物品、进境的境外运输工具，在境内销售的；

（三）与逃避海关监管，构成走私的其他行为的。

有前款所列行为之一的，尚不构成犯罪的，由海关没收走私货物、物品及违法所得，可以并处罚款；专门或者多次用于掩护走私的货物、物品，专门或者多次用于走私的运输工具，予以没收，藏匿走私货物、物品的特制设备，责令拆毁或者没收。

有第一款所列行为之一，构成犯罪的，依法追究刑事责任。

2.海关总署令第 196 号：《中华人民共和国海关进出境运输工具监管办法》

3.海关总署令第 172 号：《中华人民共和国海关进出境运输工具舱单管理办法》

二、专著

1.刘达芳：《海关法教程》，中国海关出版社 2009 年版。

2.邵铁民：《海关法学》，上海财经大学出版社 2004 年版。

3.陈晖、邵铁民：《海关法案例教程》，立信会计出版社 2007 年版。

第七节　海关稽查制度

●　●　●

一、海关稽查概述

海关稽查是指海关自进出口货物放行之日起三年内或者在保税货物、减免税进口货物的海关监管期限内,对被稽查人的会计账簿、会计凭证、报关单证以及其他有关资料和有关进出口货物进行核查,监督被稽查人进出口活动的真实性和合法性。(《中华人民共和国海关稽查条例》第 2 条)

海关稽查是海关行使监管权力的表现形式之一,因此,稽查权是海关的行政权力。海关行政稽查权需要遵循的仍然是行政程序,遵循的证据搜集、使用规则也仍然是行政诉讼的证据规则,这是与缉私的一个显著区别。海关稽查的期限是在法律规定的相应的海关各项监管制度的期限内,也就是在征税、报税、减免税货物的追征、监管时限内。

海关稽查是在进出口货物实际已经进出口,保税、减免税货物实际进口后,海关实施的事后监管手段。由于进出口货物数量上的巨大增长,要求海关必须适应形势发展,加快通关速度。传统的对货物严密监管的方式越来越跟不上进出口人对通关速度的要求,而一些新型的贸易方式,也使得海关仅仅依靠在进出口环节的审查无法准确掌握相关的情况。例如,有些设备的进口销售与设备后续的消耗性材料或者生产所需要的原材料捆绑在一起,设备本身变得非常便宜,日常使用的各式打印机就是一个典型的例子,与此相同和类似的还有各种实验仪器等;又如,随着我国对人民币汇率管制的逐步放开,汇率波动因素在产品定价时被越来越多地考虑,有些企业在进出口时会与对方订立针对汇率波动对价格进行调整的条款,这样的调整往往不会及时进行,而是经过一段时间的积累后调整。海关遇到这种情况,在进出口环节实际很难判断进出口人的申报是否真实、准确。

在保税货物、减免税货物的监管上,由于上述货物进口后分布极为广泛,情况复杂多样,而海关监管的人力有限,不可能 24 小时看着这些货物,即使能够做到 24 小时看着,也会因为本身个体专业知识的限制,做不到严密监管。海关只有改变监管策略,一方面加快通关速度,另一方面保持对违法进出口或者申报不真实、不准确行为的威慑,以最大限度实现对进出口的监管。海关由此提出了"一线放开、二线管住"的思路。所谓"一线放开",就是对进出口环节尽快放行,只保持最低限度的审查、查验;而"二线管住"就是运用稽查手段,对进出口人进行的审查,从而从原先的"管货"发展为现在的"管人",通过管人,最终管到货。在一线审查、查验和稽查的过程中,海关大量使用风险分析的手段,使审查、查验、稽查更具有针对性,以提高人力资源的使用效率。稽查的结果,除了针对具体事件进行处理外,还是海关进行分类管理的重要依据,而分类管理又反过来成为风险分析的重要参数,如此形成一个循环,使进出口人因一次违法行为付出的代价不仅局限于行为本身,还会产生许多长远影响。

海关稽查不可能查获所有的违法行为,其意义在于保持威慑,使进出口人在计划进行违法进出口时有所顾忌,特别是对因为违法行为被查获产生的循环性后果有所顾忌,最终促使绝大多数进出口人能够守法。从这个角度讲,海关稽查可以被归入日常监管制度之列。

随着《海关企业分类管理办法》的实施,验证稽查的概念进入人们的视线。验证稽查的目的不再是通过稽查发现被稽查人的违法行为,而是通过稽查,检查被稽查人是否严格执行了海关的各项管理制度,自身的经营管理是否达到了某一较高的水平。虽然验证稽查还有发现违法行为的目的,但更多体现出的是类似验收的功能,是稽查功能的一次重要拓展。

二、海关稽查的法律体系和法律关系

海关稽查是对被稽查人的进出口活动的真实性和合法性的审查,涉及海关监管的各个方面。海关稽查人员所依据的法律规范是以《海关法》为主的整个海关法律体系。《海关法》从实体和程序上对海关稽查做了原则性的规范,是稽查实施时最高法律效力的规范。由于海关稽查的结果会不可避免地带有处罚,所以,海关稽查的法律渊源还包括《行政处罚法》《行政诉讼法》的相关规定。在法规层面,《海关稽查条例》从海关稽查权限和海关稽查程序方面进行了规定,而各个监管业务环节的专门条例在实体法上对稽查进行了规范,如《海关法行政处罚实施条例》《关税条例》《知识产权海关保护条例》《原产地条例》《海关统计条例》等。

海关稽查的法律关系,是指海关在实施稽查过程中,与被稽查人产生的权利和义务关系。海关稽查的主体一方无疑是海关,另一方是被稽查人,被稽查人是与进出口货物有关的所有的人。这里,进出口货物是一个广义的概念,不仅指在进出口口岸实际进出口的货物,也指以进出口货物为原材料加工而成的货物,因此,与进出口货物有关的人就包括进出口人、开展加工贸易的人、为前述两种人服务的运输仓储人、保险人、报关代理人、资金结算人、外发加工人等。这些人都可以成为海关的被稽查人。

海关稽查的内容就是稽查双方的权力与义务。海关在稽查过程中的权力有:查阅、复制被稽查人的账簿、单证等有关资料;进入被稽查人的生产经营场所、货物存放场所,检查与进出口活动有关的生产经营情况和货物;询问被稽查人的法定代表人、主要负责人员和其他有关人员与进出口活动有关的情况和问题;经海关关长批准,查询被稽查人在商业银行或者其他金融机构的存款账户;暂时封存被稽查人账簿、单证等有关资料;封存有关进出口货物;追征税款、处罚违法行为。除此之外,海关还有权要求被稽查人提供必要的工作条件。海关在稽查过程中的义务有:客观公正,实事求是,廉洁奉公,保守被稽查人的商业秘密,遵守法律法规,不得侵犯被稽查人的合法权益;进行稽查时,海关工作人员向被稽查人出示海关稽查证;当海关工作人员与稽查人有直接利害关系的,实行回避;采取封存等措施时,不得妨碍被稽查人正常的生产经营活动;有关情况经查明或者取证后,立即解除对账簿、单证等有关资料的封存;稽查人员撰写的稽查报告报送海关前,征求被稽查人的意见;在规定时间内得出稽查结论并送达被稽查人。

被稽查人的权利义务与海关的权力义务基本是相对的。被稽查人的权利基本就是海关的义务,主要包括:要求海关遵守法律法规,不侵犯被稽查人的合法权利;要求海关保守自己的商业秘密;要求海关工作人员在稽查时出示海关稽查证件;要求海关稽查不影响自身的正常生产经营活动;在海关对有关情况经查明或者取证后,要求立即解除对账簿、单证等有关资料的封存;海关工作人员与被稽查人有直接利害关系的,要求海关相关人员实行回避;要求得到稽查报告并有机会陈述自身的意见,向海关送交自身书面意见;要求在规定时间内得到对自身的稽查结论;对稽查结论或者相关追征、处罚不服,进行行政复议、行政诉讼。被稽查人的主要义务包括:遵守各项法律法规规章,合法进出口和从事进出口货物的加工、生产、使用、销售、申报、缴税等;按照法律法规的规定和海关要求对进出口货物进行记账,记录并保存相关资料;提供海关工作人员必要的工作条件;配合稽查,如实提供相关账簿、凭证、资料;接受海关对相关人员的询问、对相关场所的检查,并提供配合;接受海关依法作出追征、处罚决定。

海关稽查的客体是前述权利与义务指向的对象,包括进出口货物和进出口行为。这其中,进出口行为与进出口主体一样要作广义的理解,即既包括货物在进出口口岸的进出口行为、申报行为,也包括货物在进口后的加工、使用、销售行为等。这些行为几乎涵盖了海关监管的各个方面,也就是说,海关稽查的范围几乎涉及海关监管的各个方面。

三、海关稽查的制度规定

海关稽查可以分为常规稽查和专项稽查两种形式。常规稽查是指按照海关监管的要求,根据进出口企业、单位和进出口货物的具体情况,海关确定稽查重点,制定年度海关稽查工作计划,并按照年度计划开展的稽查;专项稽查是根据特定时期或者对特定货物进出口的特殊情况以及海关监管的特殊需要,开展年度计划以外的稽查。这两种形式都是海关稽查的重要组成部分,不存在哪一种更重要的问题。

程序上,常规稽查和专项稽查在事先通知方面有着明显的差异:常规稽查应当在实施稽查的 3 日前,书面通知被稽查人;专项稽查在履行了经海关关长批准的手续后,不经事先通知,就对被稽查人进行稽查。程序上的这一差异可以说是常规稽查和专项稽查在形式上的主要差异,甚至是唯一区别。

但是在稽查的目的和重点上,两者仍然存在着显著的差异。常规稽查确定了稽查重点,是按照年度计划开展的,它反映的是海关对进出口监管的整体看法、监管所要达到的整体目标,是一种按部就班、有条不紊地推进。通过常规稽查,海关可以对进出口人、进出口货物的守法情况、货物构成、流向分布等有一个整体的把握并以此作为日后监管的依据。专项稽查是根据实践中新出现的问题、即时需要完成的任务,有针对性地开展的稽查,是对某一个或者某一类被稽查人或者进出口货物在海关监管过程中发现的问题或者疑点,及时开展稽查,以了解特定的情况,弥补"计划赶不上变化"之不足。从这一点上看,常规稽查与专项稽查是一般与特殊的关系。

海关稽查的被稽查人涉及与进出口货物有关的人,这些人在从事货物进出口业务的过程中的行为都必须合法、真实。海关稽查,首先是通过对人的管理达到对货物的管理,因此,海关稽查针对的重点就是与进出口活动直接有关的人,包括从事对外贸易的企业、单位,从事对外加工贸易的企业,经营保税业务的企业,使用或者经营减免税进口货物的企业、单位,从事报关业务的企业,海关总署规定的从事与进出口业务直接有关的其他企业、单位。从这个被稽查人的范围看,从事对外贸易的个人明显不在其中,而从事对外贸易的合伙组织能否被包括在"单位"这个概念的范围之内尚不得而知。考虑到《海关稽查条例》出台于 1997 年,当时《对外贸易法》还没有颁布,个人还不能从事对外贸易,在《海关稽查条例》中也没有把个人纳入被稽查人的范围。相信要不了多久,在《海关稽查条例》的修改中,就会把从事对外贸易的个人包括在被稽查人的范围内。

实践中,稽查首先从加工贸易领域和口岸货物查验领域开始实施,然后渐渐扩展到审价、减免税货物、暂时进出口货物等监管领域,将来还会继续扩展到仓储、运输领域以及海关监督的所有领域。在每一个领域,稽查所依据的实体规定就是该监管领域日常监管依据的实体规定。这再一次说明,稽查是海关监管的一种手段或者形式,它并不能改变海关监管的原有制度。

海关在进出口口岸的稽查,就贸易性质而言,根据笔者理解,重点应当放在一般贸易进出口货物上,因为加工贸易的货物在二线仍然会受到主管海关的稽查,口岸海关如果面对正在发生的走私行为而不进行查处,行为人将逃逸,违法证据有可能被毁灭,给后续查处带来极大难度和不确定性的情况,没有必要与二线海关重复配置监管资源,浪费宝贵的人力、物力。一般贸易稽查主要稽查货物的价格、归类、原产地、知识产权状况、进出口要求的各类证照、配额等是否真实、合法。当然,货物的品名、规格、数量、重量也是稽查的范围,但一般正常开展进出口贸易的企业不会在品名上深究,就算规格、数量、重量等偶尔会有些差异,一般也不会把这些作为企业经营的常态。

进出口人在口岸进行价格申报时,由于时间短,海关对申报资料是否全面、完整、真实的判断受到不同程度的条件限制,但是,在稽查时这样的限制就明显减少了。海关稽查人员首先会在组成价格的几大法定因素:包装、买房佣金、特许权、援助、卖方从买方的转卖、处置等行为中的受益等方面进行稽查核实。这其中对于一些容易被进出口人忽略或者隐瞒的因素,如企业在国外的办事处、分公司或者国外母公司代为采购所付出的买方佣金,特许权收费,货币汇率波动调整等,都将成为海关稽查的注意重点。

归类是海关对一般贸易稽查的又一重点。由于归类本身就存在因观察角度、立场不同而得出不同结论的可能性,使得归类成为一个争议屡屡发生的领域,而把货物归入较低税率的税号中是企业的利益追求,也无可厚非。但是如果发生申报时隐瞒货物的实际用途、特定性状,把税则明确列名的商品归入其他税号的情况,在稽查过程中,这种隐瞒就很难逃过稽查人员的眼睛。例如,某贸易企业把一个车用塑料部件简单地申报成塑料件,虽然进口时没有发现问题,但是在稽查时,海关通过对货物流向、资金流向的追踪,就能轻而易举地发现了瞒报行为。

随着我国进出口贸易的快速增长,贸易摩擦也不断发生,反倾销、反补贴、保障措施、自动出口限制等都成为海关监管和执行政策。同时,由于我国综合实力的增强,给予其他国家进出口产品的优惠也越来越多。这两种情况,都要区别不同来源地的产品进行差别对待,因此也就引发部分进出口人和进出口商品规避或者冒用原产地的情况。如果说过去这种情况还比较少的话,以后这种情况会越来越多,因此,原产地将成为今后海关稽查的一个潜在重点。

对加工贸易的进出口货物,一般是由从事加工贸易企业所在地的海关实施稽查。海关稽查主要核实加工过程是否符合海关的监管要求,包括保税货物的储存、生产、销售情况,以及对保税货物的财务记录是否按照海关要求与其他货物分开记录。稽查内容包括单耗、余料、副产品、边角料、废料、不合格品、外发加工、串料、深加工结转、不作价设备、模具、抵押、质押、留置情况、手册遗失或延期、超期不报、内销情况等。在稽查中发现的企业单耗管理方面的问题表现为:单耗变更不及时申报或者不申报、原材料单位换算、归并时产生数量差异、二次投料造成实际单耗下降但没有包含在申报单耗中、保税料件与非保税料件混合使用,共同使用于内外销产品、多品种单耗多样,简单的算数平均单耗和加权平均单耗存在较大差异以及把按照规定不能列入单耗的损耗列入单耗等问题。随着海关在这方面的稽查力度的不断加大,这些问题已经引起企业的充分重视,对海关加强监管和企业提高管理水平起到了促进作用。但是企业往往忽视对副产品、边角料、废料、不合格品、抵押、质押、留置的管理,而这些管理的重要性不亚于对单耗、深加工结转的管理,因为这些问题也直接关系到对副产品、边角料、废料、不合格品征税和征多少的问题,抵押、质押、留置则关系到保税料件是否脱离海关监管的问题。对外发加工,稽查的内容包括:是否经过批准,是否收回全部料件、边角料,是否外发加工的工序是产品主要工序,在外发加工期间是否有内销、串料、以产品抵工交费的情况,外发加工企业是否再次外发加工。内销,海关稽查主要关注是否经过海关的批准以及是否及时补税。内容包括:单耗是否与加工贸易申报的单耗相同,是否存在先内销后补税或不补税、无证内销的情况,内外销数量之和是否超出产品总耗料量(包括使用国产料件的总耗料量),是否缓税,是否按照不同区域的企业按照不同补税对象补税的规定办理,内销的副产品、边角料、残次品、受灾保税料件等的归类、估价、审验证照等。

　　对仓储运输企业的稽查,海关会关注企业储运的海关监管货物的财务记录是否完整准确,货物是否有不能说明原因的短少等。随着物流业的快速发展,以及企业把越来越多的管理仓储事项委托给专业物流企业,相信对仓储运输企业的稽查会成为海关稽查的一个重要组成部分。

　　海关稽查虽然依据各个监管领域的实体规定,但是程序上仍然有自己的特点。在稽查的时效上,《海关法》第45条的规定是海关监察期限内及其后的3年内可以稽查,《海关稽查条例》也规定"海关自进出口货物放行之日起3年内或者在保税货物、减免税进口货物的海关监管期限内",考虑到《海关稽查条例》颁布时《海关法》尚未修改,与《海关法》的矛盾之处,按照上位法优于下位法的原则,应以《海关法》为准,即对一般贸易货物、保税货物和减免税进口货物的实际稽查年限分别是:一般贸易物,自放行之日起3年;保税货物最长可能5年,因为一些存放的货物可以经过延长,加工贸易经过延长也有可能有 2 年的加工期限;减免税设备可能就是 8 年、9 年和 11 年,因为减免税设备本身的监管期限就有 5 年、6 年和 8 年。对因为当事人的原因造成的少征、漏征进出口税,海关有权在放行后 3 年内追征;但是,如果违法事实在 2 年后被发现,虽然可以对其追征进出口税,但是按照《行政处罚法》的规定,将免于处罚,当然如果构成走私罪,适用的就不是《行政处罚法》,而是刑事处罚,《行政处罚法》的规定也就不再适用了。

对稽查中发现的情况,海关会根据不同情况做出不同的处理。对稽查中发现被稽查人财务账册管理规范、货物进出口合法、较好符合海关要求的,会在以后的分类管理中把这样的企业列入较高类别的范围,给予通关上的便利,如 A 类企业;对管理混乱、有违法进出口情况,达不到海关要求的企业,将其列入较低类别的范围,如 C 类甚至 D 类企业,对 C 类企业加强监管,例如海关总署连续公布 2003 年度、2004 年度、2005 年度的进出口企业"红黑名单";对 D 类企业还有可能建议对外贸易的主管部门剥夺这类企业从事对外贸易的权利。对稽查中发现的违法个案,除追征进出口税外,对违法行为按照各个监管领域的实体规定的处罚尺度进行处罚。此外,对向海关提供虚假情况或者隐瞒重要事实,拒绝、拖延向海关提供账簿、单证等有关资料,转移、隐匿、篡改、毁弃账簿、单证等有关资料的行为,海关还有权责令其限期改正,逾期不改正的,处 1 万元以上 3 万元以下的罚款;情节严重的,取消其报关资格;对负有直接责任的主管人员和其他直接责任人员处 1000 元以上 5000 元以下的罚款。对稽查人员未按照规定设置或者编制账簿、单证等有关资料的,海关可责令其限期改正,逾期不改正的,处 1 万元以上 5 万元以下的罚款;情节严重的,取消其报关资格;对负有直接责任的主管人员和其他直接责任人员处 1000 元以上 5000 元以下的罚款。

如果发现有走私等严重的违法行为时,稽查就会转入缉私程序,程序性质也从一般的行政处罚程序可能进入刑事侦查程序。

【案例裁决/法律文书摘录】

华生公司等诉某海关没收红油、查扣油罐车案

[基本案情]2007年1月4日、1月30日,榕城海关(2007年11月29日改名为揭阳海关)缉私分局(以下简称"榕城分局")根据举报,在揭阳高速公路池尾站附近路段、泥沟收费站附近路段,对司机周某雄驾驶的粤B46403号、粤N00756号油罐车进行检查,发现所载油品疑似褐色"红油",遂分别于1月4日、1月30日予以立案,对粤B46403、粤N00756号油罐车(含随车的车辆行驶证、交通运输证)及所载油品予以扣留,并开具《扣留凭单》送达周某雄。上述两辆油罐车分别于1月9日、3月31日卸油,所载油品数量分别为22.46吨和24.6吨。汕尾市华生废油回收有限公司(以下简称华生公司)法定代表人吴某寻在案发后到案,称上述两辆油罐车所载油品为华生公司生产的"再生油",要求发还在扣车辆及油品。

1月4日,榕城分局在周某雄的现场见证下,对粤B46403号油罐车运载的油品进行取样(未作封存处理),并委托汕头出入境检验检疫局检验检疫中心(以下简称"汕头商检中心")进行检验。汕头商检中心于1月9日出具委托检验报告单,检验结果为:(1)品质鉴定:该样经检验,其凝点与0#柴油标准规定相符。(2)"红油"鉴定:经鉴定,该样品"红油"特征呈阳性。

1月30日,榕城分局在周某雄的现场见证下,对粤N00756号油罐车运载的油品进行取样(未作封存处理),并委托汕头商检中心进行检验。汕头商检中心于2月7日出具委托检验报告单,检验结果为:(1)品质鉴定:该样经检验,其凝点与—10#柴油标准规定相符。(2)"红油"鉴定:经鉴定,该样品"红油"特征呈阳性。

3月7日,榕城分局在揭阳市港澳货运车辆检查场副场长吴启雄的见证下对粤B46403号、粤N00756号油罐车所装涉案油品再次进行取样并封存了样品,委托广东省揭阳市质量计量监督监测所(以下简称"揭阳质检所")进行检验。揭阳质检所于3月14日出具检验报告,对粤B46403号油罐车所载油样品的检验结论是:根据检验结果,此样品是0#柴油;对粤N00756号油罐车所载油样品的检验结论是:此样品是—10#柴油。

3月16日,榕城分局又在吴启雄的见证下第三次对涉案油品进行取样并封存样品,委托汕头商检中心检验。汕头商检中心于3月19日出具检验检疫结果:两份送检样品均为"褪色"处理的"红油"。

2008年4月29日,揭阳海关制发"揭关缉违〔2008〕3号""揭关缉违〔2008〕4号"《行政处罚决定书》,分别于2008年4月30日和5月5日送达华生公司和周某雄,认定华生公司指派周某雄非法运输褪色"红油"22.46吨、24.6吨的违法事实,并对查扣的"红油"予以没收,在扣车辆另做处理。7月11日,揭阳海关以"粤B46403号""粤N00756号"两辆油罐车涉嫌非法改装及伪造行驶证为由,将两辆油罐车及行驶证移交揭阳公安交警支队机动巡逻大队处理。当事人遂针对海关扣留行为提起诉讼,经过一审、二审,当事人均败诉。其后,其针对海关没收褪色"红油"的行为又提起诉讼,经过一审、二审,当事人均败诉。

第一次诉讼一审(针对扣留):华生公司及其法定代表人吴某寻认为,华生公司只是运输对大量流动渔船产生的废油进行加工而生成的再生油,是经过政府批准的,海关违法实施扣留行为,造成其经济损失,遂向揭阳市中级人民法院(以下简称"揭阳中院")提起诉讼,要求解除扣留粤B46403号、粤N00756号油罐车(含车辆行驶证、交通运输证)及所载油品,并赔偿在扣油品价款按人民银行规定的逾期贷款利率计算利息、赔偿每部车每月9000元租金。法院受理案件后追加油罐车驾驶员周某雄作为第三人参加诉讼。其后,揭阳中院判决维持海关扣留行为;华生公司不服并提起上诉,后广东省高级人民法院作出(以下简称"广东高院")判决,驳回原告上诉,维持原判决。

海关认为:海关对涉案油罐车及褪色"红油"予以扣留依法有据,程序合法,手续完备。华生公司及其法定代表人吴某寻要求海关解除扣留油罐车及无合法单证的褪色"红油"并赔偿其经济损失,没有任何理由和依据。华生公司不具备成品油批发、仓储、零售经营资格,华生公司称其生产"再生油"是在当地政府支持下开展的合法行为,不足采信。

第一次诉讼二审(针对扣留):华生公司及其法定代表人吴某寻认为:(1)海关的检查及扣留行为超越职权,无证据证明所检查及扣留的位置属于海关监管区或海关附近沿海沿边规定地区,也没有证据证明海关关长批准检查和扣留行为经过了直属海关关长批准;(2)海关认定涉案两部油罐车运载的是褐色"红油"的证据不足,实际上油品为再生油,并认为汕头商检中心和揭阳质检所的鉴定结论不能作为证据采信;(3)执法严重违反程序,海关对被扣油品没有加封,海关取样程序违法;(4)海关适用法律、法规错误,海关适用《海关行政处罚实施条例》第30条规定扣留华生公司车辆,但没有及时解除扣留,违反了法律规定;(5)海关强制扣留的违法行为,对华生公司造成了严重的经济损失,依法应予以赔偿。华生公司要求撤销处罚决定,返还油品、两辆车及行驶证等资料,并赔偿查扣油品变价款按人民银行规定的逾期贷款利率计算利息,每辆车每月9000元租金和每月30000元营运利润。

海关认为:海关对涉案油罐车及褐色"红油"予以扣留依法有据,程序合法,手续完备。华生公司及其法定代表人吴某寻要求海关解除扣留油罐车及无合法单证的褐色"红油"并赔偿其经济损失,没有任何理由和依据。原审判决依法维持海关的行政扣留决定,完全符合"以事实为依据、以法律为准绳"的基本原则。华生公司及吴某寻的上诉理由缺乏事实和法律依据。

第二次诉讼(针对行政处罚)一审及二审:华生公司、吴某寻、周某雄认为:(1)揭阳海关超过举证期限提交给一审法院的证据,应依法视为没有相应证据;(2)汕头商检中心没有红油的检验资格;(3)海关执法严重违反程序。海关对被扣油品没有加封,海关抽样程序违法,认定当事人运输的油品是褐色"红油"没有事实根据,据此作出没收油品的具体行政行为,主要证据不足;(4)海关应赔偿当事人经济损失;(5)海关在作出本案被诉行政处罚后对当事人车辆解除扣留,随后又移交给交警部门处理,属程序违法。

海关认为:海关作出的处罚决定认识事实清楚,证据确凿,定性准确,程序合法,处罚恰当,并没有侵犯当事人的合法权益,不构成国家赔偿,当事人提出的赔偿请求与事实和法律不符,于法无据。

[分析]第一次诉讼(针对扣留):揭阳中院认为,华生公司系经工商部门依法核准成立之企业,因指派司机周某雄运载油品往揭阳西县途中,被榕城海关扣留,故华生公司具备本案原告主体资格。榕城海关是经国家批准依法设立的进出境监督管理机关,依法监管出境运输工具、货物、物品,查缉走私是海关的职权范围,因此,当榕城海关发现华生公司运载油品随车无任何合法单证,涉嫌非法运输褐色"红

油"的情况时,依据《海关法》第3条、第5条、第6条第4项之规定,及时作出行政强制扣留措施的具体行政行为。作出该强制扣留措施是为了进一步查明事实以便作出相应处理。因此,揭阳中院认定海关扣留行为事实清楚,适用法律正确,程序合法,决定维持海关扣留行为。

广东高院认为,《海关行政处罚实施条例》第38条规定:"下列货物、物品、运输工具及有关账册、单据等资料,海关可以依法扣留:(一)有走私嫌疑的货物、物品、运输工具;(二)违反海关法或者其他有关法律、行政法规的货物、物品、运输工具;(三)与违反海关法或者其他有关法律、行政法规的货物、物品、运输工具有牵连的账册、单据等资料;(四)法律、行政法规规定可以扣留的其他货物、物品、运输工具及有关账册、单据等资料。"根据《国务院关于严格查禁非法进口"红油"的紧急通知》(国办明电发[1999]13号)及海关总署《关于打击非法进口"红油"的公告》等规定,海关依法有权对两当事人涉嫌非法运输褪色"红油"、运输车辆以及与之有牵连的单据等资料进行检查、扣留。海关作出的扣留行为事实清楚,有相应的证据予以支持,该扣留行为得到海关关长的批准,并向当事人送达了书面决定,告知其有关权利,手续完备,程序合法,依法应予维持。广东高院遂判决驳回原告上诉,维持原判决。

第二次诉讼(针对行政处罚):揭阳中院认为,揭阳海关是经国家批准依法设立的进出境监督管理机关,依法监管进出境运输工具、货物、物品,查缉走私是海关的职权范围。揭阳海关作出的揭关缉违[2008]3号、[2008]4号《行政处罚决定书》,认定华生公司、周某雄非法运输褪色"红油"的事实及汕头商检中心作出的检验报告的检验结论等证据充实。揭阳海关认为"根据《进出口商品检验法》第3条规定,商检机构和经国家商检部门许可的检验机构,依法对进出口商品实施检验,汕头出入境检验检疫技术中心对红油实施检验的资格是法律授予的"理由成立。华生公司认为汕头商检中心不具备检验、认证资格理由不成立。揭阳海关在法定期限内提交的证据证明揭阳海关作出的行政处罚决定成立,程序合法,手续完备。华生公司请求法院判决撤销揭阳海关行政处罚决定,返还扣留物品,赔偿华生公司的经济损失,理由依据不足,不能成立,应予驳回。揭阳中院遂判决驳回原告华生公司、吴某寻、周某雄的诉讼请求,维持揭阳海关作出的没收褪色"红油"的处罚决定。

广东高院认为,根据《国务院关于严格查禁非法进口"红油"的紧急通知》及海关总署《关于打击非法进口"红油"的公告》等规定,揭阳海关根据汕头商检中心的检验结果即鉴定结论认定华生公司、周某雄非法运输褪色"红油"并适用《关于打击非法进口"红油"的公告》的规定作出没收的行政处罚决定,认定事实清楚,适用法律正确,程序合法。揭阳海关在收到原审法院的应诉通知书后,已在法定举证期限内向原审法院提交了其作出本案被诉行政处罚的相关证据材料。揭阳海关在一审开庭后提供的吴启雄身份证明以及《标准化法》等法律规定,是应一审法院的要求,为进一步证明吴启雄的身份以及证明汕头商检中心的检验资格问题所补充的材料。一审法院要求揭阳海关提供上述材料并未违反最高人民法院《关于行政诉讼证据若干问题的规定》第9条第1款规定:"人民法院有权要求当事人提供或者补充证据。"因此,华生公司认为揭阳海关逾期提交上述证据材料,缺乏事实根据和法律依据。根据《进出口商品检验法》第3条规定,商检机构和经国家商检部门许可的检验机构,依法对进出口商品实施检验。因此,汕头商检中心对红油实施检验的资格是法律授予的。华生公司认为汕头商检中心不具备检验、认证资格理由不成立。关于华生公司所诉揭阳海关提取样油时未通知其到场,样油是残留油且没有加封,影响了检验结果的问题。经审查,根据《海关行政处罚实施条例》第45条第2款规定:"海关提取样品时,当事人或者其代理人应当到场;当事人或者其代理人未到场的,海关应当邀请见证人到场。提取的样品,海关应当予以加封,并由海关工作人员及当事人或者其代理人、见证人确认后签字或者盖章。"海关提取样油时有两种情形:一是当事人到场见证;二是当事人未到场见证的,要有见证人到场见证。2007年3月16日,揭阳海关提取样油时上诉人虽未到场,但有揭阳市港澳货运车辆检查场副场长吴启雄到场见证,且揭阳海关对样油予以封存,提取样油的程序合法。因揭阳海关提取的残留油样品与原油的化学成分相同,不会影响检验结论,因此,华生公司认为揭阳海关提取样油时未通知其到场、样油是残留油且未加封,影响了检验结果的理由不成立。因揭阳海关在作出本案被诉行政处罚决定时发现本案油罐车存在非法改装以及伪造行驶证的嫌疑,已将上述车辆移交揭阳市交警支队机动大队处理,华生公司请求返还车辆及行驶证,本院不予支持。《国家赔偿法》第2条(目前该条文已被修正,笔者注)规定:"国家机关和国家机关工作人员违法行使职权侵犯公民、法人和其他组织的合法权益造成损害的,受害人有依照本法取得国家赔偿的权利。"根据上述规定,华生公司请求赔偿的前提是揭阳海关作出被诉行政处罚决定违法并造成实际损害。由于本案被诉行政处罚决定合法,因此,华生公司请求揭阳海关赔偿其经济损失的理由不成立,原审判决驳回华生公司的诉讼请求正确,依法应予维持。法院认为华生公司上诉请求撤销原审判决并支特其一审请求的理由不成立,遂判决驳回原告上诉,维持一审判决。

思考题:

请思考在涉嫌走私物品的鉴定资格问题上海关稽查权与其他政府部门职权的关系。

【延伸阅读】

1.《中华人民共和国海关稽查条例》

2. 梅丹:《关务筹划与海关稽查:企业实务操作技巧与案例》,中国海关出版社2007年版。

3. 耀文:《国门报告:海关稽查纪事》,光明日报出版社2002年版。

第三章
促进经济发展的海关法律制度

【内容摘要】随着经济全球化和国际贸易的发展,海关的主要职能从课征关税、充盈国库向贸易便利化、促进经济发展的目标逐步发展,并产生了海关保税法律制度、海关知识产权保护法律制度等。上海自贸区建设、一带一路等战略的实施也对海关保税法律制度的发展提出了新的使命和命题。与此同时,国际贸易伙伴对中国与贸易有关的知识产权议题越发关注,海关知识产权保护法律制度也成为促进经济发展的海关法律制度的重要内容。

第一节　海关保税法律制度

●●●

一、保税制度概述

保税制度是指经海关批准的境内企业所进口的货物,在海关监督下在境内指定的场所储存、加工、装配,并暂缓缴纳各种进口税费的一种海关监管业务制度。保税的实质是海关在进口货物最终出口或者进口货物的最终流向没有确定时,对进口货物缓征或者免征进口关税,即进口货物可以缓缴进口关税和其他国内税,在海关监管下于指定或许可的场所、区域进行储存、中转、加工或制造,是否征收关税视货物最终进口内销或复运出口而定。保税制度按方式和实行区域的不同,有保税仓库、保税工厂、保税区、保税集团、免税商店、保税转口等不同形式。

保税仓库是指经海关批准,进口货物可以不办理进口手续并能较长时间储存的场所。进口货物再出口而不必纳税,便于货主把握交易时机出售货物,有利于业务的顺利进行和转口贸易的发展。

保税工厂是经海关批准而对专为生产出口而进口的物料进行保税加工、装配的工厂或企业。这些进口的原材料、元器件、零部件、配套件、辅料和包装物料等在进口加工期间免征进口税,加工成品必须返销境外。特殊情况需部分内销的,须经海关批准并补征关税。这些物料必须在保税工厂内存放和使用,未经海关许可不得随意移出厂外或移作他用。《中华人民共和国海关对加工贸易保税工厂管理办法》规定了设立保税工厂的条件:凡经国家批准有权经营进出口业务的企业或具有法人资格的承接进口料、件加工复出口的出口生产企业,均可向主管地海关申请建立保税工厂。

保税区是经海关批准而专门划定的实行保税制度的特定地区。进口货物进入保税区内可以免征关税,如复出口,也免纳出口税。运入保税区的商品可进行储存、改装、分类、混合、展览、加工和制造等。海关对保税区的监管主要是控制和限制运入保税区内的保税货物销往国内。保税区一般设在港口或邻近港口、国际机场等地方。设立保税区的目的是吸引外商投资,促进加工工业和出口加工业的发展,增加外汇收入。因此,国家对保税区除了在关税等税收方面给予优惠外,一般还在仓储、厂房等基本设施方面提供便利。

保税集团是经海关批准而由多数企业组成的对承接进口保税的料件进行多次保税加工生产的保税管理形式,即对经批准为加工出口产品而进口的物料,海关免征关税。这些保税货物被准许在境内加工成初级产品或半成品,然后再转厂进行深度加工,如此反复多次转厂深加工,直至产品最终出口,对每一次的加工和转厂深加工,海关均予保税。保税集团的特点是海关对转厂加工、多层次深加工、多道生产工序的进口料件实行多次保税,从而有利于鼓励和促进深加工出口,扩大出口创汇,提高出口商品的档次,增加外汇收入。

海关根据国家的法律、法规、政策和规范性文件对保税货物实施监管的过程，反映出保税制度具有批准保税（或保税备案）、纳税暂缓、监管延伸、核销结案的特点。

进境货物可否保税，要由海关依据国家的有关法律、法规和政策来决定。货物经海关批准才能保税进境，这是保税制度的一个十分明显的特点。海关应当严格按国家法律、法规、政策所规定的条件和程序进行审批（备案）。批准保税的条件原则上有三条：第一，不受管制，即申请保税的货物除法律、行政法规另有规定外，一般不受国家贸易许可管制，无须提交相关进出口许可证件；第二，复运出境，即申请保税的货物流向明确，进境储存、加工、装配后的最终流向表明是复运出境，而且申请保税的单证能够证明进出基本是平衡的；第三，可以监管，即申请保税的货物无论在进出口环节，还是在境内储存、加工、装配环节，要符合海关监管要求，必要时海关可要求有关当事人提供担保，以防止因为某种不合理因素而造成监管失控。

纳税暂缓包括办理征税手续和减免税手续。一般进口货物和特定减免税货物都必须在进境地海关或主管地海关办妥纳税手续（包括办妥征税或减免税手续）后才能提取。保税货物在进境地海关凭有关单证不办理纳税手续就可以提取，但是这不意味保税货物最终均可以不办理纳税手续。当保税货物最终不复运出境或改变保税货物特性时，需按货物实际进口申报情况办理相应纳税手续。比如，加工贸易保税进口货物，因故不能复出口，经批准内销，海关对不能复出口的成品或节余料件等按有关规定对料件进行补税。至于保税货物转为一般贸易进口，"纳税暂缓"的特点更加明显。一般进出口货物，海关监管的时间是自进口货物进境起到办结海关手续提取货物止，出口货物自向海关申报起到装运出境止，海关监管的地点主要在货物进出境口岸的海关监管场所。保税货物的海关监管无论是时间，还是场所，都必须延伸。从时间上说，保税货物在进境地被提取，不是海关监管的结束，而是海关监管的开始，一直要监管到储存、加工、装配后复运出境办结海关核销手续或者正式进口海关手续为止。从地点上说，保税货物提离进境地口岸海关监管场所后，直至向海关办结出口或内销手续止，凡是该货物储存、加工、装配的地方，都是海关监管该保税货物的场所。

"核销结关"也是保税制度的一大特点。一般进出口货物是放行结关。进出口货物收发货人及其代理人向海关申报后,由海关审单、查验、征税、放行,然后提取货物或装运货物。在这里,海关的放行,就是一般进出口货物结关的标志。保税货物进出口报关,海关也加盖"放行章",执行放行程序。但是,保税货物的这种放行,只是单票货物的形式结关,是整个监管过程的一个环节。保税货物只有核销后才能算结关。核销是保税货物监管的最后一道程序,所以,核销是保税制度区别于海关一般进出口货物通关制度的一个重要的特点。

保税货物的核销,特别是加工生产类保税货物的核销是非常复杂的工作。储存出境类保税货物和特准缓税类保税货物的核销,相对来说比较简单,因为这两类保税货物无论是复运出境,还是进入国内市场,都不改变原来的状态,只要在规定的时间里复运出境或办妥正式的进口纳税手续,并且确认复运出境的数量或办妥正式进口纳税手续的数量与原进口数量一致,就可以核销结关。加工生产类保税货物就不一样了。因为,这一类保税货物进境后要进行加工、装配,要改变原进口料件的形态,复出口的商品不再是原进口的商品。这样,海关的核销,不仅要确认进出数量是否平衡,单耗真实可靠,还要确认成品是否由进口料件生产、没有擅自串(换)料行为。这两个"确认"大大地加大了核销的难度。所以,核销也是保税制度的一个难点。

无论是加工生产类保税货物,还是储存出境类和准予缓税类保税货物,在核销的实践中,数量往往不是平衡的。正确处理各种核销中发生的数量不平衡问题,也是核销结关的前提之一。

二、保税区海关法律制度

保税区,《关于简化和协调海关制度的国际公约》中称之为自由区,是指缔约方境内的一部分,进入这一部分的任何货物,就进口税费而言,通常视为在关境之外。我国《保税区海关监管办法》对保税区的定义是:保税区是海关监管的特定区域。

按照我国海关总署 1997 年颁布的《保税区海关监管办法》的规定,我国境内设立保税区必须经过国务院的批准,保税区与境内非保税区之间,应当设置符合海关监管要求的隔离措施。具体而言:保税区首先应当有海关进驻并行使海关监管的职能;保税区与境内非保税区之间应当设置围网,将保税区封闭,仅在有限的地点设立进出通道供人员和货物进出;围网和通道都要安装监视系统,便于海关对隔离地带和进出通道随时监控;在进出通道上,海关还需设立检查卡口,对进出保税区的人员和货物进行检查;保税区内也仅能够设置保税区行政管理机构和企业,除安全保卫人员外,其他人员都不得在保税区内居住,从而把保税区和日常生活的区域隔开。

保税区最主要的管理体现在对进出区的货物的管理上,海关的监管手段体现在对进出保税区的货物和对在保税区经营的企业的双重管理上。在保税区区内设立的企业必须向海关办理注册手续,海关在对进出保税区的货物、物品、运输工具、人员及区内有关场所进行检查、查验的同时,以稽查作为监管的重要手段,要求区内企业依照国家有关法律、行政法规的规定设置账簿、编制报表,凭合法、有效凭证记账并进行核算,记录有关进出保税区货物和物品的库存、转让、转移、销售、加工、使用和损耗等情况,并实行区内企业与海关的电子计算机联网,进行电子数据交换,从而通过对设立在保税区内的企业的财务的管理实现对进出保税区货物的管理。

对于保税区货物的监管涉及对保税区与境外的货物进出和保税区与境内非保税区之间的货物进出两种情况。境外与保税区之间的货物进出,《关于简化和协调海关制度的国际公约》要求:如果从随附单证上已获信息,海关不应要求货物申报,并且对于准予货物进入自由区不应要求担保。中国海关对从境外进入保税区的货物实行备案制,参保人只填写备案清单,对储存的货物和转口的货物实行保税,除实行被动配额的货物外,不受进出口配额和许可证的限制。对于已经进入保税区的货物,海关允许其在区内企业之间自由流动、转让和展示,当事企业只需向海关备案即可;对于进入保税区中转的国际货物,海关则允许其在区内仓库或者区内其他场所进行分级、挑选、刷贴标志、改换包装形式等简单加工。

三、加工贸易制度

迄今为止,在国际加工贸易的海关实务与法律中,尚没有关于国际加工贸易的明确、统一的定义。一般来说,国际加工贸易的概念存在着广义和狭义之分。从广义上说,加工贸易是指外国的企业以投资的方式把某些生产能力转移到东道国,或者利用东道国已有的生产能力为自己加工装配产品,然后运出东道国境外销售。这种跨越国界的"两头在外"的生产加工和销售模式,成为国际加工贸易的显著特征之一。从狭义上讲,加工贸易是部分国家对来料或者进料加工采用海关保税监管的贸易。由于一些国家存在较高的关税或者非关税壁垒,为了扩大对外贸易或者吸引外资,对以来料或者进料方式进口的原材料、零部件,这些国家采取由海关实行保税监管进口的办法。"二战"以来,随着经济全球化的深入发展,国际分工日趋专业化,货物、资本、技术和劳动力的跨国流动不断增加,尤其是跨国公司的兴起,更是在世界范围内推动了生产要素的优化配置,加工贸易已逐渐成为世界各国参与国际分工的重要贸易方式。随着跨国公司全球战略的进一步实施,加工贸易已日益成为当今世界国际贸易发展的主流。

加工贸易以出口加工区或者自由贸易区等封闭的空间形态为主。在封闭的区域内,各国海关对以来料或者进料方式进口的加工贸易的原材料、零部件实行减免关税及国内税的政策。上述优惠政策的实施,使得加工贸易得以在全球范围内蓬勃兴起,对各国经济的增长起到了推动作用,并成为东道国吸引外资和扩大出口的重要途径。此外,加工贸易还日益呈现向一般贸易转化的发展态势。随着东道国加工贸易国内配套能力的提升,东道国企业逐步具备了自主生产同类产品的能力,并最终形成以国内生产的过程来代替国外生产的过程的局面。

国际上通行的加工贸易海关监管模式主要有四种:特定区域的封闭式管理模式、先征后退模式、第三方担保前提下的保税监管模式和开放式管理模式。所谓封闭式管理模式,是指保税进口的料件只能在海关设定的封闭区域,如出口加工区、自由贸易区或者保税工厂内进行。其基本特征是:根据国家政策和企业需要,在特定的地域上划出一个"境内关外"的保税区域,由海关当局审查和批准进入该区域的企业,并对其进行保税监管,以确保用于加工贸易的料件从境外或者关外流入上述保税区域并在加工后交付出口。从经济发展的特征来看,大力发展出口加工,推动外向型经济发展时,各国大多会采取这一管理模式。其优势在于降低企业经营成本的同时便利海关监管,但也存在着选择范围有限、不利于国内料件进入保税区域以提高国产化程度、对加工贸易向一般贸易转化构成限制等不利因素。

先征后退管理模式的基本做法是企业为加工出口产品进口原材料时,海关先予征税,等成品复出口时再根据出口成品中含有的进口料件予以退税。实行先征后退的最大好处在于,有效避免了企业偷逃税款,将进口保税料件在国内市场进行非法销售,降低了海关的执法风险。其弊端在于,企业从保税制度中获得的经济利益减少,增加了加工贸易企业的通关成本及经营成本,以及海关的工作量。

第三方担保前提下的保税监管,即针对加工企业的进口料件,海关给予免税待遇,但同时保留征税的权利。在此情况下,进口企业必须提供担保,担保形式不限,如银行、非银行金融机构对税收的资金担保、企业不动产的财产抵押等,以确保加工企业在成品不能出口或发生违法情事时,海关能确保国家税收应收尽收。担保管理的好处在于,可以避免保税料件偷逃税款,保证国家税收不至于流失;其弊端在于,企业从保税制度中获得的经济利益减少,增加了加工贸易经营活动的复杂程度和加工贸易企业的交易成本。

与封闭式管理模式不同,开放式管理模式最大的特点即在于其开放性,即以信赖原则为基础,在充分相信加工贸易经营企业能够知法自律的前提下,对国内企业开展加工贸易经营活动,不做地域上或者行业上的限制,或者将这种限制降低到最低限度。在开放式管理模式下,几乎所有的企业都可以从事此项经营活动。实施这一管理模式的基本要求是:加工产品的国际竞争力强、关税税率低、法治完备、企业纳税意识强、海关拥有完备的信息监管网络。其优点在于,对加工贸易企业进行全程控制,管理过程的透明度提高,有效控制了保税风险,提高了通关效率,降低了企业从事加工贸易的经营成本;其弊端在于,开放式管理模式的实施受制于技术与设备条件,因此对于资金匮乏、技术落后的发展中国家来说,可能存在一定的难度。

【案例裁决/法律文书摘录】

一、某外资加工贸易企业异地加工涉嫌走私案

[基本案情]广东某外商投资加工贸易企业,主要从事高档服装进料加工贸易。2009年11月,由于劳资纠纷,该企业的一名员工向当地主管海关举报该公司私自销售保税料件。随即,海关对该企业进行专项稽查。经查,2008年3月至2009年11月,该企业分8次将保税衣料分别发至广东中山、浙江义乌等地加工,并发现该

企业出具给外地厂商的保证金收据复印件。因该企业涉嫌走私,稽查部门将案件移交缉私科继续调查。

经查阅有关单证资料,缉私科发现以下事实:第一,企业确实向外地加工厂商发了8批保税料件,这是企业为了节约加工成本而开展的异地加工业务,这种做法在海关的相关法规中并非禁止事项,属于须经行政许可的事项;第二,企业确实收了外地加工商的款项,这是由于保税料件为高级衣料,价值较高,企业考虑到外地加工厂规模较小,出于交易安全的目的,而向该厂收取了与料件等值的保证金,此保证金并非走私货款;第三,外地加工厂商将加工好的制成品全部返回企业,保税料件没有流失。

海关经过调查后认定,企业违反海关监管并处以行政处罚,不存在走私行为。

[分析]根据《中华人民共和国海关关于异地加工贸易的管理办法》,经营单位开展异地加工贸易,须凭其所在地外经贸主管部门核发的《加工贸易业务批准证》和加工企业所在地县级以上外经贸主管部门出具的《加工贸易加工企业生产能力证明》,填制《中华人民共和国海关异地加工贸易申请表》,向经营单位主管海关提出异地加工申请。

二、某加工贸易企业将不作价设备移作他用海关稽查案

[基本案情]某甲加工贸易企业,经营服装进料加工贸易。2009年7月,海关在对该企业进行专项稽查中发现,该企业将2006年10月份进口的不作价设备3台打纽机交给相邻的某乙企业使用。海关经过专项稽查,认为其涉嫌违反海关监管规定,并向企业送达了稽查报告;如案件成立,海关将对企业给予行政处罚,并做补税处理。

经过对加工贸易企业的调查发现:该企业是香港人陈某于2003年5月设立的外商投资企业。企业经过几年发展,现有厂房不够用,于是在相邻栋租赁厂房,成立一个打纽部门,并交由陈某侄子陈小某管理。为了财务及利益分配需要,内部给打纽部门起名某乙企业,但某乙企业并无工商登记,不是独立法人。海关通过核实,认可了某乙企业不是另外一个独立法人,而是公司内设部门,不属于海关所确定的移作他用的情形,因此不再作相关的处罚及补税。

[分析]根据《海关进出口货物减免税管理办法》,在海关监管年限内,减免税申请人需要将减免货物移作他用的,应当事先向主管海关提出申请。经海关批准,减免税申请人可以按照海关批准的使用地区、用途,将减免税货物移作他用。该办法对"移作他用"作了明确界定,包括:(1)将减免税货物交给减免税申请人以外的其他单位使用;(2)未按照原定用途、地区使用减免税货物;(3)未按照特定地区、特定企业或者特定用途使用减免税货物的其他情形。本案中企业不仅挽回了经济损失,同时也消除了企业因可能受到处罚而面临分类管理降级的顾虑。

【延伸阅读】

1.《中华人民共和国海关关于加工贸易边角料、剩余料件、残次品、副产品和受灾保税货物的管理办法》(根据海关总署令第218号修改并重新发布)

2.《中华人民共和国海关对进料加工保税集团管理办法》(根据海关总署令第218号修改并重新发布)

3.海关总署公告2014年第14号:《发布内销保税货物审价问题》

4.海关总署令第211号:《公布中华人民共和国海关审定内销保税货物完税价格办法》

5.海关总署公告2013年第51号:《公布广东省行政审批制度改革中涉及海关保税监管业务有关问题》

6.财政部、国家税务总局《关于停止执行民航国际航班使用进口保税航空燃油政策的通知》(财税[2013]42号)

7.海关总署公告2013年第36号:《公布海关特殊监管区域和保税监管场所内销货物适用协定税率或者特惠税率的有关事宜》

8.国家税务总局公告2012年第39号关于发布《天津东疆保税港区融资租赁货物出口退税管理办法》

9.财政部、海关总署、国家税务总局《关于在天津东疆保税港区试行融资租赁货物出口退税政策的通知》(财税[2012]66号)

10.财政部、国家税务总局《关于重庆江北等5家机场民航国际航班使用进口保税航空燃油有关税收政策的通知》(财税[2011]123号)

11. 海关总署令第 179 号《中华人民共和国海关进出口货物减免税管理办法》
12. 海关总署令第 219 号《中华人民共和国海关加工贸易货物监管办法》

第二节　海关知识产权保护法律制度

● ● ●

一、海关知识产权保护制度概述

知识产权海关保护,指海关依法禁止侵犯知识产权的货物进出口的措施。在世界贸易组织的《与贸易有关的知识产权协议》(Agreement on Trade-Related Aspects of Intellectual Property Rights,TRIPS)中,它被称为知识产权的边境措施(border measures)。我国知识产权边境保护制度正式确立,以 1995 年《中华人民共和国知识产权海关保护条例》颁布实施为标志。2000 年,全国人大常委会修订《中华人民共和国海关法》,从法律层面确定了海关知识产权保护方面的职能。2003 年 12 月,我国政府颁布修订后的《中华人民共和国知识产权海关保护条例》,强化海关调查处理侵权货物的权力,减轻知识产权权利人寻求海关保护的负担,明确了海关和司法机关以及其他行政机关之间的职责。随后,海关总署分别于 2004 年和 2009 年先后两次制定了该条例的实施办法,就新条例有关保守商业秘密问题、国际注册商标的备案问题、担保金的收取和退还问题、权利人对有关费用的承担问题等予以明确规定,目前现行有效的是 2009 年海关总署颁布的实施办法。2004 年 9 月,我国政府公布《中华人民共和国海关行政处罚实施条例》,对进出口侵犯知识产权的行政处罚予以明确规定。2004 年 12 月,最高人民法院和最高人民检察院公布实施的《关于办理侵犯知识产权刑事案件具体应用法律若干问题的解释》,进一步明确了代理进出口侵权货物的刑事责任。2010 年 3 月 24 日,国务院对 2004 年的《知识产权海关保护条例》进行了修订。

根据中华人民共和国国务院颁布的《中华人民共和国知识产权海关保护条例》第 2 条的规定,我国海关保护的知识产权应当是与进出口货物有关并受中华人民共和国法律、行政法规保护的商标专用权、著作权和与著作权有关的权利、专利权。此外,根据《奥林匹克标志保护条例》和《世界博览会标志保护条例》的规定,我国海关也应当对奥林匹克标志和世界博览会标志实施保护。国家禁止侵犯知识产权的货物进出口。另外,根据中国对外缔结的国际条约的规定,《保护文学和艺术作品的伯尔尼公约》成员国的公民或者组织拥有的著作权和与著作权有关的权利也属于我国海关依法实施保护的范围。

中国海关对知识产权的保护可以划分为"依申请保护"和"依职权保护"两种模式:

依申请保护,是指知识产权权利人发现侵权嫌疑货物即将进出口时,根据《知识产权海关保护条例》第12条、第13条、第14条的规定向海关提出采取保护措施的申请,由海关对侵权嫌疑货物实施扣留的措施。由于海关对依申请扣留的侵权嫌疑货物不进行调查,知识产权权利人需要就有关侵权纠纷向人民法院起诉,所以依申请保护也被称作海关对知识产权的"被动保护"模式。未经许可,擅自使用他人未在海关总署备案的受中国法律和行政法规保护的知识产权,仍然属于侵权行为,应当承担法律责任。

依职权保护,是指海关在监管过程中发现进出口货物有侵犯在海关总署备案的知识产权的嫌疑时,根据《知识产权海关保护条例》第16条的规定,主动中止货物的通关程序并通知有关知识产权权利人,根据知识产权权利人的申请对侵权嫌疑货物实施扣留的措施。由于海关依职权扣留侵权嫌疑货物属于主动采取制止侵权货物进出口,而且海关还有权对货物的侵权状况进行调查和对有关当事人进行处罚,所以依职权保护也被称作海关对知识产权的"主动保护"模式。

二、知识产权边境保护的备案制度

知识产权海关保护备案是海关采取主动保护措施的前提条件。只有知识产权已经在海关总署备案的情况下,海关才将发现进出口侵权嫌疑货物的情况通知知识产权权利人。此外,海关仅有权对涉嫌侵犯在海关总署备案的知识产权的货物进行调查处理。

知识产权海关保护备案有助于海关发现和查处侵权货物。尽管知识产权权利人可以直接向侵权嫌疑货物进出境地海关申请扣留侵权嫌疑货物,而不需事先进行知识产权备案,但是通常知识产权权利人仅靠自己的努力发现即将进出口的侵权货物是很难的,海关对进出口货物的日常监管是目前发现侵权货物的主要途径。知识产权权利人向海关总署办理知识产权备案,不仅使海关可以启动主动保护程序,而且也使海关能够在对货物的日常监管过程中及时发现侵权嫌疑货物,并及时与权利人联系,办理确认、申请、担保、扣留等有关手续。

知识产权海关保护备案有利于减少侵权行为的发生。由于知识产权备案的信息是向社会开放的,知识产权权利人办理备案,可以对那些毫无顾忌地进出口侵权货物的企业产生警告和震慑作用,促使其进出口侵权货物的违法行为有所收敛。

可以进行备案的知识产权应当符合以下条件:第一,受中国法律保护。可以备案的知识产权首先应当受中国法律保护。有些出口货物使用的知识产权虽然在进口国受法律保护,但如果不受中国法律保护,不能在海关总署备案。第二,只限商标专用权、著作权和与著作权有关的权利、专利权。按照我国知识产权法律的相关规定,商标专用权必须经过商标管理部门注册、专利权必须经过专利管理部门授予,才能在我国有效并受法律、行政法规的保护。而著作权和与著作权有关的权利则无须注册或授予,自作品创作完成即享有权利,即自动获得保护。关于地理标志,其本身不属于商标专用权,我国《商标法》亦没有规定。虽然国家质量监督检验检疫总局以《地理标志产品保护规定》的形式在规章层面作出规定,但该规定不属于法律和行政法规,所以不属于海关知识产权保护的范围。

可以向海关总署申请办理知识产权海关保护备案的知识产权权利人,包括我国《商标法》规定的商标注册人、《专利法》规定的专利权人和《著作权法》规定的著作权人,以及与著作权有关的权利人。海关总署不受理知识产权被许可人以自己名义提出的备案申请,但是对被许可人作为代理人以知识产权权利人的名义申请备案的,海关总署予以受理。知识产权权利人办理知识产权海关保护备案,应当直接向海关总署提出申请,各口岸海关不受理备案申请。知识产权权利人向海关总署办理知识产权备案,应当缴纳备案费。知识产权权利人在备案有效期内申请备案续展或变更,不需另行缴费;申请人在备案失效后重新提出备案申请的,应按照规定的程序缴纳备案费。

海关总署应当自收到全部申请文件之日起 30 个工作日内作出是否准予备案的决定并书面通知知识产权权利人。备案应当自海关总署核准备案申请之日起生效。在知识产权有效的前提下,知识产权备案的有效期为 10 年。在知识产权有效的前提下,权利人可以在备案届满前 6 个月内,向海关总署申请续展备案。在知识产权有效的前提下,续展备案的有效期为 10 年。知识产权海关保护备案有效期届满而不申请续展的,知识产权备案随即失效。知识产权备案因未能及时申请续展而失效的,知识产权权利人仍然可以重新申请备案,但需要重新提交《备案申请书》和全部随附文件并缴纳备案费。

申请文件不齐全或者无效的、申请人不是知识产权权利人的、知识产权不再受法律、行政法规保护的,海关总署不予以备案。备案知识产权发生改变的,知识产权权利人应当自发生改变之日起 30 个工作日内向海关总署办理备案变更或者注销手续。但知识产权权利人不及时办理注销备案手续的,海关总署可以主动或者根据利害关系人的申请注销备案。海关发现知识产权权利人申请知识产权备案未如实提供有关情况或者文件的,海关总署可以撤销其备案。

三、知识产权边境申请的担保与反担保

所谓海关事务担保,是指与海关管理有关的当事人在向海关申请从事特定的经营业务或者办理特定的海关手续时,其本人或海关认可的第三人以向海关提交现金、实物或者保证函等财产、权利,保证在一定期限内履行其承诺的义务的法律行为。我国的海关事务担保制度是根据担保法律的一些基本原理,借鉴国外海关的先进经验而创新性地建立的海关事务法律制度,在公平合理与有效管理的基础上,将民事法律中的交易保障制度引入行政法律的行政管理和执法保障制度中。它既有利于简化海关手续、促进贸易效率和经济发展,又保障国家财政收入和本法及贸易法等的贯彻实施。

根据《海关法》第 66 条第 1 款的规定,在确定货物的商品归类、估价和提供有效报关单证或者办结其他海关手续前,收发货人要求放行货物的,海关应当在其提供与其依法应当履行的法律义务相适应的担保后放行。法律、行政法规规定可以免除担保的除外。这一规定从法律上建立了在确定货物的商品归类、估价和提供

有效报关单证或者办结其他海关手续前,进出口货物的收发货人可以申请在提供担保后要求放行货物的制度,即海关事务担保制度。它包括三层含义:一是进出口货物收发货人要求放行货物的,应当经海关同意并提供与其依法应当履行的法律义务相适应的担保;二是进出口货物收发货人按照法律规定向海关提供了与其依法应当履行的法律义务相适应的担保后,海关应当放行货物;三是法律、行政法规规定可以免除担保的情形,收发货人无须提供担保,同样可以要求放行货物。

担保人要具有履行海关事务担保的能力。担保人可以是法人、其他组织或者公民。法人是指具有民事权利能力和民事行为能力,依法独立享有民事权利和承担民事义务的组织。法律规定不得为担保人的除外。按照我国担保法等有关法律的规定,国家机关不得为担保人。国家机关之所以不得担任担保人,是因为它主要从事国家活动,其财产和经费来源于国家财政和地方财政的拨款,并主要用于符合其设立宗旨的公务活动。国家机关的财产和经费若用于清偿担保义务,不仅与其活动宗旨不符,而且也会影响其职能的正常发挥。学校、幼儿园、医院等以公益为目的的事业单位、社会团体不得为担保人。这类单位、团体的设立,具有增进社会公共利益的目的,其为海关事务提供担保,就有可能减损其用于公益目的的财产,无疑有违其设立的宗旨。企业法人的分支机构、职能部门不得为担保人。由于企业法人的分支机构和职能部门不具有法人资格,没有独立的财产,不能独立承担法律责任,因此,它不具备作为担保人的条件,没有代为偿付能力。以上这些法律规定对履行海关事务担保的担保人同样是适用的。

具有履行海关事务担保能力的担保人,可以提供的担保物种类包括:人民币、可自由兑换货币;汇票、本票、支票、债券、存单;银行或者非银行金融机构的保函;海关依法认可的其他财产、权利。

知识产权权利人请求海关扣留侵权嫌疑货物的,应当向海关提供不超过货物等值的担保,用于赔偿可能因申请不当给收货人、发货人造成的损失,以及支付货物由海关扣留后的仓储、保管和处置等费用;知识产权权利人直接向仓储商支付仓储、保管费用的,从担保中扣除。具体办法由海关总署制定。

知识产权权利人申请扣留侵权嫌疑货物,符合法律法规规定的情形,并提供担保的,海关应当扣留侵权嫌疑货物,书面通知知识产权权利人,并将海关扣留凭单送达收货人或者发货人。知识产权权利人申请扣留侵权嫌疑货物，不符合规定的情形，或者未按规定提供担保的，海关应当驳回申请，并书面通知知识产权权利人。

海关发现进出口货物有侵犯备案知识产权嫌疑的，应当立即书面通知知识产权权利人。知识产权权利人自通知送达之日起 3 个工作日内提出申请，并提供担保的，海关应当扣留侵权嫌疑货物，书面通知知识产权权利人，并将海关扣留凭单送达收货人或者发货人。知识产权权利人逾期未提出申请或者未提供担保的，海关不得扣留货物。

经海关同意，知识产权权利人和收货人或者发货人可以查看有关货物。收货人或者发货人认为其货物未侵犯知识产权权利人的知识产权的，应当向海关提出书面说明并附送相关证据。

涉嫌侵犯专利权货物的收货人或者发货人认为其进出口货物未侵犯专利权的，可以在向海关提供货物等值的担保金后，请求海关放行其货物。知识产权权利人未能在合理期限内向人民法院起诉的，海关应当退还担保金。被扣留的侵权嫌疑货物，经海关调查后认定侵犯知识产权的，由海关予以没收。海关没收侵犯知识产权的货物后，应当将侵犯知识产权货物的有关情况书面通知知识产权权利人。被没收的侵犯知识产权货物可以用于社会公益事业的，海关应当转交给有关公益机构用于社会公益事业；知识产权权利人有收购意愿的，海关可以有偿转让给知识产权权利人。被没收的侵犯知识产权货物无法用于社会公益事业且知识产权权利人无收购意愿的，海关可以在消除侵权特征后依法拍卖；侵权特征无法消除的，海关应当予以销毁。

【案例裁决/法律文书摘录】

一、佛山某公司诉广州海关商标侵权处罚案

2004 年 12 月 20 日，佛山某贸易有限公司（以下简称佛山公司），委托佛山市口岸报关有限公司以一般贸易方式向广州海关下辖的佛山海关驻禅城办事处申报出口机动车用卤钨灯 145750 只。经查验，海关发现该批货物附有 HENKEL 标识。因该商标已由深圳市恩同实业有限公司（以下简称恩同公司）在海关总署办理知识产权备

案,故海关要求佛山公司提供合法使用该商标的证明文件,但佛山公司不能提供相关证明。随后,广州海关对佛山公司出口涉嫌侵犯恩同公司 HENKEL 商标专用权的货物一案进行立案调查,并扣留了 145750 只附有 HENKEL 商标的机动车用卤钨灯。

在案件调查期间,佛山公司提出,附有 HENKEL 商标的机动车用卤钨灯系其接受外国客商阿联酋某贸易有限公司(以下简称阿联酋公司)订单生产及出口。阿联酋公司已在阿联酋注册 HENKEL 商标,系 HENKEL 商标在阿联酋的合法持有人。佛山公司出口使用 HENKEL 商标货物已获阿联酋公司的授权。与此同时,阿联酋公司还通过佛山公司提交了其注册商标的证明。因此,佛山公司认为,其出口货物未侵犯恩同公司在海关总署备案的 HENKEL 商标专用权。

经调查,广州海关认为:权利人依一国法律取得的知识产权,其效力仅限于该国的范围内。不同主体就同一商标在不同的国家享有的商标权彼此相互独立,互不影响,故阿联酋公司在阿联酋取得的商标权在我国不具有法律效力。佛山公司不能以其出口货物使用商标系经阿联酋公司依其在阿联酋取得的商标授权为由进行抗辩。据此,广州海关向佛山公司送达《行政处罚告知单》,拟对佛山公司作出没收侵权货物并处罚款人民币 2 万元的行政处罚。佛山公司提出举行行政听证的请求。广州海关举行行政处罚听证,恩同公司作为第三人参加。经听证后,复核部门认为原处罚决定事实清楚,证据确凿,适用法律依据正确,程序合法,内容适当。2005 年 3 月 30 日,广州海关向佛山公司送达《行政处罚决定书》,没收侵权货物并处罚人民币 2 万元。公司不服海关的处罚决定,于 2005 年 7 月 13 日以广州海关为被告起诉至广州市中级人民法院。本案先后经过一审、二审,最终以广州海关胜诉结案。

二、某公司出口电脑主机箱被诉专利侵权案

原告深圳某电子公司的主要业务是电子产品的购销以及电子科技开发,并于 2005 年获得了多项电脑主机箱的外观设计专利。2006 年 9 月 1 日,原告向某海关提交扣留侵权嫌疑货物申请书,称被告东莞某电脑公司和某电脑设备公司有一批侵犯其外观设计专利权的电脑机箱即将出口。该海关根据其提供的资料采取布控措施,于 2006 年 9 月 7 日将被告申报出口的 1203 个电脑机箱予以扣留,同时原告

向海关提供了与货物等值的担保金,被告东莞某电脑公司和某电脑设备公司也提供了等值反担保。根据《中华人民共和国知识产权海关保护条例》第 19 条的规定,海关在封存有关货物样品后将其余货物放行,双方当事人的侵权纠纷由其自行通过民事途径解决。

2006 年 9 月 19 日,原告以被告出口货物侵犯其外观设计专利权为由向东莞市中级人民法院提起民事诉讼,请求判令被告:停止侵权行为,销毁制造侵权产品的模具及侵权产品和半成品;赔偿经济损失;承担诉讼费用。

被告认为:第一,原告的外观设计专利权处于无效程序审查中;第二,原告主张被侵权的专利权与某电脑设备公司的专利类似。同时被告提交购销合同等证据证明其出口货物有合法来源。

东莞市中级人民法院经审理认为:原告是某外观设计专利的专利权人,其专利人处于有效法律状态,依法应当受到保护。被告所生产和销售出口的电脑机箱系根据原告外观设计专利所附图片进行生产,被控侵权的电脑机箱落入原告的外观设计专利的保护范围。据此,被告未经原告许可,以生产经营为目的制造侵犯原告专利权的产品,依法应当承担停止侵权、赔偿经济损失的民事责任。东莞市中级人民法院作出如下判决:被告在本判决发生效力之日起立即停止制造、销售侵犯原告外观设计专利权的行为;被告立即销毁侵犯原告专利权的电脑机箱成品、半成品及模具;自本判决发生效力之日起 10 日内赔偿原告经济损失人民币 20 万元。

宣判后,双方当事人均未上诉。判决发生效力后,被告自动履行了判决。

【延伸阅读】

1.韩立余:《美国对外贸易中的知识产权保护》,知识产权出版社 2006 年版。

2.孙南申等著:《美国知识产权法律制度研究》,法律出版社 2012 年版。

3.张旗坤等著:《欧盟对外贸易中的知识产权保护》,知识产权出版社 2006 年版。

4.朱秋浣:《知识产权边境保护制度理论与务实》,上海财经大学出版社 2006 年版。

5.王秋华:《对我国适用边境保护措施涉及专利权问题的思考》,载《科技与法律》2003 年第 1 期。

　　6.贾小宁等著:《知识产权海关保护》,中国海关出版社 2005 年版。

　　7.刘春田:《知识产权法》,中国人民大学出版社 2000 年版。

　　8.王先林:《知识产权滥用及其法律规制》,载《法学》2004 年第 3 期。

第四章
关税法律制度

【内容摘要】征收关税是海关的一项重要职能,也是办理进出境海关手续的重要一环。本章根据海关法律法规对关税的基本理论和基本的关税制度的内容作概括性介绍,同时"以案说法",通过剖析评点案例,阐述案件所涉海关法律法规的有关规定,包括关税的概念及种类,关税的征收、减免、退补等方面的制度性规定;在确定税款征收过程中的税则归类、原产地规则、商品估价、关税税款额计算等具体规则。有关关税制度中纳税争议解决的申诉、复议程序的规定将另在其他章节进行阐述。

第一节 关税法概念

●　●　●

一、关税概念

关税,是由一国政府设置的海关根据国家公布的关税条例、海关税则等法律法规对进出境或关境的货物和物品征收的一种流转税。在我国,关税是我国税收体系中的一个独立的税种,也是我国涉外税收的组成部分。

　　随着经济全球化的纵深发展,货物和物品的跨国流动日趋频繁,关税自然而然地成为世界各国首要的协调对象。有鉴于此,WTO 在全球范围内展开了多轮关税减让谈判,成为在世界范围内统一和协调关税制度的急先锋。关税制度的国际协调使得各国的关税制度呈现趋同化。[①]

　　(一)关税特征

　　关税作为国家税收的一个类别,既具有税收的一般特征:强制性、固定性、无偿性;又有其自身的特点:关税征收对象的特定性、关税的涉外性和关税的主权性。

　　强制性是指国家凭借其政治权力,以法律形式加以规定,要求纳税人按照规定数额和期限缴纳税款,否则,将承担相应的法律责任。

　　固定性是指征税的数额一般是按照国家预先规定的标准计征。税率、税额相对固定,非依法律,不得随意变更。

　　无偿性是指国家不付给纳税人任何代价,征收的税款缴入国库,作为国家的财政收入。

　　特定性是指关税是专门针对进出境的货物、物品征收的。关税是专门针对货物和物品征收的,而且是货物、物品在特定的进出境环境下征收的,其征收对象具有特定性。

　　关税的涉外性特征表现为两方面:一方面,关税的纳税义务人有一部分为外国人(包括外国法人、外国自然人);另一方面,关税的征税标的为进出境的货物、物品。

　　关税的主权性是指关税是对进出境货物征收的,关税收入是国家财政的重要组成部分,因而,一个国家的关税自主权是否掌握在本国政府手中,是国家主权丧失与否的重要标志。

　　(二)关税法律关系

　　海关代表国家征税与纳税人纳税在形式上表现为利益分配关系,但通过法律明确规定双方的权利与义务后,这种关系实质上已经上升为一种特定的法律关系,即关税法律关系。

---

① 　何力、周阳:《海关国际商务法教程》,中国海关出版社 2010 年版。

关于关税法律关系的性质。在税法的发展史上,对于税收法律关系究竟是权力关系还是债权债务关系曾经存在尖锐的争论。权力关系说是以德国行政法学家奥托·梅耶为中心的传统学说。该学说把税收法律关系理解为国民对国家课税权的服从关系。债务关系说是以 1919 年《德国租说通则》的制定为契机,根据德国法学家阿尔伯特·亨泽尔的主张所形成的学说。这一学说把税收法律关系定性为国家对纳税人请求履行税收债务的关系,国家和纳税人之间的关系乃是法律上的债权人和债务人之间的对应关系,因此,税收法律关系是一种公法上的债务关系。[①]

关税法律关系,是指由海关法确认和保护的在海关与纳税人之间基于税收法律事实而形成的权利义务关系。关税法律关系同样包括主体、客体和内容,其中关税法律关系的主体一方只能是海关,关税法律关系的主体的权利义务关系具有不对等性,包括海关的权利和义务以及纳税人的权利和义务。

1. 海关的权利和义务

在关税法律关系中,海关代表国家,依法享有关税征收权。

(1)海关的职权

海关的职权包括估价权、税则归类权、原产地认定权、征收税款和滞纳金权、减免关税和缓税的核准权、关税的稽查和补税追征权、保全税收措施权、关税强制执行权。

(2)海关的义务

海关的义务包括依法征收关税、对多征的税款负有及时退还、纳税争议的复议、及时解除税收保全措施、税款及时入库的义务。

2. 纳税人的权利和义务

(1)纳税人的权利

纳税人的权利包括依法申请减免关税和缓税、对海关多征的税款有权请求退款、申请复议和诉诸司法保护的权利。

(2)纳税人的义务

纳税人的义务包括如实申报的、在法定期限内足额缴纳税款、超过法定纳税期

---

① 邵铁民、陈晖主编:《海关法学》,中国海关出版社 2010 年版。

限后缴纳滞纳金的义务。

（三）关税种类

关税可以根据不同标准做出不同的分类。

1.以关税征收的对象划分,关税可分为进口税、出口税、过境税。

进口税是海关针对进口货物、物品所征收的关税,是关税中最主要的一种。

出口税是海关对出口货物、物品所征收的关税。各国根据不同的国情,对是否征收出口税有不同的规定。目前,我国只对少量出口货物征收出口税。

过境税是海关对外国通过本国境内运往另一国的货物所征收的一种关税。目前,绝大多数国家并不征收过境税。

2.以关税征收的标准划分,关税可分为从价税、从量税、复合税和选择税。

从价税是以货物的价格作为征税标准的关税。

从量税是以货物的计量单位作为征税标准的关税。

复合税是结合从价税和从量税征收的关税。

选择税是指同时确定两种计税标准,或从价,或从量,由海关根据有关规定选择计征标准的关税。

3.以征税性质分,关税可分为普通关税、优惠关税和差别关税

普通关税,又称一般关税,是对本国没有签署贸易或经济互惠等友好协定的国家原产的货物征收的非优惠性关税。

优惠关税是指对他国输入产品的全部或一部分以低于普通关税税率的标准课征的关税,以示友好,并以此促进国与国之间的经济、贸易往来。优惠税率主要有以下几种类型:

（1）互惠关税,是两国相互间在关税方面给予对方优惠税率的一种协定关税。

（2）特惠税,是对特定的从某个国家或地区进口的全部或部分商品给予的特别优惠的低关税或免税待遇,仅适用于有特殊关系的国家。

（3）最惠国待遇,是指WTO的成员方中,一缔约方对进口或出口其他国家的货物所给予的利益、优惠、特权或豁免,应当无条件地立即给予进口或出口所有缔约国的相同货物。

（4）普遍优惠制,是指经济发达国家承诺的对从发展中国家或地区出口的货物

普遍给予关税优惠的一种待遇。普惠制有三个原则：即普遍、非歧视和非互惠。

差别关税，即对同一种进口商品，由于输出国家或生产国家不同，或输入情况不同，而适用不同的税率征收关税。一些国家甚至以各种名义对原产于他国的产品征收歧视性关税或给予歧视性差别待遇。广义的差别关税大体上可分为两类：一类是税率高于一般正常税率的加重关税，也称歧视性关税；另一类是税率低于一般最惠国待遇的关税税率的差别关税，一般称为优惠关税。一般意义上的差别关税指的是歧视性关税，主要可分为反倾销税、反补贴税和报复关税。

我国海关除征收关税外，根据有关法规的规定，还负有征收进口环节国内流转税的责任。国内流转税是以国内的商品、财产或行为为征税对象的一种税赋。进口货物在办理了海关手续实际进口以后，就与其他的国内商品一样，应当依法纳税。为了简化手续、严密监管，进口货物的国内流转税规定由海关征收。

二、关税法

关税法是税法的一个分支，是指调整关税关系的法律规范的总称。

关税法虽然具有涉外性，但是从其法律性质来看应属于国内法。不过在WTO成立后，关税法的国际性法律规范的比例以及国际性法律对各国国内税法的规制的约束力都有很大的加强。这样，国际上出现了一个新的法律分支——国际关税法。各国的关税法自身由于与国际关税法的联系也已经不是纯粹的国内法，而与国际关税法之间形成了互相包含、相辅相成的关系。

从国际关税条约或协定同国内关税法的关系看，一方面，国际关税条约或协定的内容必然最终会在一国的国内关税法中体现出来，并依据国内关税法的规定得以实施；另一方面，一国在制定或修改本国的国内关税法时，也必然会考虑到本国缔结或参加的国际关税条约或协定，创造本国关税法治与国际关税法治相衔接的"轨道"，从而使本国的关税法律制度不可避免地带有"国际性"的特点。①

关税法是成文法、制定法，而非习惯法、判例法；是义务性规范、强制性规范；具有很强的政策性、技术性、综合性。

---

① 何力、周阳：《海关国际商务法教程》，中国海关出版社2010年版。

我国关税法律体系从立法层面上可以分为法律、法规、部门规章、司法解释、国际条约等。如《海关法》《关税条例》《海关进出口税则》以及海关总署和有关部门制定的有关关税征收的法律、法规和规章。

关税法律制度的基本内容有:关税的征收、关税的优惠、关税的退补以及纳税争议解决等。

【案例裁决/法律文书摘录】

一、加工贸易保税料件损毁灭失案

[基本案情]2003 年 10 月 15 日,A 公司以加工贸易方式进口了一批用于生产儿童服装的保税布料,货物办结通关手续后,A 公司因暂时无场地存放该批保税料件,在报请某海关同意后,将货物交与某海关指定的经营海关监管货物仓储业务的 B 企业暂时保管,B 企业将进口布料存放于其下属的一家仓库。

2003 年 10 月 18 日晚,存放 A 公司上述货物的仓库发生火灾,包括保税布料在内的仓储货物全部被烧毁。事后查明,火灾的起因是仓库照明线路电线老化,因超负荷用电导致电线短路而引起的,B 企业向某海关报告了有关情况。

B 企业认为,保税进口料件的国内收货人是 A 公司,A 公司作为经营单位应该承担该批货物的补缴税款的义务;仓库发生火灾纯属意外,该企业事先无法预料,火灾应视为因不可抗力引发的意外事件,该企业无须承担行政与民事方面的法律责任。

[分析]根据《海关法》第 54 条的规定,A 公司是该批保税布料的收货人,自然就是关税的纳税义务人。但是,由于 A 公司因暂时无场地存放该批保税料件,在报请某海关同意后,将货物交与某海关指定的经营海关监管货物仓储业务的 B 企业暂时保管,所以,B 企业就成为该批保税布料的保管人。

又据《海关法》第 38 条的规定,如果火灾不属于不可抗力的话,那 B 企业作为该批被烧毁的保税布料的保管人应当承担缴纳税款的责任。那么,火灾究竟是不是"不可抗力"的一种情形呢?

根据《民法通则》《国际商事合同通则》等法律规定,不可抗力是指不能预见、不

能避免并不能克服的客观情况,包括自然现象和社会现象。不可抗力需同时具备四个条件:

1.非该方当事人所能控制的障碍所致;

2.无法合理地预见;

3.无法合理地避免;

4.无法克服该障碍及影响。

由此可见,本案中造成该批保税布料灭失的火灾,B企业通过加强安全管理,及时消除安全隐患是完全可以避免的,自然也就不属于不可抗力的情形。

但是,有人仍然提出疑问,即使仓库起火事件不构成不可抗力,B企业也只应承担由此产生的对A公司的民事赔偿责任,法律为什么要规定由B企业来承担缴纳税款的义务呢?这是因为,A公司进口的该批保税布料属于海关监管货物。

海关监管货物是尚未办结海关手续的货物,货物未缴纳关税与其他税费,属于国家限制进口的货物,只要在海关监管期限内,任何时候都应当有人对国家承担货物脱离海关监管后的缴纳税款和交验许可证件的义务。海关监管货物总是在某一特定人,包括收货人、承运人、仓储保管人的保管与实际控制之下,海关监管货物的实际控制人不仅对货物本身负有妥善保管的民事责任,同时还要确保货物始终处于海关的监管之下,以及承担货物一旦损毁或者灭失后需缴纳税款和交验许可证件的义务。

在本案中,如果海关监管始终在收货人A公司的控制之下,收货人应承担上述义务。但是,收货人将货物交付给受海关监管的仓储企业B企业保管,则货物处于B企业的实际控制之下,A公司无法预见,也无法防止货物损毁或者灭失情况的发生,B企业此时应对收货人承担保管义务,因非因不可抗力所造成的海关监管货物的损毁或者灭失应对国家履行缴纳税款与提交许可证件的义务。

二、货物申报价格不实案

[基本案情]2005年3月20日,某集团进出口公司与日本富士通公司签订购销合同,决定从日方购进富士通电子内窥镜及其附件,合同总价为CIF1378.2万日元,同年4月5日,该公司委托货运报关有限公司以一般贸易方式向海关申报进

口。报关公司采用电子数据报关单的形式办理海关申报手续,申报价格为 635.35 万日元。海关审单中心在对电子数据进行审查的过程中,发现货物申报价格与相关参考价格相比严重偏低,经调阅报关单随附单证,证实低保价格为 742.85 万日元,由此偷逃关税与增值税共计人民币 128736.66 元。

[分析]申报是指进出口货物的收发货人、受委托的报关企业,依照《海关法》以及有关法律、行政法规和规章的要求,在规定的时间、地点,采用电子数据报关单和纸质报关单形式,向海关报告实际进出口货物的情况,并接受海关审核的行为。

根据《海关法》第 25 条的规定,电子数据报关单与纸质报关单具有相同的权利与义务,从而使进出口货物的海关申报法定方式,由原来的单一纸质申报,发展成现在的既包括纸质申报又包括电子数据申报两种方式。

《海关法》第 26 条的规定则进一步明确了申报行为——包括纸质申报行为与电子申报行为的法律效力。申报,是对通关过程的正式启动,是将进出境货物自觉纳入海关监管的一种法律行为,这种申报行为一旦被海关接受,海关便据此开始各项通关业务,如判别货物进出是否合法、税率适用是否准确、单货是否相符、统计是否正确、货物能否放行等。因此,无论是纸质申报还是电子数据申报,申报的准确与否,在很大程度上反映了申报人遵守海关法律法规的主观心态,关系到海关业务能否正常进行。从维护法律尊严,促使申报人如实申报、保障通关作业的顺利进行方面考虑,《海关法》第 24 条的规定将如实申报提升为收发货人及其委托代理人的一项必须履行的法律义务。在海关接受申报后,确非正当理由,申报人不仅不能修改或撤单,还要承担由此而产生的法律责任。

不如实申报应当承担的法律责任可以分成以下两种情况:

1. 申报不实导致逃避海关监管或者偷逃应纳税款,定性为走私行为;

2. 申报不实而违反海关监管规定的行为,不属于走私行为,而是违反海关监管规定的行为。

在本案中,报关公司采用的申报方式为电子数据申报,其申报行为具有完全的法律效力,报关公司应当对其申报内容的真实性承担责任。由于货物价格申报不实,报关公司的行为已经直接违反了法律规定,背离了其必须履行的法律义务。经过调查,海关决定对该报关公司处以罚款 2 万元人民币。

【延伸阅读】

1.邵铁民、陈晖主编:《海关法学》,中国海关出版社 2010 年版。

2.何力、周阳:《海关国际商务法教程》,中国海关出版社 2010 年版。

第二节　商品归类及标准

●　●　●

一、商品归类的法律依据

商品归类是海关正确执行国家关税政策、贸易管制措施和准确编制海关进出口统计的基础和保障,它与海关估价、原产地规则并称为海关征税的三大要素。海关对商品归类的特殊标准和方法,习惯上称为海关税则归类,或简称税则归类。

目前,我国海关的商品归类是在《商品名称及编码协调制度》(简称《协调制度》或 HS)商品分类目录体系下,以《进出口税则》为基础,按照《进出口税则商品及品目注释》《进出口税则本国子目注释》以及海关总署发布的有关商品归类的规定,包括总署文件、归类问答书、预归类决定、归类技术委员会决议及总署转发的 WCO 归类决定等进行归类。

根据《海关法》《进出口关税条例》和其他规定,我国进出口商品归类的法律依据包括:

1.《海关进出口税则》中的归类总规则、类注、章注、子目注释,以及品目条文、子目条文;

2.《海关进出口税则——统计目录商品及品目注释》;

3.《海关进出口税则——统计目录本国子目注释》;

4.《海关进出口商品归类管理规定》

二、商品归类规则

1.收发货人或者其代理人对申报货物进行商品归类。收发货人或者其代理人应当按照法律、行政法规规定及海关要求,如实、准确地申报其进出口货物的商品名称、规格型号等,并且对其申报的进出口货物进行商品归类,确定相应的商品编码。

2.海关应当依法对收发货人或者其代理人申报的进出口货物商品归类进行审核。

3.商品归类应当按照收发货人或者其代理人向海关申报时货物的实际状态确定。以提前申报方式进出口的货物,商品归类应当按照货物运抵海关监管场所时的实际状态确定。法律、行政法规和海关总署规章另有规定的,按照有关规定办理。

4.海关经核定认为收发货人或者其代理人申报的商品编码不正确的,可以根据《海关进出口货物征税管理办法》的有关规定,按照商品归类的有关规则和规定予以重新确定。

5.收发货人或者其代理人可以提供担保,申请先行放行货物。在海关对货物的商品归类审核完毕前,收发货人或者其代理人要求放行货物的,应当按照海关事务担保的有关规定提供担保;但法律、行政法规规定不得担保的,海关不得办理担保放行。

6.收发货人或者其代理人向海关提供的资料涉及商业秘密,要求海关予以保密的,应当事前向海关提出书面申请,并且具体列明需要保密的内容,海关应当依法为其保密;但收发货人或者其代理人不得以商业秘密为理由拒绝向海关提供有关资料。

三、预归类制度

由于商品归类工作的技术性强,并涉及化验等诸多环节,需要一定的时间才能得出结论,因此,完全通过在通关环节进行商品归类已不能完全适应需要,WCO强烈推荐成员海关建立预归类制度。为加速货物通关,提高归类的准确性,便利报关人办理海关手续,我国海关对进出口商品实行预归类制度。

商品预归类,是指一般贸易的货物在实际进出口前,申请人以海关规定的书面形式向海关提出申请并提供商品归类所需要的资料,必要时提供样品,海关依法做出商品归类决定的行为。

可以申请预归类的主体必须是在海关注册登记的进出口货物经营单位,时间是在货物实际进出口的 45 天前,主管海关是直属海关。

直属海关经审核,认为申请预归类的商品归类事项属于《进出口税则》《进出口税则商品及品目注释》《进出口税则本国子目注释》及海关总署发布的关于商品归类的行政裁定、商品归类决定有明确规定的,应当在接受申请之日起 15 个工作日内制发《中华人民共和国海关商品预归类决定书》并且告知申请人。预归类决定书在直属海关所辖关区内具有法律效力,申请人在关内进出口预归类决定书所述商品时,应当主动向海关提交预归类决定书。

预归类制度对货主和海关双方具有双向约束,即申请人要保证实际进口时的货物必须与其向海关申请预归类时的货物完全一致,否则原预归类决定书无效;只要预归类决定书持有人所实际进口的货物与该决定书所描述的商品完全一致,海关就必须执行决定书的归类决定,允许货物走绿色通道通关,不得随意改变归类或做第二次归类。

四、《商品名称及编码协调制度》与中国

1983 年 6 月,海关合作理事会第 61/62 届会议通过了《商品名称及编码协调制度的国际公约》及其附件《协调制度》。《商品名称及编码协调制度的国际公约》及其附件《协调制度》于 1988 年 1 月 1 日正式实施,我国于 1992 年 6 月加入了该公约。

(一)《协调制度》在中国的运用

我国现行的《海关进出口税则》和《海关统计商品目录》是以《协调制度》为基础的。《协调制度》必须适应新条件而不断更新,公约首先特别强调《协调制度》必须不断更新原则,特别是应考虑用户的需要、技术的发展和国际贸易方式的变化。

《海关进出口税则》是由税目和税率两个部分构成的,其中税目部分包括税则

号列和商品名称。税率部分列出了普通税率、最惠国税率等多栏税率,此外还包括各种注释和归类总规则。为适应统计需要,《海关进出口税则》中的税率栏改换为计量单位栏,税则号列改称商品编码栏。根据《商品名称及编码协调制度的国际公约》的规定,《海关进出口税则》和《海关统计商品目录》的第1类至第21类、第1章至第97章及税目、子目的前六位数编码及税目条文、子目条文所包含的商品范围与《协调制度》完全一致。

为使我国的进出口税则和统计目录在转化为 HS 目录后能保证关税政策的一致性、统计数据的连续性,根据中国进出口商品的结构、特点和国际贸易格局的变化,为有利于贯彻国家的产业政策、外贸政策,根据国务院批准的税目、税率转换原则,中国海关在 1992 年版 HS 目录六位数编码、5019 个商品名目的基础上,增列第七位和第八位子目,加列了 1832 个七位数级子目和 282 个八位数级子目。总之,我国现行的关税及进出口环节税(消费税和增值税)的征收、原产地管理、检验检疫、军控和环保管理,以及我国实施的各类非关税措施,均离不开《协调制度》技术的应用。

(二)《协调制度》对中国的意义

《协调制度》的运用不仅在我国商务等领域的发展具有积极的促进作用,还确保了我国税收政策和贸易管理政策的有效实施,促进了口岸管理的规范统一,便利了企业的进出口贸易活动。

正确、统一地实施《协调制度》是便利国际贸易和投资,促进遵守财贸秩序和法律的有效措施。商品归类工作必须具有客观性、预知性和系统性,才能保证商界群体自愿遵守,从而减少因归类的差错所造成的税收流失、归类争议及通关的延滞。为达到上述目标,我们必须保证商品归类制度规范的透明,具备一大批具有相关知识的归类技术人员,以及具有明确有效的归类实施的组织健全的体系。

【案例裁决/法律文书摘录】

一、某商业集团不服海关归类行政诉讼案

[基本案情]某贸易公司委托某市商业集团公司代理进口 50 个旧轮胎式起重

机驾驶室壳,该订单首批 16 个旧轮胎式起重机驾驶室壳于 2003 年 6 月 25 日运抵某海关监管码头。7 月 1 日,商业集团以一般贸易方式向海关申报进口,申报税号 84314990。海关在要求进口单位对所申报货物归类的依据提供更详细的资料后,将该批货物归入税号 87079090,并于 8 月 15 日告知商业集团。同日,商业集团向海关递交《关于申请货物退运的报告》,申请将该 16 个旧轮胎式起重机驾驶室壳退运。8 月 22 日,商业集团前来海关办理该批货物退运出口报关手续。当日下午,海关接到法院电话通知,贸易公司作为原告已向法院提起不服海关归类行为的行政诉讼。海关作为被告向法院提出证据保全申请,8 月 22 日暂没办结货物的退运出口手续。8 月 29 日,原告以自身证据不足以证明其诉讼请求为由,向法院申请撤诉。法院于同日作出准予撤诉的裁定。9 月 4 日,该批货物退运出境。11 月 24 日,原告以被告归类行为违法而拖延原告通关时间和违法扣押退港货物而扩大原告损失为由,向某市中级人民法院提起行政诉讼和附带行政赔偿诉讼。

2004 年 6 月,某市中级人民法院分别作出行政判决书和行政赔偿判决书,以"原告以同一事实和理由重新起诉"和"原告认为海关扣押其退港货物并请求赔偿缺乏事实和法律依据"为由,判决驳回原告的诉讼请求。原告不服一审判决,上诉至某省高级人民法院,8 月 31 日,某省高级人民法院作出终审判决,判决驳回上诉,维持原判。

[分析]本案是一起对海关归类决定不服引起的争议。但对本案例的分析和讨论我们不从归类行为的合法性及诉讼胜负方面进行思考,而是从诉由切入,对与海关归类问题相关的海关行政裁定制度问题展开讨论。

该起争议的原告起诉的主要原因在于,当事人在明确得知海关归类的决定后,向海关申请将进口货物退运出境,原告从 2003 年 6 月 25 日将进口货物运抵海关监管码头,到 7 月 1 日货物进口申报,直至 8 月 15 日海关正式告知当事人归类决定,这其中经历了多次验估核查,通关部门、关税部门和现场海关之间反复联系沟通,最终确定货物的归类,直至 9 月 4 日,该批货物才退运出境,历时 72 天。从通关和企业利益的角度来考虑,该企业在这一单进出境贸易中未获利益,反而因进境和退运使企业利益受损。

商品归类是海关贯彻国家进出口贸易管制政策、依法监督和管理进出境活动中非常核心和重要的工作之一,商品归类的准确性和企业的利益也息息相关。我们假设本案中的当事人在实际进出口之前,向海关申请行政裁定,清楚地知道其拟进口商品的商品归类后,即可根据实际情况作出不予实际进口的决定,就不会发生本案中货物已到港再作出退运决定而造成的实际经济损失。

二、正德公司不服海关对海关归类申报不实处罚案

[基本案情]2008 年 5 月 22 日,中山市正德商业有限公司(以下简称“正德公司”)以一般贸易向佛山海关驻顺德办事处(以下简称“顺德办”)申报出口“转椅座脚用塑料轮”一批,申报商品编码 94019090(出口退税率为 11%),海关对归类进行实质性审查后发现实际商品编码(税则号列)为 83022000(出口退税率为 5%)。正德公司涉嫌申报不实,影响出口退税管理。2008 年 9 月 22 日,顺德办将此案移交顺德海关缉私分局,同日,顺德海关缉私分局立案调查。

经调查,正德公司于 2007 年 10 月至 2008 年 5 月期间代理中山市越强五金塑胶厂向海关申报出口“转椅座脚用塑料轮”共 29 票,申报商品编码(税则号列)均 94019090。据该公司解释,该公司第一次出口申报的是商品编码(税则号列),这是根据当时黄埔海关下属的老港海关综合统计科给关区报关企业培训资料中关于具体商品归类的建议确定的。94019090 项下商品为“其他坐具及其零件”;83022000 项下商品为“用贱金属做支架的小脚轮”,其特征是直径不超过 75 毫米,或直径超过 75 毫米,但所装轮或胎的宽度必须小于 30 毫米。正德公司所申报出口的 29 票货物直径为 50 毫米或 60 毫米,经海关认定是“带贱金属支架的塑料脚轮”,根据归类总规则应归入商品编码(税则号列)83022000 项下,正德公司对海关归类意见并无异议。

上述 29 票“转椅座脚用塑料轮”申报价格共为 604663.91 美元,按照 11% 的出口退税率可向税务部门申请获得退税款约人民币 46.59 万元,可多退税款约人民币 25.41 万元,涉及影响出口退税管理。

佛山海关根据《行政处罚法》第 27 条、《海关处罚条例》第 15 条第(五)项之规定,决定对当事人减轻行政处罚:科处罚款人民币 10000 元,并将有关情况向国税部门通报。

申请人正德公司不服佛山海关 2010 年 5 月 18 日作出的佛关缉违字〔2010〕030054 号行政处罚决定,于 2010 年 6 月 24 日向广州海关申请复议。根据《行政复议法》17 条第 2 款的规定,广州海关予以受理。

申请人称:一、佛关缉违字〔2010〕030054 号行政处罚决定书错误地认定申请人未如实向佛山海关申报;申请人申报的商品编号符合老港海关建议使用编号;申请人已尽到如实申报义务;佛山海关也进行了严格审查,每次都签名确认出货,如果还出现差错,应属佛山海关行政不作为。二、申请人认为在当时的政策下所申报的商品编码没有错误,即使商品编号错误,也属于佛山海关的责任和过错,与申请人无关。三、如果佛山海关的处罚造成申请人向中山国税返还已退税款,申请人要求佛山海关进行行政赔偿。四、佛山海关处罚使用的法律和程序错误。综上,申请人请求撤销佛关缉违字〔2010〕030054 号行政处罚决定书,并责令被申请人及时将《行政处罚决定书》及相关发函从中山市国税局撤回。

被申请人答复称:一、申请人并未按其所出口货物的品名、规格、用途等特征来准确归类,导致申报不实,影响出口退税管理,并未尽到如实申报义务。二、企业可依法向海关申请预归类,以确保申报内容准确无误。海关对进出口货物有审单查验的权力并不能免除企业如实申报的义务。三、申请人正德公司应当为其申报不实的行为承担相应的法律责任。四、正德公司向海关申报的商品编号与实际税号不符客观上已构成违反出口退税管理的违规行为。五、处罚决定文书送达生效后,我关依照规定将本案的处理结果函告国税部门并未影响申请人的救济权利。综上,被申请人请求复议机关维持其所做行政处罚决定。

广州海关经复议认为:一、申请人涉案的 29 票申报出口货物均为直径不超过 75 毫米的"带贱金属支架的塑料脚轮",依法应当归入商品编码(税则号列)83022000,商品编码(税则号列)94019090 与 83022000 所涉货物界限清晰,规定明确。二、申请人提交的"老港海关综合统计科培训报关人员资料"中的 9401 项下"椅脚轮(塑料制)"与申请人申报出口的货物并非同一种货物。三、被申请人根据口岸通关和出口货物的申报情况,仅对申请人 2007 年 10 月至 2008 年 5 月出口货物的申报内容在通关环节进行了程序性审核。2008 年 5 月 8 日,被申请人曾就涉案货物进行过查验,但此查验明确仅针对品名规格、数量等申报内容进行核对,未涉及商品归类。2008 年 5 月 22 日，被申请人对出口货物进行查验时明确对归类进行了查验，发现申请人申报不实。随后，被申请人对申请人申报的相同货物进行了调查。被申请人上述行为符合《海关进出口货物征税管理办法》第八条的规定。四、根据《关税条例》，纳税义务人对其申报的进出口货物有正确归类的义务。申请人申报出口商品编码（税则号列）与实际不一致，已构成违规行为。

综上，广州海关认为被申请人佛山海关作出的行政处罚决定事实清楚，证据确凿，使用依据正确，程序合法，内容适当。根据《行政复议法》第 28 条第 1 款第（一）项之规定，决定维持被申请人作出的佛关缉违字[2010]030054 号行政处罚决定。

[分析]

一、申请人是否具有正确申报归类的法律义务问题

正确申报归类不仅仅是一项技术性工作，更直接关系到关税税率的适用和国家贸易管制政策的正确实施。《海关进出口货物商品归类管理规定》第 6 条规定："收发货人或者其代理人应当按照法律、行政法规规定以及海关要求如实、准确申报其进出口货物的商品名称、规格型号等，并且对其申报的进出口货物进行商品归类，确定相应的商品编码。"《海关处罚条例》进一步规定了税则号列申报不实的，构成违规，应给予行政处罚。《海关法》规定了预归类制度，企业在对商品归类有疑问的情况下，可通过申请预归类等方式进行确定，而不能随意自行其是。按照现行海关法律规定，对于商品归类不正确的情形可分为以下三种情形处理：（1）对于故意伪报商品编码（税则号列）归类的，应当作为伪报税号的走私行为处理，按照《海关处罚条例》第 7 条第（二）项及第 9 条予以处罚，当然，如果涉及走私犯罪嫌疑的，应当移交刑事部门处理。（2）对于有明确规定商品编码（税则号列）归类的，发生申报不实且不属于归类技术性差错的，应当作为税则号列申报不实的违规行为处理，按照《海关处罚条例》第 15 条予以处罚。（3）对于属归类技术性差错的，应当允许相对人予以删改报关单证并补缴漏税款，海关现场部门不作为案件线索移交，如已移交缉私部门立案的，可作不予行政处罚决定。

由上可见，正确申报归类是法律规定的相对人的法定义务，既是具有外贸经营资质的进出口企业应尽的义务，也是具有执业资格的报关员职业素质的基本要求。然而，"商品归类是海关的责任"的意识在企业中仍然有市场，如果企业对其归类错

误除补税外无须承担进一步的法律责任,就会助长其申报的随意性,甚至造成归类瞒骗行为的泛滥。

二、如何认识技术性归类差错问题

在相对人为正确申报而履行了专业注意及合理查询等义务且无其他过错的基础上,下列情形可考虑纳入技术性归类差错范围:一是海关鉴定或分类标准与国家标准或国际标准存在差异的情形;二是上述国家标准与国际标准存在差异的情形;三是进口没有公认的鉴定标准或具有两个及以上效力相当的鉴定标准导致商品属性不明的货物;四是总署改变关于某商品的归类政策或归类裁定,企业需要合理时间掌握的;五是所涉及的进口商品缺乏明确、统一的归类依据,需总署将归类决定或归类裁定予以公告的;六是申报的其他项目及随附资料均正确,仅商品编码(税则号列)及受其制约的项目申报不正确,且数个海关专业归类部门意见分歧较大的;七是海关经过了针对归类的实质性审查包括审单、查验,无异议放行货物,后再调整归类的;八是相对人按照海关处罚决定、海关复议决定、海关行政诉讼裁判或走私犯罪刑事裁判等生效法律文书认定的归类予以申报而发生税则号列申报不正确情形的。同时,笔者建议,凡总署对某商品作出新的归类决定政策或归类裁定的应予公告,有利的可立即生效,但不利的不宜立即生效,要给企业预留合理的时间,让其了解和调整,否则会损害企业的信赖利益。对上述技术性归类差错,因不存在相对人正确履行义务之期待可能性,故不应作为违法行为处罚。

三、申请人申报的商品编码是否存在可罚性问题

根据《中华人民共和国进出口税则》(2007—2008),商品编码(税则号列)94019090项下的货物是指其他坐具(包括能做床用的两用椅)的零件;商品编码(税则号列)83022000项下的货物是指用贱金属做支架的小脚轮,直径(对于有胎的,连胎计算在内)不超过75毫米的,或直径虽超过75毫米但所装轮或胎的宽度必须小于30毫米。申请人涉案的29票申报出口的货物均为直径为50毫米或54毫米的"带贱金属支架的塑料脚轮",依法应当归入商品编码(税则号列)83022000。商品编码(税则号列)94019090与83022000所涉货物界限清晰,规定明确,不存在归类技术难度高的问题。申请人将应归入商品编码(税则号列)83022000的货物申报为商品编码(税则号列)94019090的事实显示出申请人主观方面未尽如实申

报义务,未尽专业注意及合理查询等义务,具有主观过错,客观方面也不属于不可归责于申请人的原因导致,故该案具有可罚性,不应将其纳入技术性归类差错当中。但从案件现有证据来看,申请人对于商品编码归类申报错误并无主观故意,故而应当定性为违规予以处罚。

四、程序性审核和实质性审核的程序、要求和责任归属问题

海关负有依法审核归类的职责。《关税条例》《进出口货物征税管理办法》《进出口商品归类管理办法》中规定:海关应当依法审核确定货物的商品归类,发现有误的,应当按照商品归类的有关原则和规定重新审核确定。但是由于商品归类的复杂性,海关一线关员面对的商品种类复杂,加之口岸业务量大,监管资源相对不足,要求海关在通关环节有限的时间里进行实质性审核,是不现实的,因此,法律赋予海关事后复核和处理的权力。《海关进出口货物征税管理办法》第8条第2款规定:"海关可以根据口岸通关和货物进出口的具体情况,在货物通关环节仅对申报内容作程序性审核,在货物放行后再进行申报价格、商品归类、原产地等是否真实、正确的实质性核查。"这对海关事后纠错补税和进一步追究法律责任比较有利。但这属于原则性规定,缺乏具体操作程序和具体责任划分的细化规定,特别是在海关无异议累计放行票数较多的情况下,再进行实质性审查纠错追溯补税和处罚,相对人反应会比较强烈。但根据《行政诉讼法》第52条、第53条规定,法院在审理行政案件时应适用法律和行政法规、参照规章,《海关进出口货物征税管理办法》因属于总署规章,不是法院审理的依据,法院可能不去区分程序审查和实质审查的问题,而是综合考虑海关是否尽到了合理审查的义务,是否依法履行了职责。本案强调了海关的审核义务,认为如经海关审核仍按错误税号征税,将确认海关初次征税行为违法,并可能导致行政赔偿。只要货物经过了海关的审单和查验,就往往会被企业解读为一种责任担保,或者认为至少海关也负有一定的责任,成为相对人要求减轻甚至免除责任的理由。因此,海关需要进一步完善归类立法,对商品归类等项目的程序性和实质性审核的程序、要求和责任归属作进一步的明确,合理界定海关和相对人的权利、义务和责任。

五、信赖保护原则和税收法定原则的关系问题

海关作出的具体行政行为经过一定时间后,如果改变或撤销可能给相对人或

国家、社会带来更大不利的,就不得随意变更。如果事后变更,也应对变更给相对人造成的损失依法给予合理赔偿或者补偿,这里就有一个信赖保护原则的适用问题。同时,税收的征、减、免、补、退须按法律规定执行,税收法定原则要求海关有错必纠。是否适用信赖保护原则,取决于在个案当中,合法与诚信这两大价值哪一方更能体现法的正义,更有利于维护良好的税收秩序。

信赖保护原则在追补税具体行政行为中的适用应满足以下条件:构成纳税人信赖对象的是海关的"正式的意见",海关对归类进行审查无异议通过后,便产生了对相对人信赖利益的保护,基于这种信赖,企业对税收和销售活动做了适当安排,随后所做的追补税行为违背了先前的意思表示,如果重新作出决定,将给企业造成经济损失;在这一过程当中,没有任何可以归责于纳税人的事由。在满足以上要件的情况下,海关对已作出的意见不应更改,如果要更改,就要对由此给纳税人带来的罚没及税款损失承担赔偿责任。而实际上在归类处罚补税争议中,海关在查获前往往尚未对归类进行实质性审查,而且存在归责于企业的事实和理由,信赖保护原则在此情形下较难适用。总体来说,办理归类争议案件应遵循税收法定原则,保障国家税收,认真审查信赖保护原则的适用条件;同时在个案协调中可体现信赖保护,如在特定情况下,海关纠错行为给相对人带来的损失远大于国家利益的损失,就要考虑是否要保护其信赖利益,体现法治的人性化。

综上,该类案件的处理,海关与行政相对人存在的分歧和争议较大,为更好地解决争议,笔者提出以下建议:一是积极推动海关总署加强归类业务立法建设,通过立法明确规定归类疑问处理的外部作业流程,明确规定海关各环节的相关部门、相对人等的责任,明确程序性审查和实质性审查的标准、时限和程序。二是大力推行预归类和行政归类裁定,通过预归类和行政归类裁定切实解决行政相对人因自身知识不足、海关进行程序性审核无法判定商品归类而产生追补税风险的问题,解决行政相对人在进出口前确认货物的准确归类的需求。三是除归类错误的客观事实外,加大对归类违法案件当事人主观过错和主观故意证据调查的力度,在调查过程中着重收集企业是否尽到合理查询、注意和正确归类的义务、是否具有主观故意的证据。四是对归类处罚案件的移交、立案确定更加清晰的执法标准。五是加大对技术性归类差错的研究,明确其成立条件及认定标准,并公布常见的归类不可罚类型。

【延伸阅读】

1.晏山嵘:《海关行政执法案例指导》,中国法制出版社 2013 年版。

2.邵铁民等主编:《海关法学》,中国海关出版社 2010 年版。

第三节　海关估价制度

一、海关估价规则

我国海关对绝大多数进出口货物和物品征收的关税都是以价格为计税依据的从价税。海关在征收关税时必须要确定一个计征关税的价格,也就是经海关审定的作为计税依据的完税价格。海关对进出口货物完税价格的确定行为是海关估价行为。

我国《海关法》为了适应我国实施《WTO 估价协定》的需要已经进行了修订,将原《海关法》里的正常到岸价格的估价定义修改为"进出口货物的完税价格,由海关以该货物的成交价格为基础审查确定。成交价格不能确定时,完税价格由海关估定"。构成我国海关估价制度的除了《海关法》外,还有行政法规的《关税条例》和部门规章的《审价办法》。

（一）一般进口货物的估价规则

海关确定进口货物完税价格共有进口货物成交价格法、相同货物成交价格法、类似货物成交价格法、倒扣价格法、计算价格法和合理方法六种估价方法。上述估价方法应当依次使用,但如果进口货物纳税义务人提出要求,并提供相关资料,经海关同意,可以选择倒扣价格法和计算价格法的适用次序。

（二）特殊进口货物的估价规则

所谓特殊进口货物,主要是指一些以特殊的贸易方式和交易形式进口的货物,主要包括加工贸易进口货物、出料加工进口货物、出境修理的进口货物、租赁进口货物、暂时进境的进口货物、留展和减免税的进口货物等。

1.加工贸易进口料件和制成品的估价规则。进口时需征税的进料加工进口料件,以该料件申报进口时的成交价格为基础审查确定完税价格;内销的进料加工进口料件或其制成品,以料件原进口成交价格为基础审查确定完税价格;内销的来料加工进口料件或其制成品,以海关接受内销申报的同时或者大约同时进口的与料件相同或类似货物的进口成交价格为基础审查确定完税价格;加工企业内销加工过程中产生的边角料或副产品,以海关审查确定的内销价格作为完税价格。加工贸易内销货物的完税价格按照前款规定仍然不能确定的,由海关按照合理的方法审查确定。

2.保税区、出口加工区及保税仓库内销的非加工贸易货物的估价规则。其原则上按照出区、出库内销时的价格估定完税价格。

3.出境修理货物的估价规则。出境时已向海关报明,并在海关规定的期限内复运进境的,应当以境外修理费和料件费为基础审查确定完税价格。出境修理货物复运进境超过海关规定期限的,由海关按照《审价办法》第二章的规定审查确定完税价格。

4.出料加工进口货物的估价规则。以海关审定的该出境货物的境外加工费和料件费加上运保费估定完税价格。

5.暂时进境货物的估价规则。经海关批准的暂时进境货物,应当缴纳税款的,由海关按照《审价办法》第二章的规定审查确定完税价格。经海关批准留购的暂时进境货物,以海关审查确定的留购价格作为完税价格。

6.租赁进口货物的估价规则。以租金方式对外支付的租赁货物,在租赁期间以海关审定的该批货物的租金作为完税价格,利息予以记入;留购的租赁货物以海关审定的留购价格作为完税价格;纳税义务人申请一次性缴纳税款的,可以选择申请按照规定估价方法确定完税价格,或者按照海关审定的租金总额作为完税价格。

7.减免税货物的估价规则。根据有关规定,减免税货物在管理年限内是不能擅自出售的,如果有特殊情况的,经过海关批准可以转让,但必须向海关补税。按照目前的实践,减免税货物都是按照原进口时的成交价格扣除折旧部分价值作为完税价格。其计算公式如下:

完税价格＝海关审定的该货物原进口时的价格×[1－申请补税时实际已进口的时间(月)÷(监管年限×12)]

8.其他特殊进口货物的估价规则。主要是指无成交价格的一些贸易方式和交易形式,包括易货贸易、寄售、捐赠、赠送等方式进口的货物,其完税价格的确定不适用成交价格方法,应该由海关按照其他估价方法估价。

(二)出口货物的估价规则。

出口货物的完税价格由海关以该货物向境外销售的成交价格为基础审查确定,并应包括货物运至中华人民共和国境内输出地点装卸前的运输及其相关费用、保险费,但其中包含的出口关税税额,应当扣除。

二、价格质疑制度和价格磋商制度

(一)价格质疑制度

在确定完税价格的过程中,海关对申报价格的真实性或准确性有疑问,或有理由认为买卖双方的特殊关系可能影响到成交价格时,可以启动价格质疑程序,向纳税义务人或其代理人制发价格质疑通知书,将质疑理由书面告知纳税义务人或其代理人。纳税义务人或其代理人应自收到通知书之日起5个工作日内,以书面形式提供相关资料或者其他证据,证明其申报价格真实、准确或者双方之间的特殊关系未影响成交价格。纳税义务人或其代理人确有正当理由无法在规定时间内提供的,可以在规定期限届满前以书面形式申请延期,除特殊情况外,延期不得超过10日。

(二)价格磋商制度

对于进出口货物无成交价格,或申报价格明显不符合成交价格的情况,海关无须履行价格质疑程序,可直接进入价格磋商程序。

所谓价格磋商制度,是指海关在使用除成交价格方法以外的其他方法时,在保守商业秘密的基础上,与纳税义务人交换彼此掌握的用于确定完税价格的数据资料的制度。纳税义务人须自收到海关价格磋商通知书之日起5个工作日内与海关进行磋商,否则,视为其放弃磋商的权利,海关可直接按照《审价办法》的规定审查确定进出口货物的完税价格。

对于符合下列情形之一的,经纳税义务人书面申请,海关可以不进行价格质疑及磋商,依法审查确定进出口货物的完税价格:

1.同一合同项下分批进出口的货物,海关对其中一批货物已经实施估价的;

2.进出口货物的完税价格在人民币 10 万元以下或者关税及进口环节税总额在人民币 2 万元以下的;

3.进出口货物属于危险品、鲜活品、易腐品、易生效品、废品、旧品等。

三、纳税义务人在海关估价中的权利和义务

(一)权利

1.要求具保放行的权利,即在审价期间,纳税义务人可以依法向海关提供担保后,先行提取货物。

2.估价方法的选择权,即纳税义务人向海关提供有关资料后,可以申请颠倒倒扣价格法和计算价格法的适用次序。

3.知情权,即纳税义务人可以提出书面申请,要求海关就如何确定其进出口货物的完税价格作出书面说明。

4.救济权,即对海关的估价决定可以向上一级海关申请行政复议,对复议决定不服的,可以依法向人民法院提起行政诉讼的权利。

(二)义务

1.如实提供单证及其他相关资料的义务。

2.如实申报及举证的义务,即货物买卖中发生所列价格调整项目时,纳税义务人应当如实向海关申报。价格调整项目如果需要分摊计算的,纳税义务人应当根据客观的可量化的标准进行分摊,并同时向海关提供分摊的依据。

3.证明特殊关系未对进口货物的成交价格产生影响的举证义务。

【案例裁决/法律文书摘录】

一、科华外贸不服海关估价行政复议案

[基本案情]2006 年 6 月 10 日,科华外贸公司以一般贸易方式向某海关申报

进口集成电路,某海关经审核,发现申报价格明显低于海关掌握的相同或类似货物的成交价格或国际市场价格行情,遂于 2006 年 6 月 11 日制发《价格质疑通知书》,对申请人进行价格质疑,要求其做出书面说明,并提供相关资料。经审查,科华外贸公司提供的说明及相关资料,某海关认为不足以证明申报货物价格的真实性、准确性,且发现科华外贸公司代理的国内实际买方飞达科技公司与境外卖方香港飞达科技公司存在特殊经济关系且对成交价格产生影响。因此,根据《审价办法》)的规定,某海关不接受进口货物申报价格。为充分交流双方掌握的信息,海关与科华外贸公司进行了价格磋商。某海关对科华外贸公司提供的价格信息资料进行审查,认为该资料存在诸多瑕疵,不能作为估价的基础;由于科华外贸公司未能提供适用相同或类似货物的成交价格以及构成倒扣价格法、计算价格法所需的相关可量化的数据,而某海关也未能掌握使用相同货物成交价格方法、类似货物成交价格方法、倒扣价格方法和计算价格方法的相关价格资料,2006 年 9 月 20 日,某海关依据《审价办法》的有关规定,使用合理估价方法进行估价,并相应作出征税决定。

科华外贸公司不服海关上述估价征税行为,于 2006 年 9 月 22 日向该海关的上一级海关申请行政复议,作为国内实际买方的飞达科技公司作为第三人参加了复议。

科华外贸公司与飞达科技公司在《行政复议申请书》中提出的主要申辩理由是:

1.被申请人认为飞达科技公司与香港飞达科技公司有特殊关系,因而影响成交价格,没有任何证据支持。

2.申请人提供的报关单、厂商发票等证据可证实申请人申报价格的真实性。

3.海关估价未适用法律规定的估价顺序,而直接采用合理方法估定完税价格,是违反程序的。

行政复议机关经审理认为,有证据表明飞达科技公司的经营活动实际受到香港飞达科技公司的控制,而该种特殊经济关系影响了成交价格,被申请人经了解有关情况,并与申请人进行价格磋商后,依次排除了相同货物成交价格估价方法、类似货物成交价格估价方法、倒扣价格估价方法、计算价格估价方法的适用可能,最后以海关掌握的国内其他口岸相同型号和规格产品的实际进口成交价格资料为基础,采用合理方法进行估价,作出征税决定,认定事实清楚,证据充分,使用依据正确,程序合法,应予支持。11 月 27 日,行政复议机关对本案作出复议决定,维持某海关的原估价征税决定。①

[分析]这一案例所反映出来的法律问题并不复杂,但是非常"技术",涉及海关工作中最专业、最复杂的技术问题之一——海关估价。估价在世界海关范围内都被视为难题,更因其与进出口人切身利益密切相关。因此,各国海关都在努力推动估价技术水平的提高,建立世界范围内的统一标准。《WTO 海关估价规则》便是对各成员国海关估价标准及程序作出统一规定的约束性规则。我国加入 WTO 以后,于 2002 年 1 月 1 日起实施《审价办法》。根据《审价办法》的规定,我国海关全面适用了 WTO 估价规则,改革了估价工作。其后,依据 2004 年修订并实施的新《关税条例》,海关总署对《审价办法》进行了新的修订。这次修订一并解决了估价规则适用中的一些细节问题,整合了入世以来陆续制定发布的《海关关于进口货物特许权使用费估价办法》等一系列估价规章、公告。修订后的《审价办法》于 2006年 5 月 1 日起正式施行。本案例涉及的估价方面的问题正是海关估价工作中的难点之一,也是非常容易引起争议的地方,笔者希望以下对该案背后法律问题的剖析能够帮助读者加深对海关估价方面法律规定的理解。

(一)何谓"特殊关系",海关又如何认定"特殊关系"?

飞达科技公司与香港飞达科技公司是否存在特殊关系,是本案争议的焦点。那么何谓"特殊关系"?为什么对"特殊关系"的认定将对海关确定完税价格有直接的影响?要回答这个问题首先要了解海关是怎么确定货物完税价格的。根据海关法的规定,进出口货物的完税价格,由海关以该货物的成交价格为基础审查确定。成交价格不能确定时,完税价格由海关依法估定。这里出现的"成交价格"概念,虽然看似简单,其实蕴含着很多估价技术难题。需要明确的是,海关法律体系框架范围内的"成交价格"概念并不等同于货物实际交易中的成交价格概念,根据《关税条例》和《审价办法》的规定,进口货物的成交价格是要符合一定的条件的,其中很重要的一个条件就是:买卖双方之间没有特殊关系,或者虽然有特殊关系但是未对成

---

① 海关总署政策法规司编,《案说海关》,中国海关出版社 2007 年版,第 56 页。

交价格产生影响。也就是说,海关在审定货物完税价格时,重要的一环就是要考察买卖双方是否存在特殊关系以及特殊关系是否对成交价格构成了影响。

根据《审价办法》第16条的规定,有8种情形,海关应当认定买卖双方存在特殊关系:(1)买卖双方为同一家族成员;(2)买卖双方互为商业上的高级职员或者董事;(3)一方直接或者间接地受另一方控制;(4)买卖双方都直接或者间接地受第三方控制;(5)买卖双方共同直接或者间接地控制第三方;(6)一方直接或者间接地拥有、控制或者持有对方5％以上(含5％)公开发行配有表决权的股票或者股份;(7)一方是另一方的雇员、高级职员或者董事;(8)买卖双方是同一合伙的成员。

此外,买卖双方在经营上相互有联系,一方是另一方的独家代理、独家经销或者独家受让人,如果符合上面的8种情况,也应当被视为存在特殊关系。本案中就是因为有证据证明飞达科技公司的经营被香港飞达科技公司直接控制,从而认定买卖双方存在特殊关系。

当然,即使买卖双方存在特殊关系,也不必然会对成交价格构成影响。如果纳税义务人能证明其成交价格与同时或者大约同时发生的下列任何一款价格相近的,应当被视为特殊关系未对进口货物的成交价格产生影响:

1. 向境内无特殊关系的买方出售的相同或者类似进口货物的成交价格;

2. 按照《审价办法》第22条规定的倒扣价格估价方法所确定的相同或者类似进口货物的完税价格;

3. 按照《审价办法》第24条规定的计算价格估价方法所确定的相同或者类似进口货物的完税价格。

由上述分析可见,纳税义务人如果要证明自己的申报价格符合海关法规定的成交价格条件,希望海关接受自己的申报价格,就一定要证明货物的买卖双方不存在特殊关系,或者即使存在特殊关系,成交价格也没有因此受到影响。

(二)如果成交价格不符合海关法律规定条件,或者成交价格无法确定时,海关怎样进行估价?

如果进口货物的成交价格不符合法律规定的条件,或者成交价格不能确定的,海关经了解有关情况,并与纳税义务人进行价格磋商后,会依次以下列方法审查确定该货物的完税价格:

1.相同货物成交价格估价方法,即以与该货物同时或者大约同时向中华人民共和国境内销售的相同货物的成交价格来估定完税价格。

2.类似货物成交价格估价方法,即以与该货物同时或者大约同时向中华人民共和国境内销售的类似货物的成交价格来估定完税价格。

3.倒扣价格估价方法,即以与该货物进口的同时或者大约同时,将该进口货物、相同或者类似进口货物在第一级销售环节销售给无特殊关系买方最大销售总量的单位价格来估定完税价格,但应当扣除同等级或者同种类货物在中华人民共和国境内第一级销售环节销售时通常的利润和一般费用以及通常支付的佣金,进口货物运抵境内输入地点起卸后的运输及其相关费用、保险费,以及进口关税及国内税收。

4.计算价格估价方法,即以下列各项总和计算的价格估定完税价格:生产该货物所使用的料件成本和加工费用,向中华人民共和国境内销售同等级或者同种类货物通常的利润和一般费用,该货物运抵境内输入地点起卸前的运输及其相关费用、保险费。

5.合理方法,即当海关不能根据成交价格估价方法、相同货物成交价格估价方法、类似货物成交价格估价方法、倒扣价格估价方法和计算价格估价方法确定完税价格时,海关根据客观、公平、统一的原则,以客观量化的数据资料为基础审查确定进口货物完税价格的估价方法。值得注意的是,纳税义务人向海关提供有关资料后,可以提出申请,颠倒第三种方法和第四种方法的适用次序。

在本案例中,海关因为当事人没有提供相应的价格资料,而自身掌握的相同或类似货物的成交价格不能满足《关税条例》和《审价办法》规定的适用条件,并在依次排除了相同货物成交价格方法、类似货物成交价格方法、倒扣价格方法、计算价格方法四种估价方法后,以海关掌握的国内其他口岸相同型号和规格产品的实际进口成交价格资料为基础,采用合理方法进行估价。

(三)海关估价只是海关的职权和责任,当事人可以"无事一身轻"吗?

恰恰相反,纳税义务人在海关审价过程中,如果不积极配合,不主动提供相关的价格资料,很可能导致自己的主张得不到海关的支持和认可,造成利益上的损失。类似的案例曾发生过多起,由于当事人对海关审价工作的程序和要求认识不足,未在价格质疑或者磋商过程中积极为自己的主张提供有力的证据支持,总认为海关是职权部门,理应掌握更多的价格资料,从而怠于履行自己的责任。在此,应特别注意两点:

1.根据《审价办法》的规定,买卖双方存在特殊经济关系,一旦被海关审查认定后,纳税义务人对特殊关系未对成交价格产生影响负有举证责任。一般行政诉讼举证原则是行政机关对其作出的具体行政行为负举证义务,但是这里实行的是一种举证责任的倒置,除非纳税义务人能够举证证明该特殊关系未对成交价格产生影响,否则海关就有理由不接受其申报的成交价格。

2.如果海关审查确认申报价格不符合《关税条例》和《审价办法》规定的成交价格条件,则申报价格的真实与否不影响海关对申报价格的调整或完税价格估定。有些纳税义务人认为海关必须首先核实其提供的资料不真实,才能不接受其申报价格。但实际上,海关只要用证据证明申报价格不符合成交价格条件,就可以依法对申报价格进行调整,行使估价的权力。

二、某物资进出口公司不服海关估价行政复议案

[基本案情]某物资进出口公司与香港威来国际公司签订贸易合同,以保税仓库转进口形式向被申请人某海关申报进口甲基丙烯酸甲酯,申报价格为780美元/吨。某海关依据审单中心外转岗所附价格资料与申请人进行口头"磋商",并最终以1120美元/吨的价格对涉案货物予以估价征税。申请人不服,申请复议。

本案中某海关为什么不采纳申请人的申报价格作为成交价格?申请人与被申请人之间进行的口头"磋商"是否合法?

[分析]

(一)实际成交价格

根据申请人提供的合同、发票及信用证等商业单证,进口货物生产商为香港阿托菲纳公司,该公司通过台湾胜威化学有限公司将货物事先存放于深圳某保税仓库,由其作为代理商负责直接发货。货物买卖的全过程为:香港阿托菲纳公司—香港威来惠南公司—香港威来国际公司—申请人。但在上述买卖过程中,交易价格一直未发生变化。货物从香港威来惠南公司流转到申请人,中间没有任何商业利

润发生,这明显不符合贸易常理。

经了解,两个威来公司有相同的股东,因而货物的转移并不产生商业利润。而威来国际公司为了开拓国内市场,委托申请人以外贸形式代为申报进口。货物进口后的国内销售环节,从客户选定、价格确定到发货,均由威来国际公司在幕后操纵。申请人在报关环节所提供的与威来国际公司的"外贸合同",仅仅是为了满足报关需要而签订。表面看,几个公司之间进行着贸易活动,但实际上执行的是代理协议。申请人所起的只是进口报关作用,货物所有权从进口到销售,一直处于威来国际的控制中。

根据《进出口关税条例》第18条第2款、第3款的规定,进口货物的成交价格是买方为购买该货物而向卖方进行的实付或应付价格。"购买"必须发生所有权的转移。由于当事人间实际执行的是代理协议,申请人与威来国际公司之间的交易并未导致货物所有权的转移,因此,其申报价格不符合法律法规规定的成交价格定义,不能确定为实际成交价格,海关当然有权行使估价权。

(二)价格磋商

价格磋商的本意是海关与进口人的信息交流。通过这种交流,海关最大限度地获得相同或类似货物的价格信息、市场行情,从而使估价结果更符合贸易的实际状况。

相反,如果磋商变成"口头"告知,或虽依法定程序并有书面材料、双方签名,却流于告知实质。很显然,这种磋商得来的估价结果存在两个方面的瑕疵。首先是拘束力的薄弱。由于没有充分的交流与协商,而只是将海关所欲估定之价格予以告知,往往不能使相对人信服。即使相对人未提起复议或诉讼,也往往是考虑海关管理等方面的因素。其次是相对人往往是迫于通关效率压力而接受海关的估价,使得磋商估价在一定程度上成为武断估价的表现形式。这种"磋商"之后,常常是复议或诉讼的提起。这不仅浪费了海关估价的人力资源,也使海关估价的权威性不断受到司法审查的质疑。

本案中,被申请人称本次估价是其与申请人磋商、经其同意后所确定的。但实际操作中,被申请人凭审单中心外转时所提供的一条价格资料,口头询问申请人是否愿意接受海关所欲采用的价格。因此,被申请人理解和实践的磋商仅仅是口头的告知,没有交流的过程,明显不符合《进出口关税条例》第 21 条第 1 款的规定精神。所以,由于申请人与威来国际公司之间的交易并未导致货物所有权的转移,所以,海关不能接受申请人的申报价格作为成交价格。同时,鉴于"口头"磋商的形式不符合法律规定,上级海关复议部门应撤销原征税决定,责令被申请人对进口货物重新估价并征收税款。

三、卓通公司不服海关估价行政复议案

[基本案情]2002 年 7 月,某市邮政局(涉案货物的最终用户)计划购买电梯 2 台,委托招标代理公司进行公开招标。同年 8 月,通力电梯(中国)有限公司(以下简称香港通力公司)进行投标,投标货物为芬兰产载客电梯 2 台,投标总价格为232600 欧元。根据香港通力公司的安排,最后由某市卓通电梯空调有限公司中标,先由某市卓通电梯空调有限公司与某市邮政局签订一份内贸合同,合同约定设备净价为人民币 160 万元,再由某市卓通电梯空调有限公司的代理进口公司某市润恒进出口贸易公司和香港通力公司签订涉案电梯的进口合同,成交价格为96280 美元/台、98010 美元/台(折合人民币 160 万元),并于 2003 年 8 月 26 日,由某市润恒进出口贸易公司以上述价格向某海关申报。某海关经审核,认为该申报价格不能确定为涉案货物的实际成交价格,遂按照上述投标价格予以估价征税。某市卓通电梯空调有限公司不服,作为申请人向深圳海关申请行政复议,称其申报价格是实际成交价格,要求撤销原征税决定,接受其申报价格。

[分析]本案中,某海关直接运用成交价格方法把投标价格直接估定为完税价格,也就意味着它认为"成交价格方法"是海关估价方法中的一种,并且是最主要的一种。

根据《海关法》第 55 条的规定,"进出口货物的完税价格,由海关以该货物的成交价格为基础审查确定。成交价格不能确定时,完税价格由海关依法估定"。《进出口关税条例》第 18 条则对"成交价格"如何确定做了详细的说明。该条例第 21 条又明确了当"成交价格"无法确定的时候,海关应当依次使用下列方法估定完税价格:(1)相同货物成交价格方法;(2)类似货物成交价格方法;(3)倒扣价格方法;(4)计算价格方法;(5)合理方法。

由此可见,对于海关估价方法,法律法规只明确规定了上述五种,其中并不包括"成交价格方法"。"成交价格方法"实际上是根据《进出口关税条例》第18条的有关"成交价格"的定义与应当符合的条件,第19条与第20条的确定完税价格应当考虑的相关要素引申出来的,其实质上并不是估价方法,而只是确定完税价格的一种方法。

但是,在审价过程中,当申报价格不能认定为实际成交价格时,如果某海关能通过其他途径发现实际成交价格,不一定可以另行估价,是否可以运用成交价格方法把该实际成交价格确定为完税价格呢?根据《进出口关税条例》第18条第2款的规定,成交价格方法有其特定含义与使用前提,即某海关在以成交价格方法确定完税价格时,只能以成交价格作为基础,在此前提下,按照规定进行相应的费用调整。例如,以FOB方式成交的申报价格为基础应当计入相关运保费,或依法应当计入相应的特许权使用费,从而得到海关用以计征关税的完税价格。而本案中,某海关已经有效否定了申报价格,成交价格方法的使用前提已经不存在,只能按照《进出口关税条例》的规定,依次使用五种估价方法进行估价。因此,某海关运用成交价格方法把投标价格直接估定为完税价格的做法没有法律依据,应当予以撤销,并重新对涉案货物进行估价。

【延伸阅读】

1.海关总署政策法规司编:《案说海关》,中国海关出版社2007年版。

2.张红:《海关法》,对外经济贸易大学出版社2002年版。

第四节　原产地法律制度

● ● ●

一、原产地制度的含义

在国际贸易中,原产地这个概念是指货物生产的地点,也可以理解为货物的

"国籍"。原产地制度是对进出口货物确认其生产或制造国的法律依据。

认定货物的原产地主要是为了执行国别之间差别税率和不同贸易措施的需要。一方面,目前,包括我国在内的各国海关税则大多按进口商品原产地国别的不同而适用不同的税率,因而,货物的原产地便与海关估价、商业归类一起构成海关征税的三个基本要件。另一方面,货物原产地作为诸如配额、反倾销、禁止和限制一类货物的管制措施或经济监管制度的适用条件,在贸易政策的执行中具有重要意义。

二、原产地制度的规则

原产地制度的规则主要体现于原产地的认定规则。它主要包括两大规则:优惠原产地认定规则和非优惠原产地认定规则。

(一)优惠原产地认定规则

优惠原产地认定规则有三个标准,即完全获得标准、增值标准和直接运输标准。

1.完全获得标准是指完全在某一受惠国(地区)获得或生产的货物,获得或生产该货物的受惠国(地区)即为该货物的原产地。"完全在某一受惠国(地区)获得或生产的货物"是指:(1)在该国(地区)领土或领海开采的矿产品;(2)在该国(地区)领土或领海收获或采集的植物产品;(3)在该国(地区)领土出生或饲养的活动物及从其中所得产品;(4)在该国(地区)领土或领海狩猎或捕捞所得的产品;(5)由该国(地区)船只在公海捕捞的水产品或其他海洋产品;(6)该国(地区)加工船加工的上一项所列物品所得产品。

2.增值标准是指对于非完全在某一受惠国(地区)获得或生产的货物,满足以下条件时,以进行最后加工制造的受惠国(地区)为有关货物的原产地。(1)货物的最后加工制造工序在受惠国(地区)完成;(2)用于加工制造的非原产于受惠国(地区)及产地不明的原材料、零部件等成分的价值占进口货物 EOB 的比例不超过某一百分比。在不同的协定框架下的优惠原产地规则中,该百分比各不相同,从30％到60％不等。

3.直接运输标准是指货物应从受惠国(地区)起运,直接进入某国(地区)关境,或虽经非受惠国(地区)关境,但有充分理由证明货物未在非受惠国(地区)关境交易的。在不同的协定框架下的优惠原产地规则中,直接运输的标准也各不相同。

(二)非优惠原产地认定规则

非优惠原产地认定规则有两个标准,即完全获得标准和实质性改变标准。

1.所谓完全获得标准,是指对于完全在一个国家(地区)获得的进口货物,生产或制造国(地区)即为该货物的原产国(地区)。具体内容地:(1)在该国(地区)出生并饲养的活的动物;(2)在该国(地区)野外捕获、捕捞、收集的动物;(3)在该国(地区)的活的动物身上获得的未经加工的物品;(4)在该国(地区)收获的植物和植物产品;(5)在该国(地区)采掘的矿物;(6)在该国(地区)获得的除上述五项范围之外的其他天然生成的物品;(7)在该国(地区)生产过程中产生的只能弃置或者回收做材料的废碎料;(8)在该国(地区)收集的不能修复或者修理的物品,或者从该物品中回收的零件或者材料;(9)由合法悬挂该国旗帜的船舶从其领海以外海域获得的海洋捕捞物和其他物品;(10)在合法悬挂该国旗帜的加工船上加工前项物品获得的产品;(11)从该国领海以外享有专有开采权的海床或者海床底土获得的物品;(12)在该国(地区)完全从上述11项所列物品中生产的产品。

2.所谓实质性改变标准,是指对经过几个国家(地区)加工、制造的进口货物,以最后一个对货物进行经济上可以视为实质性加工的国家(地区)作为有关货物的原产地。实质性加工的确定标准,以税则归类改变为基本标准;税则归类改变不能反映实质性改变的,以从价百分比、制造或者加工工序等为补充标准。所谓税则归类改变,是指在某一国家(地区)对非该国(地区)原产材料进行制造、加工后,所得货物在《中华人民共和国进出口税则》中某一级的税目归类发生了变化。所谓从价百分比,是指在某一国家(地区)对非该国(地区)原产材料进行制造、加工后的增值部分,超过所得货物价值一定的百分比。所谓制造、加工工序,是指在某一国家(地区)对非该国(地区)原产材料进行的赋予制造、加工后所得货物基本特征的主要工序。

(三)优惠原产地认定规则和非优惠原产地认定规则的区别

优惠原产地规则是自由贸易协定的主要内容之一。作为谈判双方博弈的结果,优惠原产地规则既要使本国利益最大化,又要与谈判各方实现共赢,因此,与非优惠原产地规则有很大区别：

1. 法律依据

以我国为例，《中华人民共和国进出口货物原产地条例》是规范非优惠原产地规则的主要法律文件，而优惠原产地规则均为双边或者多边的国际协定，其国内法体现为海关规章。

2. 适用情况

优惠原产地规则是为了实施国别优惠（关税）政策而制订的原产地规则，如自由贸易协定成员国间适用的即属于此类；非优惠原产地规则适用于除此以外的其他目的，包括实施最惠国待遇等。

3. 原产地标准的具体内容

优惠原产地规则和非优惠原产地规则在原产地标准方面都可以分为"完全获得标准"和"非完全获得标准"，但这两种标准的具体内容是不一样的。

4. 关于完全获得标准

完全获得标准的一般性要求是指产品在出口国完全获得或者生产。非优惠原产地规则与优惠原产地规则关于这一标准的表述方式均为分类列举，大的类别一般都包括植物（或者农产品）及其制品、动物及其制品、矿物、水产品或者海产品、其他天然生成的物品、废旧物品或者回收物品等，但每一类均存在细微差别，这些细微差别背后的经济利益可能是巨大的。

比如在特定国领海以外获得的鱼产品，非优惠原产地规则的要求是"由合法悬挂该国旗帜的船舶从其领海以外海域获得的海洋捕捞物和其他物品"以及在合法悬挂该国旗帜的加工船上加工前述物品获得的产品。优惠原产地规则的要求则会更多一些，如主体方面，一般会限制为在成员国注册或者登记，并悬挂或者有权悬挂其国旗的船只、成员国的自然人或者法人等；在地理范围方面，一般会要求为成员国领水以外的水域、海床或者海床底土，以及成员国根据符合其缔结的相关国际协定可适用的国内法确定的领水、领海外的专属经济区或者公海，等等。如果成员国是沿海国家，渔业发达，这一方面的要求会更为细致。

5. 关于非完全获得标准

非完全获得标准适用于在出口国完成部分或者主要加工、生产过程，或者完成主要增值部分的货物。我国实施的非优惠原产地规则关于非完全获得的主要标准是实质性改变标准,按照《原产地条例》规定,非优惠原产地规则实质性改变标准,以税则归类改变为基本标准,税则归类改变不能反映实质性改变的,以从价百分比、制造或者加工工序等为补充标准。由于《原产地条例》的规定比较原则,为统一执法尺度、增强可操作性,根据《原产地条例》的授权,海关总署会同商务部、质检总局于 2004 年公布了《关于非优惠原产地规则中实质性改变标准的规定》,对税则归类改变标准、制造/加工工序标准、从价百分比标准的具体含义进行了进一步明确,同时将《适用制造或者加工工序及从价百分比标准的货物清单》作为该规章的附件一并公布。

目前,我国法律规定的优惠原产地规则关于非完全获得或者生产的标准一般分为四类,即特定原产地标准、税则归类改变标准、区域价值成分标准和工序标准。

6.特定原产地标准

特定原产地标准目前尚没有统一的法律概念。我国早期签订的自贸协定将特定原产地标准与税则归类改变标准、区域价值成分标准、工序标准等标准并列,如中国—东盟自贸区原产地规则、中国—巴基斯坦自贸协定项下原产地规则、中国—智利自贸协定项下原产地规则、亚太自贸协定项下原产地规则等。在我国新签订的自贸协定中,特定原产地标准包括税则归类改变标准、区域价值成分标准和工序标准等内容,如中国—新西兰自贸协定项下原产地规则。从目前的情况来看,后一种特定原产地标准体系有可能成为今后优惠原产地规则项下原产地标准的主要模式,这也与 WTO 在规范非优惠原产地规则方面的努力是一致。

7.税则归类改变标准

税则归类改变标准目前主要有章改变标准、4 位级税号改变标准和 6 位级税号改变标准等几种形式。中国—智利原产地自贸协定项下原产地规则既规定了章改变标准,也规定了 4 位级税号改变标准。中国—新西兰自贸协定项下原产地规则规定的是 4 位级税号改变标准(品目改变)、6 位级税号改变标准(子目改变)。

8.区域价值成分标准

在中国—新西兰自贸协定签订之前,区域价值成分标准是各项自贸协定中适用的基本标准,也是优惠原产地规则中相对多变的标准。

三、原产地预确定制度

进口货物的收货人或经营单位在有正当理由的情况下,可以向直属海关申请对其将要进口的货物的原产地进行预确定。申请人申请原产地预确定时,应当填写"进口货物原产地预确定申请书",并提交下列材料:(1)申请人的身份证明文件;(2)能说明将要进口货物情况的有关材料;(3)说明该项交易情况的文件材料;(4)海关要求提供的其他文件材料。

直属海关将在接到申请人书面原产地预确定申请和全部必要文件资料后150天内,作出原产地预确定决定,并告知申请人,其条件是预确定所依据的原产地规则、事实和条件不发生变化。

【案例裁决/法律文书摘录】

五矿公司不服惠东海关行政处罚案

[基本案情]2004年3月16日,五矿钢铁有限责任公司(以下简称"五矿公司")以一般贸易方式向惠东海关申报进口热轧钢卷板512020千克。经海关查验和送检确定,实际进口货物为电镀锌钢卷板183740千克,热津镀锌钢卷板111540千克,冷轧钢卷板72820千克,冷轧钢平板42520千克,双面涂漆非合金钢卷板31980千克,涂漆钢卷板53640千克,与申报不符,惠东海关遂依法扣留上述货物并做进一步调查。

在计算涉案货物涉及税款时,由于五矿公司无法提供涉案货物的原产地证明,海关经查验也无法查清其原产地,符合海关总署2004年第2号公告中关于"对于申报进口冷轧板卷时不能提供原产地证明,且经查验也无法确定货物的原产地不是俄罗斯、韩国、哈萨克斯坦等四国和中国台湾地区的,海关将按照本公告附件2所列的其他台湾公司适用的税率征收反倾销税"的情形,依法计征了相应税款,共计人民币80.9万元。经过调查审理,海关于2005年10月11日作出惠东关缉违字[2005]220号《行政处罚决定书》,根据《海关处罚条例》第15条第(四)项的规定,对五矿公司科处罚款人民币65万元。五矿公司不服,于2005年12月31日向法院提起诉讼,请求撤销海关作出的处罚决定。2006 年 6 月 26 日,惠东中级人民法院作出一审判决,认为海关在未对五矿公司所提交的原产地证明进行审核,又未告知五矿公司不采信其所提供的原产地证明的情况下作出原产地不详的原产地认定不符合《进出口货物原产地条例》第 14 条规定;认为海关根据海关总署 2004 年第 2 号公告的规定,对五矿公司申报进口的货物征收反倾销税缺乏事实依据;认为海关计税的主要证据不足,判决予以撤销。2006 年 7 月 31 日,惠东海关依法向广东省高级人民法院提出上诉。2007 年 2 月 5 日,广东高院作出终审判决,认为海关计税的主要证据不足,应予撤销,判决驳回海关上述,维持原判。

五矿公司认为:第一,五矿公司在海关行政处罚阶段向海关提供的关于货物原产地的证据依据充分,海关认定原产地不明并计征反倾销税存在错误。在涉案货物被查扣后,原告提供了该批货物的原产地为加拿大的原产地证明和原厂发票,但海关未予采信。第二,五矿公司向海关提供了《货物进出口合同》及原厂商发票,证明涉案货物为残次陈旧的等外品,海关应接受其申报价格作为完税价格进行计税。但海关在未对进口货物新旧程度进行鉴定的情况下,直接以近一等品的海关资料价格进行定价,与货物实际情况不符。海关不采信五矿公司提供的实际交易价,直接以近一等品的价格认定,大大高于实际进口价格,致使计核的应缴税额大大增加。

惠东海关认为:第一,五矿公司称其在案发后曾向海关提供了香港环球实业公司(以下简称“香港公司”)和加拿大“J&L TRADUBF LTD”(以下简称“加拿大公司”)之间的销售合同、商业发票、提单等商业单证,试图证明涉案货物的原产地。但经审查,海关认为上述材料不能作为案件证据使用。五矿公司所提供的所谓涉案货物的商业单证,系从境外获得,没有按照有关法律规定办理相应的公证手续,不能作为海关执法与行政诉讼的证据。同时,这些单证记载的内容也只包括曾经有一家香港公司向加拿大公司购买了一批货物,并通过集装箱运抵香港的;货物进口香港时,装货的集装箱上有完整的集装箱号和商业封印号。而原告实际进口货物是在香港装船后运抵惠东港的散装货,而非上述商业单证记载的带有封印的集装箱货。此外,上述单证记载的内容与涉案货物存在多处矛盾:例如,其中一份编号为“JL23082”的名为“SECONDARY TINFREE SCROLLED SHEET”的货物销售合同,其记载的货物厚度为"THICKNESS:0.15~0.35mm",而与之对应的香港海关报关单上记载的货物名称为"镀铬平板",厚度为"THICK-NESS:>0.50mm",二者明显互相矛盾。又如,原告先后多次向海关提交了编号为WWT040311的商业发票,但有的发票上对应有合同号,有的发票上的合同号却为空白,明显属于"一批货物多套单证"。再如,原告曾提交一份其香港公司签订的WKBJ040208号合同以及对应的"WWT040311"的商业发票,试图证明该商业发票上的货物系由香港公司购自加拿大。经审验发现,该发票记录的货物名称和数量为"电解/镀锌卷板165.730吨、镀铬平板42.636吨",与涉案货物的名称和数量无法一一对应。经现场查验,海关发现全部货物中仅有一卷货物上贴有"MADE IN KOREA"(韩国制造)标贴一张,且查验时也没有发现其他相关证据对该标贴内容予以支持。根据海关总署2004年第2号公告的规定,对于申报进口冷轧板卷时不能提供原产地证明,且经查验也无法确定货物的原产地不是俄罗斯、韩国、乌克兰、哈萨克斯坦等四国和我国台湾地区的,海关将按照本公告附件2所列的其他台湾公司使用的税率征收反倾销税。本案发生时间是2004年3月16日,涉案货物包括冷轧钢卷板(2004年海关税则号列是72091790)和冷轧钢平板(2004年海关税则号列是72092500),属于2号公告规定的应征收反倾销税的范畴。由于五矿公司在进口乃至申报不实发生后都无法向海关提交涉案货物的原产地证明,且经查验也无法确定货物的原产地,因此,海关按照公告附件2所列的其他台湾公司适用的税率(55%)对涉案货物计征反倾销税,完全符合海关总署2004年第2号公告的规定。第二,海关的计税结果具有法定效力,程序合法。《海关计核涉嫌走私的货物、物品偷逃税款暂行办法》(海关总署令第97号)第4条规定:"中华人民共和国海关是负责涉嫌走私的货物、物品偷逃税款稽核工作的法定主管机关,其授权计核税款的部门是负责计核工作的主管部门。"由于五矿公司向海关申报进口的货物与实际进口的货物不相符合,涉嫌走私,根据上述办法,海关授权计税部门对涉案货物涉及的税款进行计算,具体计税结果具有法定效力。由于五矿公司无法证明涉案货物的原产地,经查验也无法确定与涉案货物相同或类似进口货物的成交价、评估价以及拍卖价,不具备按照该《海关计核涉嫌走私的货物、物品偷逃税款暂行办法》第17条第6款规定,以其他合理方法,参照全国海关价格资料库中相同品名进口货物相近日期成交价格资料,再结合现场查验的货物状态、检验鉴定结果以及当事人的陈述情况,最终审查确定涉案货物的完税价格。因此,法院认为海关依法计税权限法定,结果具有法定效力,计税程序符合法律规定,五矿公司称海关没有根据国家检验检疫机构出具的鉴定结论来确定货物计税价格的说法与事实不符,因为深圳出入境检验检疫局出具的"检验鉴定结果报告"已经很清楚地显示涉案货物的物理状态,海关的所有执法决定都是根据该鉴定结论做出的。第三,海关作出的处罚决定认定事实清楚,适用法律正确,量罚适当,程序合法。

一审法院经审理认为:第一,五矿公司申报进口的货物与实际进口货物不符,该行为属于违反海关监管规定的行为,海关对其进行行政处罚是正确的。第二,海关在未告知不采信其原产地证明的情况下,作出原产地不详的认定违反了《进出口货物原产地条例》第14条关于"海关在审核确定进出口货物原产地时,可以要求进口货物的收货人提交该进口货物的原产地证书,并予以审核;必要时,可以请求该货物出口国(地区)的有关机构对该货物的原产地进行核查的规定",海关要求五矿公司提交原产地证明材料并加以审验是进行原产地认定法定程序,如经审验后不采信五矿公司提供的原产地证明,亦应告知五矿公司并说明理由,而在海关所举的证据中,海关无法证明已经履行了上述法定程序和职责。因此,海关在未对原告所提交的原产地证明进行审核,又未告知五矿公司不采信其所提供的原产地证明的理由的情况下,作出原产地不详的原产地认定不符合上述法律规定。据此,海关依据海关总署2004年第2号公告第3项之规定,对原告申报进口的货物征收反倾销税缺乏事实依据。第三,海关虽然提供了惠东关计税[2005]015号《海关涉嫌走私的货物、物品偷逃税款核定证明书》,但在其中的"价格来源"部分并未表明确定计税价格的依据,亦未能提供充分的证据证明其所称的"其他合理方法确定的价格"来确定计税价格符合《海关计核涉嫌走私的货物、物品偷逃税款暂行方法》的规定。因此,海关依据其所确定的计税价格,对五矿公司科处罚款65万元,属于主要证据不足,依法应予撤销。

二审法院经审理认为:第一,根据《海关计核涉嫌走私的货物、物品偷逃税款暂行方法》第16条、第17条的规定,涉嫌走私的货物能够确定成交价格的,其计税价格应当以该货物的成交价格为基础审核确定,不能确定成交价格的,计税价格应当依次以相同进口货物的正常成交价格、类似进口货物的正常成交价格、相同或类似货物在国际市场里的正常成交价格、国内倒扣价格、国内拍卖价格、其他合理办法确定的价格为基础确定。本案中,海关虽然提供了惠东关计税[2005]015号《海关涉嫌走私的货物、物品偷逃税款核定证明书》,但在其中的"价格来源"部分并未表明确定计税价格的依据,亦未能提供充分的证据证明其一起所称的"其他合理方法确定的价格"来确定计税价格符合上述规定。因此,海关依据其确定的计税价格对五矿公司科处罚款65万元,属于主要证据不足,依法应予维持。第二,《进出口货物原产地条例》第13条规定:"海关接受申报后,应当按照本条例的规定审核确定进口货物原产地时,可以要求进口货物的收货人提交该进口货物的原产地证书,并予以审验;必要时,可以请求该货物出口国(地区)的有关机构对该货物的原产地进行核查。"原审判决认为要求五矿公司提交原产地证明材料并加以审验是进行原产地证明认证的法定程序,如经审验后不采信五矿公司提供的原产地证明,亦应告知五矿公司并说明理由,不符合上述规定,应予纠正。①

[分析]

一、关于计税结论的规范制作及效力问题

本案中,两级法院最终认定的海关执法瑕疵,就是在填制涉案货物计税表时,没有在"价格来源"一栏中做出选择(即在"实际成交价格""海关价格资料""国内倒扣价格""国内拍卖价格""其他合理价格"五个选项中选一个打"√",以此说明海关确定完税价格的价格资料来源)。

关于计税结论是否属于鉴定结论,对此笔者认为需要深入分析。根据《全国人民代表大会常务委员会关于司法鉴定管理问题的决定》(以下简称"《鉴定管理决定》")规定,实施司法鉴定需由省级人民政府司法行政部门负责,对鉴定人和鉴定机构必须进行登记、名册编制管理和公告,而且还规定了鉴定人员的专业技术职称、从业年限及鉴定机构鉴定人数等要求。显然,海关计核偷逃税款工作并不完全符合《鉴定管理决定》的要求,因此,计核结论也就很难说属于严格意义上的司法鉴定结论。部分司法机关甚至认为,"计税结论的书面形式不符合鉴定结论的形势要

---

① 晏山嵘:《海关行政执法案例指导》,中国法制出版社2013年版,第173~184页。

求,不具有鉴定结论的法律效力"。因此,我们有必要遵照上述结论,对照《鉴定管理决定》的要求加以完善。根据《最高人民法院关于行政诉讼证据若干问题的规定》《海关办理行政处罚案件程序规定》等规定,计税结论要符合鉴定结论的形式还必须作进一步完善,主要有:第一,详细载明委托部门移交的材料包括照片、品名及新旧程度等的商检鉴定证书、价格资料等并将上述资料附随在案卷中;第二,载明鉴定所使用的科技手段及完整的计核过程,包括计算公式等;第三,必须具备鉴定部门和鉴定人鉴定资格的说明;第四,载明补充鉴定、重新鉴定的情形及操作程序,载明当事人具有这些权利,目前《海关计核涉嫌走私的货物、物品偷逃税款暂行方法》第12条、第13条仅赋予海关、检察院、法院及走私犯罪嫌疑人、被告人或其辩护人拥有这些权利,但对于不构成犯罪的走私、违规等行政处罚对象并未明确其具备申请补充鉴定、重新鉴定的权利,应予完善;第五,应当将计税结论完整地送达一份给当事人才能生效。目前,很多海关仅仅是将计税结果通过制作笔录、制发《行政处罚告知单》《行政处罚决定书》等形式告知当事人,并不符合鉴定结论的告知形式,应予完善。综上,有必要对《海关计核涉嫌走私的货物、物品偷逃税款暂行方法》《中华人民共和国海关计核违反海关监管规定案件货物、物品价值办法》等规定进行修改。

二、关于涉案货物原产地的举证责任问题

根据《进出口关税条例》第10条规定,原产地不明的进口货物,适用普通税率。但这是指海关正面监管环节的操作,执法实践中,在判定货物原产地环节的海关和当事人的举证责任时,情况有所不同。在正常进口过程中,纳税义务人申报纳税时应首先向海关举证(如提交合同、发票、原产地证明等)所进口货物适用何种税率,如其不同意举证货物原产地,海关即可以推定为原产地不属于享受优惠税率的国家或地区,应按普通税率计核税款。但在走私违规案件的处理过程中,海关应首先负举证责任,必须由海关来证明涉案货物的真实原产地,如办案部门不能举证涉嫌走私违规货物原产地的,则只能按照最惠国税率等计核税款。如果同时存在最惠国税率和暂定税率的,应优先适用暂定税率计核税款。虽然本案中法院对于海关按照普通税率计核当事人五矿公司的所涉税款未提出异议,但事实上海关的上述执法是存在瑕疵的。

三、关于作出不利行政行为是否需要说明理由的问题

强制说明理由,一般应在作出行政决定的同时附随说明理由,主要内容包含事实依据、法律依据及裁量理由三部分,说明理由应达到充分适当、清晰明确的程度,如日本规定经听证或辩明程序后所作处分之理由附记必须载明行政厅对其中重要争点所做判断的过程及结果。强制说明理由是行政公开原则的必然要求,是公正原则及正当程序的精神内核,是落实民主行政的有效手段,体现了行政合作趋势。说明理由的程序价值具体在于:(1)对行政主体而言,能使处罚趋于正确、理性。说明理由是行政主体自我拘束的有效形式,能使办案更加谨慎,有助于减少恣意处罚现象发生,树立处罚的权威性及增强行政主体的公信力,而且使以后发生类似案件有据可循,确保裁量标准和结论的统一,促成平等保护,有助于实现良好行政。(2)对当事人而言,能说服当事人自愿消除争讼或保障其正确行使防卫抗辩权。当事人获悉受罚理由可以让其进一步认识其违法点所在,有助于满足其对公平处理的基本需求,提高处罚的可接受程度,或有利于其有针对性地行使抗辩权救济自身权益,检视处罚是否适当或违法。这更彰显了现代行政对相对人最起码的人格尊重。(3)对复议司法机关而言,可构成复议审查、司法审查的基础,并可提高审查效率。(4)对公众而言,能为其提供行为预测。说明理由在公开之后可使公众了解行政主体"对特定事物在事实上和法律上所持见解或态度,提高其预测的可能性"。

不说明理由的行政行为在我国澳门等地都被认为是违法或者无效的行政行为。我国台湾地区也认为行政处分在认定事实方面,对于认定重要事实之论断,应详细说明理由,否则构成违法。此外,对于做成处分所依据之证据,如何选择及评价,以及裁量的法律依据及事实依据,亦认为必须在处分理由中说明之。海关处罚的诸多法律文书的说明理由极为简略,如实践中经复核程序后制发的《处罚决定书》仅对复核过程作程序性表述,不具有针对性、说理性,缺乏复核的实质内容、逻辑推理过程及裁量理由,这与缺乏外部法律规范有关,更是"模糊执法风险小"的观念所致,亟待改进。

说明理由也不是绝对的。如因情况紧急或涉及国家秘密、商业秘密、个人隐私等情形的,处罚时可不说明理由或不说明该部分理由,但上述不需说明理由的情形及项目必须以法律明确规定为前提。此外,对于因情况紧急而未能即时说明理由

的,当事人可于事后1个月内要求行政主体书面说明理由。

笔者认为,在本案中,如果海关最终未采信当事人五矿公司所提交的原产地证据材料,不接受其所主张的原产地,应当在相关的处罚法律文书及征税法律文书中说明理由,如此才符合正当程序原则。

【延伸阅读】

1.晏山嵘:《海关行政执法案例指导》,中国法制出版社2013年版。

2.陈晖:《海关法评论》,法律出版社2010年版。

第五节　关税的估定、缴纳、减免与退补

●　●　●

一、关税的估定

(一)估定的期限

估定的期限是指纳税义务人向海关申报后,海关估定税费所需要的一段时间。对于估定期限,我国现行的关税法律制度相关文件中,如《海关法》《关税条例》对此未作规定,只是在《海关进出口货物征税管理办法》中作出模糊性的规定①。其他各主要国家或地区的海关法中也大多不约而同地对估定期限没有直接作出规定。这是因为货物种类的日益繁杂等原因,税费的估定本身存在着相当大的不确定性,很难精确地对期限进行界定。

(二)税率的确定

从一个相对较长的期限看,关税税率始终是动态变化的,随时有可能被调整,

---

① 《海关进出口货物征税管理办法》第18条规定:"除另有规定外,海关应当在货物实际进境,并完成海关现场接单审核工作之后及时填发税款缴款书。需要通过对货物进行查验确定商品归类、完税价格、原产地的,应当在查验核实之后填发或者更改税款书。"

但如果站在某一个确定的时间角度看,关税税率又必须是固定的。根据《海关进出口货物征税管理办法》的相关规定,我国对申报方式、违法行为及进出口货物种类分别适用以下不同标准:

1. 货物进境之日。如《海关进出口货物征税管理办法》第 13 条第 2 款的规定。因为在一般情况下进口货物的纳税义务人应当自运输工具申报进境之日起 14 日内向海关申报,因此,货物申报的时间实际上是在运输工具申报进境的时间之后,而运输工具申报进境之日也就意味着货物实际进境之日。

2. 违法行为发生日。如《海关进出口货物征税管理办法》第 13 条第 7 款的规定。

3. 再次纳税申报之日。如《海关进出口货物征税管理办法》第 14 条的规定。

(三)估定的方式

根据估定主体的不同,税费的估定一般可以分为:海关估定与纳税义务人自行估定两种方式。

1. 海关估定是指由海关根据法律法规对税费进行估算。它是一种行政主导思想下的传统产物,凸显出自上而下的管制理念。

2. 纳税义务人是指纳税义务人承担起税费估定的责任,海关在一般情况下并不直接干预,而是在后续环节予以监督。

我国采取的是"纳税义务人如实申报、海关依法审核确定"的估定方式。[①] 我国选择这种估定方式的理由是:纳税义务人对缴纳税费的事实最为熟悉,掌握最为全面的纳税信息,所以,由纳税义务人承担如实申报的义务,符合事物的客观法则。不过,鉴于关税法律制度的复杂性,纳税义务人申报可能出现错误,甚至可能为了逃避税费而不履行如实申报的义务,必须有一种行政监督措施,或者纠正纳税义务人申报的错误,或者确定未申报的税费,以保证缴纳税费的义务得到如实履行,因此,海关依法审核确定也就成为税费估定的一个必要环节。从性质上看,虽然这种估定方式在一定程度上减轻了海关的工作量,但并未根本改变海关主导税费估定的局面。因此,它仍然属于海关估定的方式。

---

① 见《海关进出口货物征税管理办法》第 6 条、第 8 条、第 17 条规定。

二、关税的缴纳

(一)纳税义务人

按照一般逻辑,进出口货物的所有人似乎理应成为纳税义务人,但在实践中,进出口货物的国际流动需要包括进出口货物的收发货人、承运人、托运人、报关公司等在内的代理人才能得以有序运转,而代理人并非进出口货物所有人,加上海关没有必要,也不可能去追究进出口货物背后的真正主人,所以,《海关法》第54条规定:"进口货物的收货人、出口货物的发货人、进出境物品的所有人,是关税的纳税义务人。"第38条规定,对海关监管货物负有保管义务的人在一定条件下也成为关税的纳税义务人。"一定条件"是指根据该条规定,未按海关规定办理收存、交付手续,或者未经海关同意在海关监管区外存放海关监管货物,或者在保管监管货物期间造成监管货物损毁或者灭失的情况下,对海关监管货物负有保管义务的人成为纳税义务人,但发生不可抗力除外。①

(二)缴纳的方式

我国《关税条例》第38条规定:"海关征收关税、滞纳金等,应当按人民币计征。"它意味着纳税义务人缴纳税费不一定使用现金方式支付,但必须限定在人民币这个币种,而不能选择外币或其他形式的货币。

域外的有关国家和地区的纳税方式介绍:不少国家与地区都规定了多种纳税方式,现金纳税只是其中一种。当纳税义务人缴纳税费时,现金方式应优先适用。例如,美国海关法典第197条规定:"除本章第198条规定外,对所有进口关税应以现款征收……"②第198条则规定了除现金纳税外的多种方式。因此,从两个条文的先后顺序及内容来看,通常情况下,缴纳税费应优先采用现金方式纳税,其他纳税方式则作为补充。同时,海关在接受现金纳税时,"现金"仅仅指的是本国货币。但是,也有国家规定,可以使用外国货币缴纳税费。例如,乌克兰统一关税法第17条第1款规定:"……关税以乌克兰货币和乌克兰国家银行购买的外国货币缴纳。"

---

① 郑跃声等主编:《海关法律概论》,中国海关出版社2002年版,第83页。
② 蒋兆康等译:《美国海关法典》,中国社会科学出版社2003年版,第28页。

此外,除《京都公约》中所列举的多种非现金纳税的方式外,还有一些其他的方式。由于情况不同,各国与地区也都是从中加以选择适用。

(1)票据类。票据的范围很广,包括汇票、支票、本票等。在实践中,用作缴纳税费的多是支票的方式。美国海关法典第 1648 条规定:"海关官员可在财政部长规定的时间内并依照财政行政规定的规则接受未保付的支票……"①

(2)债券类。美国海关法典第 1648 条规定:"海关官员可在财政部长规定的时间内并依照财政行政规定的规则接受未保付的支票、政府债券和……"②日本海关法第 77 条第 4 款规定:"按照前款规定的纳税者应当向邮局支付相当于关税的现金,同时提交纳税单。但是,根据《有价证券付税法》的规定,也可以有价证券纳税。"

(3)信用证。法国海关法第 112 条第 1 款规定:"授权海关准许纳税人使用有合法担保的三个月远期信用证支付由海关征收的关税及其他税。"③

(4)保证书。泰国海关法第 19 条之三规定:"如果进口人明示其进口货物仅用于生产、混合、装配或者包装出口到外国港口或者用做驶往外国港口的船舶上的供给品,在署长或其指定的人认为适当时,可以接受财政部或者银行的保证书,代替缴纳进口税……"④

(5)印花税票。韩国海关法第 154 条第 1 款规定:"……应当按照总统令规定的条件用印花税票或者现金缴纳相应的关税。"⑤

(三)纳税到期日

纳税到期日是关税缴纳中的一个重要概念。《海关法》第 60 条规定:"进出口货物的纳税义务人,应当自海关填发税款缴款书之日起 15 日内缴纳税款。"因此,在期限确定方式上,我国采取的是"单一期限"的方式,即从税费确定之日至税费缴纳截止之日,这段时间不得变动,而是单一固定的。

---

① 蒋兆康等译:《美国海关法典》,中国社会科学出版社 2003 年版,第 245 页。
② 蒋兆康等译:《美国海关法典》,中国社会科学出版社 2003 年版,第 245 页。
③ 黄胜强译:《法国海关法》,中国社会科学出版社 1999 年版,第 54 页。
④ 何晓兵等译:《亚洲部分国家海关法》,中国社会科学出版社 2000 年版,第 67~68 页。
⑤ 何晓兵等译:《亚洲部分国家海关法》,中国社会科学出版社 2000 年版,第 188 页。

（四）纳税地点

在通常情况下，除非另有规定，海关都是纳税义务人缴纳税费的地点。是否可以向其他机构缴纳税费，则情况不一。《关税条例》第 37 条规定："纳税义务人应当自海关填发税款缴款书之日起 15 日内向指定银行缴纳税款。"所以，银行是我国纳税义务人的纳税地点，这是因为海关本身毕竟不是金融机构，在税费的接收与保管上无法与银行等专业机构相比，同时，海关也没有必要支付类似的成本，加之银行网点的普及性也远远优于海关自身机构设置的局限性，而随着支付手段的现代化，几乎所有银行都开通运行了网上支付平台，这更有利于纳税义务人缴纳税费。

（五）滞纳金

滞纳金在法律上被认为是一种行政强制执行罚的主要表现形式。[1] 征收滞纳金的目的是通过使滞纳关税的纳税人承担新的货币给付义务的方法，促使其尽快履行其关税给付义务。[2]

关于滞纳金的征收利率，我国《关税条例》第 37 条规定："纳税义务人未按期缴纳税款的，从滞纳税款之日起，按日加收滞纳税款万分之五的滞纳金。""万分之五"的固定利率操作起来简单易行，缺点也显而易见。虽然纳税义务人未能按时缴纳税费被征滞纳金，但造成这种结果的原因有很多。不同的原因所导致的滞纳税费，对社会造成的危害程度也不尽一致。如果对其不加区分而适用同一个利率，则明显有失公平。

在滞纳金征收方式问题上，我国是"按日征收"，即从纳税到期日开始，截止到全部缴纳税费之日，计算天数征收滞纳金。滞纳金的征收金额一般都存在上限或者下限，或者上下限同时具备。一般而言，在征收滞纳金之日到全部缴纳税费之日的这段时间内，滞纳金的征收是一直发生的，它的上限就是进出境货物与物品本身的价值。因此，我们没必要再对滞纳金的上限作出规定。

滞纳金在一定条件下可以予以减免，这是由征收滞纳金的根本意义所决定的。征收滞纳金是因为纳税义务人未能按时缴纳税费，但如果造成这一结果并非其自

---

[1] 胡建淼主编：《行政强制法研究》，法律出版社 2003 年版，第 174 页。

[2] 《中国海关百科全书》，中国大百科全书出版社 2004 年版，第 130 页。

身原因所致,却仍然对其征收滞纳金,这就与征收滞纳金的意义背道而驰。如《京都公约》总附约指南指出,由于海关的差错、疏忽或其他原因导致的迟纳税款,海关应考虑免征滞纳金。[1]

(六)关税的延期缴纳

1.延期缴纳的条件

我国《关税条例》第 39 条规定:"纳税义务人在不可抗力或者在国家税收调整的情形下,不能按期缴纳税款的,经海关总署批准,才可以延期缴纳税款。"由此可见,在延期缴纳税费程序的启动上,我国采取的是客观性标准,即"不可抗力"或者"国家税收调整"属于纳税义务人无法控制的客观因素,它是纳税义务人本身所不能预料、不能控制且不能避免的情况。但是,延期缴纳程序的启动并不意味着延期缴纳进入了实施状态,它还需要海关总署的批准。

2.延期缴纳的期限

延期缴纳税费的期限对于海关与纳税义务人来说,是互相之间的一种博弈。纳税义务人自然觉得期限越长越有利,但期限越长不仅意味着海关税费征收工作量的加大,还随之增加了税费流失的风险。《京都公约》标准条款 4.17 建议该期限至少应为 14 天,理由是 10 个工作日加上两个周六、周日。但从实际操作的角度看,14 天的期限是一个太过于保守的规定。我国立法已经赋予纳税义务人可以延期缴纳税费的权利,只要其符合具体的条件要求,同时也是为了提高本国竞争力,促进本国进出口贸易的发展,则延期最长不得超过 6 个月。

三、关税的减免

关税减免是指对关税的减征和免征,其中减征并不是对税率进行变动,而是在原应征关税数额的基础上予以减少;免税和"零关税"在关税的数额上虽然相同,但是两者还是有一定的差别。零关税是实施的关税税率为零,并不代表不征收关税以外的其他进口环节税;但是按照现行的法律法规,实施免征关税的进口货物,一

---

① 海关总署国际合作司编译:《京都公约总附约和专项附约指南》,中国海关出版社 2003 年版,第 52 页。

般也免征进口环节的其他海关代征税。

按照法律法规规定的不同,减免税可以分为法定减免税、特定减免税和临时减免税三大类。

1.法定减免税是指根据《中华人民共和国海关法》《中华人民共和国关税条例》和其他法律、行政法规等可以享受减免关税优惠的规定给予的减免税。凡是完全符合上述法律规定可予以减免税的进出口货物,进出口人或其代理人无须事先向海关提出申请,海关征税人员可按规定给予减免税。海关对法定减免税货物一般不进行后续管理,也不作减免税统计。

2.特定减免税是指依照国务院规定对特定地区、特定企业、特定用途的进出口货物所实行的减免税,特定减税或者免税的范围和办法由国务院规定,海关根据国务院的规定单独或会同国务院其他主管部门制定具体实施办法并加以贯彻执行。申请特定减免税的单位或企业,应在货物进口前向主管海关提出申请,凭海关签发的减免税证明及有关报关单证向进口地海关办理减免税货物进口报关手续。受惠单位或企业已经向海关申请办理减免税审批手续,在主管海关按规定受理期间(包括经批准延长的期限)货物到达进口口岸的,受惠单位或企业也可以向主管海关申请凭担保办理货物先行验放手续。进口单位需要办理担保手续的,应当在货物申报进口前向主管海关提出申请,主管海关审核后出具同意按减免税货物办理担保手续的证明,进口地海关审核符合担保条件的,凭担保证明按规定办理货物的担保和验放手续。货物征税放行后,进口单位申请补办减免税审批手续的,海关不再受理,已征税款不予退还。

3.临时减免税是指法定减免税和特定减免税以外的其他减免税,即由海关总署单独或会同财政部,按照国务院的规定,根据某个单位、某类商品、某个时期、某批进出口货物的特殊情况需要给予特别的照顾,一案一批,专文下达,通知口岸海关办理的减免税。

临时减免税具有集权性、临时性、局限性和特殊性。临时减免税审批的层次较前两类减免税要高,它必须通过海关总署的"一支笔"审批,而不允许由中央或地方的其他部门执行审批。临时减免税只能一案一批,并且具有单位、品种、期限、金额、数量等限制,不允许自行援引比照。

进出口货物的收、发货人或者他们的代理人,由于特殊原因要求临时减免税时,应当在货物进出口前书面写明理由,随附必要的资料及证明向所在地海关提出申请,经海关审查所述情况属实后,转报海关总署审批。所述理由不足、不实或所附资料不全的,海关可直接答复申请人照章征税。

对于临时减免税的进口货物,除海关总署批复有用途限制要加以后续管理外,其余的货物,海关一般不需要进行后续管理,但要进行减免税统计。[①]

四、关税的退还

(一)关税退还的原因

关税退还的原因最初是关税的"估算错误"。在通关过程中或货物放行后,海关或进出口商都有可能发现计算税费的基础不正确。这可能是由海关、申报人或其他一些人(如发货人或装货人)所造成的错误。税费的估算错误可能是由于估定价格高于完税价格、采用了不正确的汇率、货物的数量短少或质量残次、税款的计算错误或打印错误,因而造成了已征或将征的税费高于应征税费。[②] 同时,因为相对于纳税义务人,海关在估定税费时占据着主导地位,理应承担更重的责任,所以,我国《关税条例》第52条规定:"海关一旦发现多征税款的,应当立即通知纳税义务人办理退税手续。而纳税义务人发现多缴税款的,可以以书面形式要求海关退还。"

此外,我国《关税条例》第50条还具体规定,纳税义务人在出现以下三种情形之一时,可以申请退还关税:

1.已征进口关税的货物,因品质或者规格原因,原状退货复运出境的;

2.已征出口关税的货物,因品质或者规格原因,原状退货复运进境,并已重新缴纳因出口而退还的国内环节有关税收的;

3.已征出口关税的货物,因故未装运出口,申请退关的。

---

① 朱新瑞等主编:《中国海关监管与征税》,中国海洋大学出版社2007年版,第101～107页。

② 海关总署国际合作司编译:《京都公约总附约和专项附约指南》,中国海关出版社2003年版,第55页。

关于关税退还的客观原因,有些国家或地区还列明了一些,例如"法令规定"等也可以成为关税退还的原因。我国台湾地区"关税法"第 64 条规定:"进口 1 年内因法令规定禁止其销售、使用,于禁止之翌日起 6 个月内原货复运出口,或在海关监视下销毁……退还其原缴关税。或者于货物提领前,因天灾、事变或不可抗力之事由,而遭受损失或损坏致无价值,并经海关查明属实……退还其原缴关税。"而新西兰海关和消费税法第 113 条第 1 款规定:"根据任何例外、限制或条件,如果行政长官相信进口或在新西兰加工的货物有下列情况的,可准予退还或减免任何关税:(1)海关解除监管之前已被损坏、销毁、偷窃或灭失或价值减少或已变质,或……;(2)海关解除监管前已被放弃给王国销毁或作其他处理。"①

(二)关税退还的期限

在此问题上,我国采取的是分设期限的做法,即针对海关与纳税义务人两个主体分别设置不同的期限。《海关进出口货物征税管理办法》第 59 条规定:"海关发现多征税款的,应当立即通知纳税义务人办理退税手续。纳税义务人应当自收到海关通知之日起 3 个月内办理有关退税手续。"第 60 条规定:"纳税义务人发现多缴纳税款的,自缴纳税款之日起 1 年内,可以向海关申请退还多缴的税款。"在这两条中,海关退还多征税款的期限并未提及,当然就可以理解为"无期限",而纳税义务人所享有请求退款的权利,应在规定的 1 年期限内,超过规定期限则丧失了胜诉权。②

(三)关税退还的金额

在关税退还时,除应退还多征或已征税款外,还应计算利息。我国《关税条例》第 52 条,纳税人在规定期限内,"可以以书面形式要求海关退还多缴的税款并加算银行同期活期存款利息"。但是,究竟是以哪一家银行的同期活期存款利息为准,并不能直接看出。由于我国所有银行的同期活期存款利息均由中国人民银行确定,在一段时期内相对稳定,但随着今后金融业的逐步开放与竞争加剧,有可能导致各家银行之间存款利率的差异化,届时就会给退还金额的计算带来不确定性,因

---

① 黄胜强等译:《欧盟、加拿大、新西兰海关法》,中国社会科学出版社 2001 年版,第 89 页。
② 邵铁民:《海关法学》,上海财经大学出版社 2004 年版,第 89 页。

此,与其语焉不详,我们倒不如直接将其修改为按照中国人民银行确定的同期活期存款利息计算。此外,在退还金额的支付上,我国《关税条例》第 53 条明确规定:"退还税款、利息涉及从国库中退库的,按照法律、行政法规有关国库管理的规定执行。"但到底采取的是现金形式还是其他形式却没有规定。

五、关税的追征和补征

关税的追征和补征是指海关在进出口货物、物品完成通关手续,放行有关货物或物品后的法定时间内,发现实际征收的税款额少于应当征收税款额的短征情况,根据发生短征的原因不同,海关依法分别采取措施,将短征的税款追还或补充征收入库。

海关追征、补征税款的法定情况为:进出口货物完税后,海关发现少征或漏征税款。其中,少征税款是指由于纳税义务人违反海关规定造成的海关短征;漏征税款是指由其他原因造成的海关短征。

海关发现有少征、漏征税款的情况时,在法律规定的期限内,有权向纳税义务人追征、补征。补征的法定期限为自缴纳税款或货物放行之日起的 1 年以内;追征的法定期限为自缴纳税款或货物放行之日起。

【案例裁决/法律文书摘录】

一、声威公司不服广州海关行政处罚案

[基本案情]2001 年 1 月 31 日,当事人广东声威混凝土有限公司(以下简称"声威公司")作为报关经营单位及减免税设备申请使用单位,以合资合作设备方式向广州海关申报进口依维柯牌机动混凝土搅拌车 12 辆,申报单价为 6.8 万美元/辆,申报总价为 81.6 万美元。2005 年 9 月,广州海关对声威公司使用上述免税进口搅拌车的情况进行核查时发现,声威公司未经海关许可,于 2004 年 7 月、2005 年 4 月和 6 月分别将上述属于海关监管货物的 12 辆搅拌车经报废后交由广东省金属回收公司、广州市金属回收公司收购,共收取变卖价款人民币 95060 元。涉及货物价值人民币 2986945.91 元,涉及漏缴税款人民币 766993.54 元。

经调查,声威公司将涉案车辆提前报废并交由金属回收公司收购,广州海关于2006年5月经行政立案,并向海关解释提前报废的原因主要在于:1.运营成本高。该批车辆的使用频率非常高,致使从2003年下半年开始,车辆故障频生、经常处于维修状态,无法正常使用。声威公司又称,"至2004年3月,意大利依维柯厂已不再生产该车辆的零配件,不能继续提供维修服务"。同时,因涉案车辆的养路费、营运费、保险费等费用支出很高,考虑企业的运转成本,声威公司对涉案车辆作了提前报废处理。2.对海关监管的涉案车辆的报废手续及相关规定的不熟悉,以为将车辆按正常途径报废后再交手续资料给海关备案即可。海关经向广州市公安局交通警察支队车辆管理所查询,涉案12辆混凝土搅拌车均已办理了机动车注销手续。

根据上述事实,广州海关认为:根据海关总署第179号令《海关进出口货物减免税管理办法》第36条规定,进口减免税货物机动车辆的监管年限为6年。声威公司所进口的12辆搅拌车在进口使用了3—4年后,于2004年7月、2005年4月和6月(即还在6年的监管期限内)就擅自交由金属回收公司收购的上述行为明显违反该办法第26条关于"在进口减免税货物的海关监管年限内,未经海关许可,减免税申请人不得擅自将减免税货物转让、抵押、质押、移作他用或者进行其他处置"的规定。广州海关作出穗关缉字[2007]030032号《行政处罚决定书》,认定声威公司的上述行为构成了《海关处罚条例》第18条第1款第(一)项所列之违规行为,根据《海关处罚条例》第18条第1款第(一)项规定,决定对声威公司科处罚款人民币35万元(货物价值12%),另责令声威公司补缴漏缴税款人民币76万余元。

2008年4月,声威公司向广州市中级人民法院提起行政诉讼,起诉理由主要是海关认定原告车辆报废行为是转让行为定性错误,海关行政处罚缺乏事实和法理依据。2008年10月,广州市中级人民法院一审判决,维持广州海关行政处罚决定,认为海关对声威公司未经海关许可,擅自转让海关监管货物的行为作出的行政处罚决定事实清楚,证据确凿,适用法律正确,程序合法。

2008年11月,声威公司向广东省高级人民法院提起上诉;2009年7月,广东省高级人民法院二审判决认定声威公司的转让行为属于车辆报废行为,既有别于普通货物的交易转让行为,也不应认定为法律上的车辆转让行为。因广州海关原处罚决定认定事实不清、依法予以撤销,可在查清事实后重新依法作出适当处理。

基于广东省高院的上述终审判决,2012年2月22日,广州海关向声威公司作出并送达穗关缉违字[2011]030005号《行政处罚决定书》:将原认定声威公司"擅自转让"的违法事实描述变更为"擅自报废处置海关监管货物,交由广东省金属回收公司、广州市金属回收公司收购",构成《海关处罚条例》第18条第1款第(一)项、《行政处罚法》第27条之规定,决定对当事人声威公司从轻科处处罚人民币15万元。

申请人声威公司仍不服上述行政处罚决定,在法定期间内向海关总署(海关分署)申请行政复议,请求撤销上述行政处罚决定,主要事实和理由是:

(一)认为被申请人作出穗关缉违字[2011]03005号《行政处罚决定书》的程序违法。1.被申请人依据同一法律条文,对申请人同一行为作出两次罚款的行政处罚,违反了《行政处罚法》第24条的规定。2.被申请人在没有具体明确申请人行为违法的前提下作出行政处罚,被申请人认为申请人报废车辆的行为构成了《海关处罚条例》第18条第1款第(一)项所列的违规行为,但没有明确违反了上述条款的哪部分具体内容,没有明确构成违规的依据,根据条文本身也无法得出结论,违反了《行政处罚法》第4条。3.被申请人违反了法律对行政处罚时效的规定,申请人最后一批报废机动车是在2005年6月,而被申请人却在2008年4月1日才对此作出行政处罚决定。二审判决否定原处罚定性后的两年内,被申请人并未发现申请人行为的违法之处。2011年8月3日,被申请人向申请人发出《行政处罚告知单》,表明此时被申请人才发现申请人的行为可能违法,此时距申请人最后报废车辆的时间2005年6月已相距6年多。被申请人违反了《行政处罚法》第29条关于违法行为在两年内未被发现的不再给予行政处罚的决定。

(二)穗关缉违字[2011]030005号《行政处罚决定书》在事实认定上与事实不符。1.申请人根据国家对机动车强制报废的法律规定报废车辆,在经得有关部门审核批准后实行,是合法有效的,也为广东省高级人民法院2009年7月28日作出的[2008]粤高法行终字第130号判决书的确认。2.我国实行强制报废制度,申请人依法报废车辆的行为是带有行政强制性的行为。根据公安部《机动车登记规定》第19条规定,转让属于海关监管的机动车,报废应当提交《中华人民共和国海关监管车辆接触监管证明书》或者海关批准的转让证明,但是,该规定没有明确属于海关监管的机动车,报废注销时应当提供《中华人民共和国海关监管车辆解除监管证明书》或者海关批准的转让证明。因此,申请人将涉案车辆进行报废处置的行为符合法律规定,是合法有效的。3.申请人报废车辆所取得的车辆残值,被申请人按照正常车辆的标准计算车辆价值以及偷逃税款额,是错误的认定。申请人不存在走私以及偷逃税款的情形,因此,被申请人依据机动车正常使用情况来计算车辆完税价格、关税、增值税,以此得出的车辆价值为2986945.91元,又以涉嫌走私、偷逃税款作出《涉嫌违规的货物、物品偷逃税款海关核定证明书》,核定申请人的偷逃税款为766933.54元并以此为标准处以罚款,与事实不符。事实上,申请人报废车辆经核定领取的是车辆残值,仅为95060元。

被申请人答复称,穗关缉违字[2011]03005号《行政处罚决定书》认定事实清楚,正解确凿,使用法律正确,处罚适当,程序合法,建议予以维持原处罚决定,并对申请人的复议请求依法不予以支持,理由如下:

(一)广州海关对申请人未经海关许可,擅自将海关监管货物进行报废处置的行为定性违规,科处罚款人民币150000元的处罚决定,认定事实清楚,证据确凿,适用法律法规正确,程序合法,处罚适当。1.广州海关认定申请人的违法事实清楚、证据确凿。相关事实有海关进口货物报关单、海关进出口货物征税免税证明、中国进出口商品检验广东公司价值鉴定书、海关办理违反海关监管规定案件货物、物品税款计核证明书、涉案车辆报废、回收、销户材料、涉案车辆收购统一发票、涉案车辆注销查询结果、当事人书面陈述报告、涉案人员询问笔录及有关人员情况说明、企业注册资料等证据证实。2.广州海关作出的行政处罚适当。广州海关根据《海关法》第86条第(十)项、《海关处罚条例》第18条第1款第(一)项、《行政处罚法》第27条的规定,认定申请人将尚在海关监管期限内的减免税货物予以提前报废并交回收的行为构成未经海关许可,擅自将海关监管货物进行其他处置的违规行为,从轻科处申请人罚款人民币150000元,使用法律正确、处罚适当。3.广州海关作出相关执法行为的告知、复核、听证、送达均等程序皆合法,并依法保障了申请人的救济权利的履行。

(二)针对申请人的理由,被申请人回应如下:1.申请人所述"被申请人依据同一法律条文,对申请人的同一个行为作出两次罚款的行政处罚",虽然广东省高级人民法院于2009年7月28日二审判决撤销穗关缉违字[2007]030032号《行政处罚决定书》,但同时判决海关"可在查清事实后重新依法作出适当的处理",并不存在申请人所说的"被申请人依据同一法律条文,对申请人的同一个行为作出两次罚款的行政处罚"情形。2.申请人所提"被申请人在没有具体明确申请人行为违法的前提下作出行政处罚",广州海关对申请人进行行政处罚所引用的是《海关处罚条例》第18条第1款第(一)项。该条款详细列明了几种比较常见的擅自处置海关监管货物的行为,对于其他未能一一详尽列明的不常见的处置方式,则用"其他处置"作为保险条款。申请人未经海关许可,擅自将仍在海关监管期内的货物予以报废处置,即属于本条款所列明的"其他处置"范畴。3.申请人所提"被申请人违反了法律对行政处罚时效的规定",《行政处罚法》第29条规定"违法行为在2年内未被发现的,不再给予行政处罚",此条款强调的是违法行为被发现的时间,而不是申请人提出的行政处罚的法律文书发出的时间。2005年9月23日,广州海关驻龙岗办事处对申请人进口的减免税设备使用的情况进行核查时,发现申请人未经海关许可,在减免税设备的海关监管期内,擅自将涉案的减免税设备予以报废处置。该时间就是申请人的违法行为被发现的时间,此时距申请人第一次车辆报废的时间2004年7月14日不满两年。因此,广州海关对申请人的行政处罚符合《行政处罚法》中的时效规定。4.关于申请人所提"申请人根据国家对机动车强制报废的法律规定报废车辆,在经得有关部门审核批准后实行,是合法有效的"、"我国实行强制报废制度,申请人依法报废车辆的行为是带有行政强制性的行为"的说法,广州海关只是认定申请人未经海关许可,擅自将海关监管货物予以报废处置的违法事实,从来没有否认申请人是按照合法程序进行车辆报废的事实。但申请人不能否认的是,本案涉案的12辆混凝土搅拌车既是普通机动车,同时还是海关监管货物。申请人只是履行了一般机动车辆报废的手续,但恰恰没有履行其作为海关监管货物应当办理接受海关监管的手续,构成了《海关处罚条例》第18条第1款第(一)项所列之违规行为。5.申请人所提"报废车辆所取得的是车辆残值,被申请人按照正常车辆的标准计算车辆价值以及偷逃税款额,是错误的认定"。《海关审定进出口货物完税价格办法》第35条规定"减税或者免税进口的货物应当补税时,应以海关审查确定的该货物原进口时的价格,扣除折旧部分价值作为完税价格"。海关根据该规定核定申请人漏缴税款人民币 766993.54 元的计核结果依法有据。

海关总署(广东分署)经复议认为,根据《海关法》第 37 条、《海关进出口货物征税管理办法》第 76 条、《海关进出口货物减免税管理办法》第 26 条的规定,本案减免税进口的混凝土搅拌车属于海关监管货物,在海关监管年限内,应当接受海关监管,未经海关许可,不得擅自处置。申请人在未经海关许可的情况下,擅自将本案海关监管车辆予以报废处置,构成《海关法》第 86 条第(十)项和《海关处罚条例》第 18 条第 1 款第(一)项规定的"擅自将海关监管货物进行其他处置"的违规行为。但穗关缉违字[2011]030005 号行政处罚决定在涉案货物价值的确定方面认定事实不清,且罚款明显不当。

根据《行政复议法》第 28 条第 1 款第(三)项之规定,海关总署(广东分署)决定:撤销穗关缉违字[2011]030005 号行政处罚决定,并由被申请人自收到本《行政复议决定书》之日起 60 日内重新作出具体行政行为。①

[分析]

一、申请人未经海关许可报废车辆并交有关回收公司收购的行为是否具有违法性,是否属于《海关法》第 86 条第(十)项的"擅自将海关监管货物进行其他处置"行为

《海关法》第 86 条、《海关处罚条例》第 18 条第 1 款第(一)项中,对"擅自将海关监管货物进行其他处置"的外延是什么,并没有明确。《海关法》《关税条例》《进出口货物减免税管理办法》等关于减免货物的正面监管规定,亦未明确该问题,同时似乎也未明确是否应禁止未经海关许可将减免税车辆进行报废并交有关回收公司收购行为的问题。《海关法》第 57 条第 2 款规定,"依照前款规定减征或者免征关税进口的货物,只能用于特定地区、特定企业或者特定用途,未经海关核准并补缴关税,不得移作他用"。那么,未经海关许可,报废减免税车辆并交有关回收公司收购的行为,是否违反了《海关法》第 57 条的"用于特定企业""用于特定用途""不能移作他用"等?

---

① 晏山嵘:《海关行政执法案例指导》,中国法制出版社 2013 年版,第 10～28 页。

从海关的监管规定来看,《海关对外商投资企业进出口货物监管和征免税办法》(海关总署令第 29 号,1992 年 9 月 1 日实施,2011 年 3 月 1 日废止)第 18 条规定减免税进口的机动车辆的监管期限是 6 年,《海关进出口货物征税管理办法》(海关总署令第 124 号)第 75 条规定,特定地区、特定企业或者有特定用途的特定减免税进口货物,应当接受海关监管。减免税进口的机动车辆的监管年限为 6 年。《海关法》第 100 条规定,海关监管货物包括特定减免税货物;第 37 条规定,海关监管货物,未经海关许可,不得进行其他处置,有关的行政执法部门决定处理海关监管货物的,应当责令当事人办结海关手续。可见,在 2001—2005 年期间,海关关于减免税设备的管理规定是明确的,是有法可依的。本案中,当事人免税进口的机动混凝土搅拌车依法属于海关监管的减免税货物,监管年限为 6 年,由于其车辆为 2001 年 1 月 31 日进口,故其在 2007 年海关监管期限终了之前,未经向海关书面申请并获得许可,不得擅自对减免税车辆进行处置。《海关法》第 37 条与当事人主张的《道路交通安全法》第 14 条"国家实行机动车强制报废制度,根据机动车的安全技术情况和不同用途,规定不同的报废标准。应当报废的机动车必须及时办理注销登记。达到报废标准的机动车不得上道路行驶。报废的大型客车、货车及其他营运车辆应当在公安机关交通管理部门的监督下解体"及《报废汽车回收管理办法》第 10 条"报废汽车拥有单位或者个人应当及时向公安机关办理机动车报废手续。公安机关应当于受理当日,向报废汽车拥有单位或者个人出具《机动车报废证明》,并告知其将报废汽车交售给报废汽车回收企业。任何单位或者个人不得要求报废汽车拥有单位或者个人将报废汽车交售给指定的报废汽车回收企业"均为国家强制性法律,都需要当事人遵守,两者并不矛盾。《海关法》并没有禁止报废,《道路交通安全法》等规定也没有禁止在报废交售前办结海关手续。《道路交通安全法》第 100 条规定:"驾驶拼装的机动车或者已达到报废标准的机动车上道路行驶的,公安机关交通管理部门应当予以收缴,强制报废。对驾驶前款所列机动车上道路行驶的驾驶人,处 200 元以上 2000 元以下罚款,并吊销机动车驾驶证。出售已达到报废标准的机动车的,没收违法所得,处销售金额等额的罚款,对该机动车依照本条第一款规定处理。"违反关于报废的上述规定,当事人要受到交管部门的行政处罚。违反海关关于减免税车辆的监管规定,要受到海关的行政处罚。因此,当事人必须兼顾遵守两类规定,履行上述两种法律义务。据此,当事人在处置减免税车辆之前需要办结海关手续,使其成为国内货物再实施报废是应当履行的法定义务,否则致使海关监管货物脱离监管就应承担相应的法律责任。笔者认为,报废整个过程可具体区分为三个步骤:一是报废申报行为阶段;二是报废交售行为阶段;三是注销登记行为阶段。当事人在报废申报行为实施之前或同时应及时通知海关,但并不一定要获得海关许可;报废交售行为必须事先经过海关许可,因为此行为必然是海关监管货物的所有权发生转移,其占有、使用、收益、处分均受到根本性的影响。违反了《海关法》第57条的"只能用于特定企业",而采用"用于特定用途""不能移作他用"的说法似乎不是很恰当,因为此时已符合国家强制报废标准,按报废的法律程序操作并不属于"用于其他用途"或"移作他用",但是不能随意变更所有权主体。因此,当事人的交售收购行为属于一种特殊的转让行为,有别于普通的销售牟利行为,因此定性为走私是不妥当的。鉴于声威公司已经将涉案特定减免税车辆有偿处理给了金属回收公司,所有权是指发生了转移,符合民法意义上"转让"的构成要件,只不过是将所有权转让后,车辆已不再正常使用而是进行报废。转让方是以废品价格出售抑或是以二手车价格出售、购买方是继续使用还是报废回收拆解的购买目的,都不能改变转让的本质。但我们同时还要看到,报废交售行为阶段属于报废行为整个过程中的一环,如果不进行该步骤,报废行为无法全部完成。因此,从这个意义上来考虑,广东省高级人民法院二审判决所持认定"声威公司的行为属于车辆报废行为,既有别于普通货物的交易转让行为,也不应认定为法律上的车辆转让行为"的观点亦有其道理。如果使用擅自处置这一行为定性,则可以把未经海关许可,擅自转让及擅自进行报废处置(主要是指交售回购这个环节)的意思均包含进去,因此,当事人的行为未经海关许可,擅自转让及擅自进行报废处置,已构成擅自处置的事实,具有违法性和可罚性。对于当事人行为是否构成"擅自移作他用",考虑到减免税车辆已达到报废标准,已经不存在使用价值,也无法再用作其他用途,因此,海关认定其行为构成"擅自移作他用"不够恰切。在《海关法》第86条第(十)项或《海关处罚条例》第18条第1款第(一)项条文中,"移作他用"与"其他处置"是选择性的并列关系,在认定"处置"的前提下,"移作他用"可不予考虑。从广义上来说,每一次执法都是对法律的具体阐释,法律适用的过程就是法律解释的过程。因此,在海关法律法规的适用过程中,应优先考虑立法原意,同时又要结合个案事实等因素,做出合理的解释。据此,广州海关将"擅自处置"作上述阐释和理解是有权且妥当的。

这里有必要探讨的一个问题是:交管部门及金属回收公司对于擅自处置涉案特定减免税车辆是否也有一定责任?《海关法》第37条规定,海关监管货物,未经海关许可,不得进行其他处置,有关行政执法部门决定处理海关监管货物的,应当责令当事人办结海关手续。根据公安部《机动车登记规定》(2004年5月1日起实施,2012年9月12日第二次修订)第19条,转让属于海关监管的机动车应当提交《中华人民共和国海关监管车辆解除监管证明书》或者海关批准的转让证明,但是该规定没有明确属于海关监管的机动车报废申报或报废交售或注销登记时,应当提供《中华人民共和国海关监管车辆解除监管证明书》或者海关批准的转让证明。交管部门在办理报废交售或注销登记时对擅自处置具有一定的法律责任,因其负有法定义务及责令办结海关手续的义务,而且因其与海关同为行政机关,要查询该车辆是否为海关监管货物提供便利条件,这时善意处置恐怕难以成立,倒是金属回收公司的收购行为如果不是明知报废车辆仍属于海关监管货物的情形下应当可以成立善意处置,但如果其明知报废车辆属于海关监管货物的情形仍然收购应当也具有一定的法律责任。

二、如果应予处罚,对货物价值的计核,是否包括完税价格和漏缴税款,应当如何计算

《海关处罚条例》第18条的罚基是货物价值,根据《海关处罚条例》第64条规定,"货物价值"是指进出口货物的完税价格、关税、进口环节海关代征税之和。

《海关计核违反海关监管规定案件货物、物品价值办法》(2009年6月1日起生效,广州海关2008年4月作出行政处罚决定,重作时间为2011年)第26条规定:"未经海关许可,擅自将特定减免税货物抵押、质押、留置、转让、移作他用或者进行其他处置的,违法货物的完税价格为海关审定的该货物原进口时的价格扣除折旧部分价值。未经海关许可,擅自将特定减免税货物转让的,案件的漏缴税款为违法货物的应缴税款;擅自将特定减免税货物抵押、质押、留置、转让、移作他用或者进行其他处置的,案件的漏缴税款为违法行为维持时间占海关监管年限的比例

所对应的税款。未经海关许可,擅自将不作价设备抵押、质押、留置、转让、移作他用或者进行其他处置的,有关完税价格、漏缴税款等参照本条第一款、第二款进行计核。"

其对此类案件完税价格的确定是明确的。但关于漏缴税款,其未明确"擅自将特定减免税货物作其他处置"的案件需否计核以及如何计核。

上条规定的两种计核方式,结合《海关进出口货物减免税管理办法》,具体的计核方法似乎都考虑到了货物的实际状态。那么,报废并交回收后,车辆已不存在,申请人取得的只有回收公司支付的车辆残值9万多元,这种情况下,以车辆残值为基础计核税款,是否妥当?(广州海关在判决前做出处罚计核时,依据的是《海关计核涉嫌走私的货物、物品偷逃税款暂行办法》,实际结果与第一种方法即擅自转让情形一致)

从合法性的角度看,对于完税价格的计算问题,《进出口关税条例》第21条、《海关审定进出口货物完税价格办法》(海关总署令第95号,2002年1月1日施行,2006年5月1日废止)第7条、《海关审定进出口货物完税价格办法》(海关总署令第148号)第6条中对于完税价格的审查确定方法均作了明确规定,无合法理由不能颠倒次序,完税价格计核公式为:完税价格=海关审定的货物原进口的价格×(1-减免税货物已进口时间/监管年限×12)。对于漏缴税款的计算问题,广州海关对于本案漏缴税款的计核依据的是《海关计核涉嫌走私的货物、物品偷逃税款暂行办法》(海关总署令第97号),这是不准确的,因为违规案件比照该暂行办法计核税款的前提是不能确定违规货物的接受申报进口之日,而本案中当事人免税进口车辆的接受申报进口之日应该是确定的。对于漏缴税款的计核,在现行《海关计核违反海关监管规定案件货物、物品价值办法》(海关总署令第182号)仍缺乏直接依据的情况下,可依据有利于当事人的原则,参照《海关进出口货物减免税管理办法》第47条的规定进行,按违法行为持续时间占海关监管年限的比例计核漏缴税款,即补缴税款=海关审定的货物原进口时的价格×税率×需补缴税款的时间/(监管年限×12×30),这样计核从表面上及法律依据上看符合合法性原则的要求,但是,如果进一步深究,作为海关监管货物的特定减免税车辆之所以把监管年限确定为6年,立法原意应当是将其使用年限确定为6年,如果经过国家有关部门检测鉴定,未满 6 年但确实已经达到报废标准且已丧失原货物本身之使用价值的,如履行了法定手续,就应当视为监管年限已经届满,海关应当为其办理解除监管手续,也就不产生所谓的漏缴税款,不应当存在需要计核相应税款的问题。从《海关进出口货物征税管理办法》《海关进出口货物减免税管理办法》的立法原意看,需要补缴税款的减免税货物应视为仍具有原货物使用价值的,但不再用于符合减免税政策规定范围的货物。从这个意义上来说,对于完税价格的确定,应当参照《海关审定进出口货物完税价格办法》第 27 条中"加工企业内销加工过程中产生的边角料或者副产品,以海关审查确定的内销价格作为完税价格",并在此基础上,接受当事人的主张,以相关车辆残值作为货物价值,将其明确为罚基是符合合理性原则及《海关进出口货物减免税管理办法》等规定的立法原意及立法宗旨的。因此,《海关进出口货物减免税管理办法》等相关规定应当进行修改,将达到法定报废标准也列为监管年限届满及解除监管的情形之一。

三、违法行为是否超过追溯时效及连续行为应如何使用法律

《行政处罚法》第 29 条规定的连续行为系指"当事人基于同一违法故意,连续实施数个独立的行政违法行为,并触犯同一个行政处罚规定的情形"。声威公司的违法行为分别发生在 2004 年 7 月(《海关行政处罚细则》生效期间,该规定于 1993 年 4 月 1 日生效,2004 年 11 月 1 日失效)及 2005 年 4 月、2005 年 6 月(《海关处罚条例》生效期间,该规定于 2004 年 11 月 1 日生效),属于一个典型的连续行为,而广州海关于 2006 年 5 月立案,单独看每个行为也均未超过追溯时效。连续行为的"发现之日"可以连续行为终了之日为起点计算。但上述数个独立的行政违法行为之间也应当有一定的时间限制,否则不利于保护相对人利益。一般来说,它应以 2 年为最长期限。而且数个违法行为应属于触犯同一法律中的同一条款项目且属性相同的违法行为,如数个擅自交付行为,再如数个擅自调换行为等。上述案例中第一次到第二次及第二次到第三次的时间间隔均未超过 2 年,因而,未构成连续行为的终端,可按第三次行为之日作为整体连续行为的终了之日计算追溯时效。而上述行为均为擅自处置行为,因此根据通说上述行为属于连续行为。但连续行为尤其是行为犯由于很多时候仅能作一个行为论处,导致本应收到较重处罚的行为人却能够作较轻处罚,其弊端非常明显,极易违背比例原则,目前《德国违反秩序罚

法》、我国台湾地区"行政罚法"及"刑法"均已弃用该概念,日本刑法也删除了关于连续犯的规定,此立法动向值得关注。笔者初步认为,我国行政处罚领域实无必要继续使用在境外已被淘汰的概念,而应将连续行为直接认定为数行为处理。《海关行政处罚细则》中并没有关于擅自处置的规定,就 2004 年 7 月的违法行为无法在《海关行政处罚细则》与《海关处罚条例》两个行政法规之间作适用之轻重衡量,如果将该行为定性为擅自移作他用或擅自转让,其后两个行为定性为擅自处置,则会产生相同行为不同定性的问题。而《海关法》第 86 条第 10 款则有关于擅自处置的规定。因此,对于该案的擅自处置连续行为应以《海关法》作为处理依据,不宜以《海关行政处罚细则》或《海关处罚条例》作为处理依据。

四、对此种行为是否应当从轻、减轻或不予处罚

当事人违规行为相对于擅自抵押、质押、留置、转让等行为,主观过错程度确实更加轻微,也没有获取利益的意愿。从广东省高院的二审判决来看,法院并非判定当事人无违规行为,只是对"转让"的认定不认可,另外就是要求海关重新认定事实后适当从轻处罚。从广州海关重新作出的处罚决定来看,已认定当事人行为为"擅自处置",具有从轻处罚情节,并且降低了罚款,符合合法性原则要求和法院责令重作处罚的要求,因此,本案无撤销案或者免于处罚的必要。当事人发生违法行为的一个重要原因是国家相关法律法规衔接不畅,立法本身有瑕疵。海关立法时并没有考虑在海关监管年限内也会发生达到强制报废标准的情形,对此情形没有明确应作何处理,交管行政强制行为与海关行政征收或海关监管行为有所冲突,由此当事人要承担较重责任并不合理,而且在实际操作中,交管部门也具有一定的法律责任。从这个角度来看,我们可以考虑对当事人依法从轻或减轻处罚,再适当降低罚款幅度或数额。此外,如果当事人的车辆达到报废标准而不及时履行报废程序将受到交管部门的处罚,而在尚未达到报废标准的时点之前申请解除监管又要负担正常设备提前解除监管之较重税负,因此怎样操作对当事人来讲都不理想,比较理想的操作应该是车辆达到了报废标准,就及时向交管部门申报,并同时通知海关,等车辆残值被回收企业估定出来之后、交售之前,及时向海关办理解除监管手续再实施交售行为及注销登记行为。

二、仙妮蕾德不服黄埔海关追缴税款案

[基本案情]2002 年 3 月 15 日,黄埔海关向仙妮蕾德(中国)有限公司(以下简称"仙妮蕾德公司")制发埔关稽通 2002[202]号《稽查通知书》,对其 2000 年 1 月 1 日以来一般贸易进口货物的生产、使用等情况的真实性、合法性实施稽查。后根据原告仙妮蕾德公司的申请,海关将稽查时限往前延伸至 1999 年 3 月 16 日,往后延伸至 2002 年 12 月 31 日。经稽查查明:1997 年 1 月 1 日,原告仙妮蕾德公司与仙妮蕾德国际机构签订《技术许可合同》。按照该合同,原告仙妮蕾德公司必须向仙妮蕾德国际机构按照合同产品的净销售额的 2%～5%计提技术提成费(提成比例等额累减),2001 年 6 月 23 日签订技术许可合同修订协议,将提成费计提比例改为净销售额的 2%～5%(按额递减计提)。1998 年 1 月 1 日,原告仙妮蕾德公司与仙妮蕾德国际机构签订《知识产权使用许可协议》。原告仙妮蕾德公司必须在每一会计季度结束后计算该季度的净销售额,并在 30 天内按净销售额 3%计提并支付商标使用费。后原告仙妮蕾德公司按照合同约定的净销售额比例,向仙妮蕾德国际机构支付了专有技术使用费和商标费。经查,仙妮蕾德公司支付的上述特许权使用费未向海关申报并缴纳税款。通过合理分摊,涉及 2002 年进口货物应计入完税价格的专有技术使用费 573.31747 万元、商标费 857.393426 万元。经核算,2002 年的进口货物未向海关申报的特许权使用费应纳税款共计 729.8528 万元人民币。2005 年 2 月 4 日,黄埔海关向仙妮蕾德公司发出埔关稽征〔2005〕203 号《海关稽查报告征求意见书》。2 月 5 日,仙妮蕾德公司提出分期缴纳应纳税款的计划,申请分期缴纳税款。同日,黄埔海关对仙妮蕾德公司制发埔关稽结〔2005〕2003 号《稽查结论》。3 月 22 日,黄埔海关向被告广州保税区海关下发协助执行函,要求照章追征税款(被告广州保税区海关为原告仙妮蕾德公司的主管海关)。

2005 年 6 月 21 日,被告广州保税区海关向原告仙妮蕾德公司制发〔0506〕520820051085050608-A01/L02/Y03、〔0506〕520820051085050602-A01/L02 号海关税款专用缴款书,向原告仙妮蕾德公司追征 2002 年少缴税款 729.852818 万元人民币,原告仙妮蕾德公司于 7 月 6 日向海关缴纳了上述税款。2005 年 6 月 24 日,原告仙妮蕾德公司不服上述征税决定向黄埔海关申请行政复议。9 月 25 日,

黄埔海关作出行政复议决定,认定被告广州保税区海关作出的征税决定认定事实清楚,证据确凿,适用依据正确,程序合法,内容适当,依法予以维持。

2005年10月8日,原告仙妮蕾德公司不服上述行政复议决定,认为被告广州保税区海关对其2002年进口食品、化妆品等货物特许权使用费征收税款的做法没有事实和法律依据,向广州市中级人民法院(以下简称"广州中院")提起行政诉讼,请求法院予以撤销。

一审原告仙妮蕾德公司认为:(1)不清楚海关关于特许许权使用费应当计入完税价格的规定,且有关特许权使用费在进口环节尚未确定,故无法申报。该公司不构成违法,海关无权追征税款。(2)即使特许权使用费应当计入完税价格,也应适用《海关法》一年内"补征"的规定,而不应适用3年以内"追征"的规定。(3)根据《海关进出口货物征税管理办法》(以下简称"《征税管理办法》")的规定,海关应当出具《海关补征税款告知书》,海关并未出具上述文书,征税决定程序违法。此外,原告仙妮蕾德公司还提出了海关稽查期限、海关执法依据适用的溯及力、计核税款的依据以及特许权使用费具体分摊、作出稽查结论与开具税单属于两个不同主体、存在"双重征税"等问题。

一审被告广州保税区海关认为:(1)原告仙妮蕾德公司支付的特许权使用费应当计入进口货物完税价格并征税。(2)原告仙妮蕾德公司未履行如实向海关申报的义务,违反规定,造成少征税款,海关有权对其实施追征。(3)海关计核的特许权使用费符合法律规定。(4)海关延伸稽查的期限时虽未重新制作《稽查通知书》,但海关是根据原告仙妮蕾德公司申请延伸稽查,原告仙妮蕾德公司也始终清楚海关稽查的起止期间,海关稽查行为符合法律规定。(5)海关追征税款是稽查行为的执行环节,并非独立的具体行政行为。海关虽未在制发税款缴款书前制发《海关补征税款告知书》,但海关制发《稽查报告征求意见书》《稽查结论》已经告知原告仙妮蕾德公司海关追征税款的具体情况,履行了追缴税款的相关告知义务,海关的征税决定符合法定程序。

一审判决作出后,原告仙妮蕾德公司不服,于2006年1月9日向广东省高级人民法院(以下简称"广东高院")提起上诉。

二审上诉人仙妮蕾德公司认为:1.一审判决认定上诉人在2002年度进口货物

时违反规定未向海关申报进口货物软件费显然错误,海关对上诉人后续补税的行为应属于补征税款的决定而不是追征税款的决定。(1)海关从稽查之日起即得知上诉人在 2002 年度进口货物时关于特许权使用费的约定,上诉人提交相关合同的行为就已经向海关申报了特许权使用费情况;(2)被上诉人海关开出的海关专用缴款书备注一栏记载的是后续补税,限定的缴款期限是 2005 年 7 月 6 日前,后续补税的含义是指补缴税款而不是追征税款,如果是追征税款的决定,则缴款书会记载处罚的金额或处罚的其他内容。

2.一审判决认为被上诉人对因上诉人违反规定造成少征税款的情形决定在海关启动稽查程序的 3 年内予以追征并无不当,这样认定是错误的,也是没有任何法律依据的。其一,被上诉人于 2005 年 6 月 21 日开出专用缴款书,要求上诉人补缴税款,海关启动稽查程序是在 2002 年 3 月 15 日,被上诉人作出的补税决定距稽查启动已经超过 3 年。其二,即使认定被上诉人的行为是追征税款,被上诉人也只能追征自 2002 年 6 月 21 日以后的税款。因此,一审判决在没有任何法律依据的情况下就作出上述认定是错误的。其三,海关稽查行为不是海关追征税款的行为的组成部分,海关的稽查行为与追征税行为是两个性质不同的行为。

3.上诉人认为,一审判决在认定黄埔海关未重新制作和送达《稽查通知书》不当的情况下,却又认定该程序瑕疵并未影响上诉人合法权益的行使,不足以影响黄埔海关稽查行为及稽查结论的合法性,上述判决不符合法律规定。

二审被上诉人广州保税区海关认为:1.上诉人未履行向海关如实申报的义务,违反了海关监管规定。本案中,虽然海关在 2002 年 3 月份就已经发现了上诉人在 2002 年度有支付特许权使用费的约定,但并没有免除上诉人在以后的进口活动中向海关如实申报特许权使用费有关情况的义务,并不等于上诉人就可以在进口时不申报特许权使用费的有关情况。

2.(1)海关追征税款是依据《海关法》《海关稽查条例》的有关规定履行法定征税职权的行为,其法律性质并非行政处罚。(2)本案并非正常通关申报的情况下进行的征税,被上诉人制发的专用税款缴款书中根据海关总署税单联网打印系统固定设置的项目使用了"后续补税特案"的表述,着重对上述应当履行缴纳税款的义务进行了阐述,提示上诉人应当向海关补缴税款。

3. 因上诉人违反规定造成少征税款,海关在 3 年内启动稽查程序予以追征符合法律规定。(1)海关在进口货物放行之日起 3 年内发现因违反规定造成少征或漏征税款的事实,就开始了行使追征税款的权力,而填发税款专用缴款书的追征税款行为严格来说只是整个稽查追税行为的执行环节。(2)本案是海关综合运用稽查和追征税款两种权力,向上诉人征收漏缴税款的过程。

4. 海关延伸稽查期限系根据原告仙妮蕾德公司申请,且原告仙妮蕾德公司始终清楚海关稽查期限,海关稽查行为符合法律规定,并不存在程序瑕疵。

5. 海关追征税款是稽查行为的执行环节,并非独立的具体行政行为,海关执法并未违反程序规定。海关于 2005 年 2 月 4 日向上诉人送达了《海关稽查报告征求意见书》,向上诉人征求意见,上诉人没有表示异议并主动提出分期缴款的计划报告,之后海关依法作出《稽查结论》,确认了有关的事实。海关充分保障了上诉人的知情权,履行了告知义务。

因此,被上诉人认为一审判决认定其程序违法并以此为由撤销被上诉人的追征税款决定是不正确的。

一审广州中院认为:1. 仙妮蕾德国际机构以原告仙妮蕾德公司按净销售额一定比例支付提成费为条件,授权原告仙妮蕾德公司在国内使用该机构的商标及商号用于制造和分销产品,而原告仙妮蕾德公司在进口货物后亦确已为其在中国境内使用仙妮蕾德国际机构的商标及商号按约定向该机构支付了有关商标费和专有技术许可费,且该项费用并未列入原告仙妮蕾德公司进口货物的价格中,依照《审定进出口货物完税价格办法》(海关总署第 95 号令,当时执法依据,现已废止)(下简称《审价办法》)、《软件费征免税暂行办法》(系当时的执法依据,现已被废止)的规定,原告仙妮蕾德公司进口货物后因履行上述协议而发生的商标费和专有技术许可费符合应当计入进口货物完税价格的条件,被告广州保税区海关认为原告仙妮蕾德公司已发生的商标费和专有技术许可费应与进口货物的成交价格一并计入完税价格,认定事实清楚。

2. 依照《软件费征免税暂行办法》的规定,原告仙妮蕾德公司在进口有关货物时即应向海关报明特许权使用费的情况,原告仙妮蕾德公司进口货物时未作申报违反了上述规定,据此,海关有权依照《海关法》《进出口关税条例》的有关规定对原告仙妮蕾德公司进行处理。黄埔海关于 2002 年始对原告仙妮蕾德公司实施稽查，发现原告仙妮蕾德公司 1999 年 3 月 16 日至 2002 年 12 月 31 日间向境外支付应计入完税价格的商标费和专有技术许可费而未按规定向海关申报，被告广州保税区海关根据黄埔海关的稽查结论决定追征原告仙妮蕾德公司 2002 年应缴未缴的税款符合上述规定，应予支持。

3.原告仙妮蕾德公司本应主动申报而未申报，其以进口货物时不知道要申报、进口货物时不能确定将支付的商标费和专有技术许可费的具体数额无法申报等为由，认为自己不属于"违反规定造成少征"的情形的辩解理由不能成立。海关因原告仙妮蕾德公司违反规定造成少征税款的情形，决定在 3 年内予以追征无不当。原告仙妮蕾德公司认为被告广州保税区海关开具缴款书时，其货物距被放行已逾 3 年，认为被告广州保税区海关"追征"税款已超过法定期限，没有法律依据，法院不予采纳。

4.被告广州保税区海关根据原告仙妮蕾德公司财务资料所反映的客观量化数据，核定原告仙妮蕾德公司应补缴 2002 年间进口食品、化妆品、护肤品等应当计入进口货物完税价格的商标费和专有技术许可费的进口关税、进口增值税及进口消费税共人民币 729.8528 万元认定事实清楚，符合《审价办法》的规定。

5.黄埔海关的《稽查通知书》显示其原来仅对原告仙妮蕾德公司 2002 年 3 月 15 日之前的行为实施稽查，其将稽查期间延长至 2002 年 12 月 31 日，应重新制作并向原告仙妮蕾德公司送达《稽查通知书》，黄埔海关未重新制作和送达《稽查通知书》不当，但基于黄埔海关延长稽查期间是出于原告仙妮蕾德公司的申请且原告仙妮蕾公司亦知晓实际的稽查期间，故黄埔海关未重新制作和送达《稽查通知书》的程序瑕疵并未影响原告仙妮蕾德公司合法权益的行使，不足以影响黄埔海关稽查行为及稽查结论的合法性。

6.黄埔海关对原告仙妮蕾德公司实施稽查，在做出稽查报告前向原告仙妮蕾德公司送达了《海关稽查报告征求意见书》，在原告仙妮蕾德公司无异议的情况下作出《稽查结论》并依法送达了当事人，符合法定程序，被告广州保税区海关以黄埔海关依法作出的结论认定原告仙妮蕾德公司应补缴税款，决定追征原告仙妮蕾德公司 2002 年间发生的商标费和专有技术许可费所涉及的进口关税、进口增值税及进口消费税并无不当,但被告广州保税区海关在向原告仙妮蕾德公司填发《税款缴款书》之前未先行向原告仙妮蕾德公司发出《海关补征税款告知书》,违反 2005 年 3 月 1 日起施行的《征税管理办法》的规定,属程序违法,应予撤销。上述稽查结论和本案被诉的追税决定分别是黄埔海关和被告广州保税区海关两个不同主体作出的不同的具体行政行为,法律对不同的具体行为亦规定了不同的程序要求,不能相互取代,被告广州保税区海关认为黄埔海关已在稽查程序中对原告仙妮蕾德公司履行了有关告知义务,故其在填发《税款缴款书》之前无须另行发出《海关补征税款告知书》的理由不能成立。

2005 年 12 月 23 日,广州中院依照《行政诉讼法》第 54 条第 2 项第三目的规定,作出判决:撤销被告广州保税区海关于 2005 年 6 月 21 日向原告仙妮蕾德公司发出的海关进口关税专用缴款书〔0506〕520820051085050608-A01、海关进口增值税专用缴款书〔0506〕520820051085050608-L02、海关进口消费税专用缴款书〔0506〕520820051085050608-Y03。案件受理费人民币 100 元,由被告广州保税区海关负担。

二审广东高院认为:1. 2005 年 3 月 1 日起施行的《征税管理办法》第 70 条规定:"海关补征或者追征税款,应当制发《海关追征税款告知书》。"2005 年 6 月 21 日,被上诉人开出海关专用缴款书,要求上诉人补缴相关税款,但被上诉人未按上述程序规定先向上诉人发出《海关追征税款告知书》。原审法院认为《征税管理办法》在被上诉人填发《税款缴款书》之前施行,被上诉人未遵守上述程序规定作出具体行政行为,程序违法,并以此为由判决撤销本案被诉的税款缴款书并无不妥,依法应予以维持。

2. 本案上诉人对原审法院作出的撤销判决未持异议,被上诉人亦未对原审判决提起上诉。而原审判决对"关于原告仙妮蕾德公司已发生的商标费和专有技术许可费应否计入进口货物完税价格的问题"、"原告仙妮蕾德公司进口将支付商标费和专有技术许可费货物未向海关申报的行为是否属于海关追征税款情形的问题"、"关于税款的计算问题"和"关于被告广州保税区海关证据采纳问题"等作出的认定与撤销的判决结果没有必然的因果关系,上述问题可在被上诉人重新作出具体行政行为并引起诉讼时予以审查,本案不予以审查认定。上诉人仙妮蕾德公司上诉请求二审法院对上述问题作出审查认定,本院不予采纳。

2006 年 7 月,广东高院依照《行政诉讼法》第 61 条第 1 项规定,判决如下:驳回上诉,维持原判。本案二审案件受理费 100 元,由上诉人仙妮蕾德公司负担。[①]

[分析]

一、关于特许权使用费是否应当计入完税价格的问题

关于特许权使用费应当计入完税价格是有明确依据的。《海关审定进出口货物完税价格办法》第 4 条规定:"在确定进口货物的完税价格时,下列费用或价值应当计入……(三)与该货物有关并作为卖方向中华人民共和国销售该货物的一项条件,应当由买方直接或间接支付的特许权使用费。"(笔者注:现行的海关总署 148 号令第 11 条也有相同规定)只要符合与进口货物有关且费用的支付是卖方销售货物到中华人民共和国关境内这两项要素,相关特许权使用费就应计入完税价格进行征税。

结合本案,原告仙妮蕾德公司对外支付的有关特许权使用费完全符合上述两项要素:

1. 与进口货物有关。(1)就商标费而言,根据海关估价规定,进口时已含有商标权,经过轻度加工后附上商标即可转售的货物应视为与进口货物有关。本案中,原告仙妮蕾德公司在《知识产权使用许可协议》签署之时,即已取得了商标权。从原告仙妮蕾德公司提交的货物生产工艺流程来看,货物进口后,只经过简单的混合、再包装等轻度加工,即可附上仙妮蕾德的商标在国内销售。据此,可以判定商标费与进口货物有关。(2)就专有技术使用费而言,根据估价规则的规定,含有专利或专有技术的货物应视为与进口货物有关。本案中,原告仙妮蕾德公司所有从美国总部进口的原料(指食品、化妆品、护肤品)均已包含主要成分,不需添加任何主料成分,所进口的原料中专有技术已在国外形成。因此,专有技术使用费也可判定与进口货物有关。

2. 特许权使用费的支付是销售要件。根据原告仙妮蕾德公司与仙妮蕾德国际机构签订的《技术许可合同》和《知识产权使用许可协议》,原告仙妮蕾德公司只能

---

① 晏山嵘:《海关行政执法案例指导(二)》,中国法制出版社 2013 年版,第 90~100 页。

制造、包装和销售仙妮蕾德的产品,而其原材料来源则是仙妮蕾德国际机构组织提供,而要进口其原料,必须对仙妮蕾德国际机构支付特许权使用费。换句话说,如果不支付商标权费和技术许可使用费,它就无法以议定的合同价格获得仙妮蕾德国际机构提供的进口货物。因此,商标权费和技术许可使用费的支付是卖方销售货物至中华人民共和国关境内的条件。

上述对外支付的特许权使用费完全符合有关行政法规、海关规章确定的计征条件,应当计入完税价格并缴纳税款。对此,一审法院在判决中也明确进行了认定。

二、关于特许权使用费的分摊问题

关于特许权使用费的分摊,主要涉及以下三个方面的难题:

1.费用分摊。分摊是对所有应计入完税价格的多项权利费用区分各个不同的权利性质,对相关权利费用的分摊应依据客观可量化的数据按照公认的会计原则来进行核算。

2.费用分割。分割即是在买方所支付的特许权使用费只有部分费用应当计入完税价格的情况下,对不计入的费用进行剥离。在估价实践中,费用的分割有两种情况:其一,买方所支付的权利费用只有部分符合法规规定的要件;其二,买方所支付的应计入完税价格的权利费用只涉及部分进口货物。不管哪种情形,海关均应当对买方所支付的费用进行分割。

3.支付方式导致的时间性差异问题。由于特许权使用费有特定支付条件和计算方法,海关征收关税和进口环节增值税等流转税时,与国内税务的所得税会计原则和财务会计原则有着密切关系。海关税收征管方法和时间都需要有相应的调整规定。

那么,分摊应依据什么样的原则和标准呢?《WTO 估价协议》第 8 条第 1 款第 3 项明确:作为被估货物销售的一项要件,买方必须直接或间接支付与被估货物有关的特许权使用费,但须以尚未包括在实付或应付价格内的 R/L 为限。《WTO 估价协议》第 4 条规定:加入实付或应付价格中的部分,只应按客观可量化的标准根据本条款规定予以计入。根据上述两条规定,特许权使用费的分摊应当采用符合客观可量化的标准,并根据我国通用的会计原则进行核算,分摊到进口货物的完税价格中。

第一，客观可量化标准。《WTO 估价协议》所阐述的客观可量化标准的内涵主要是两个方面：其一是要求海关关员在估价时使用符合市场和商业惯例的客观可量化标准的资料，而不是根据海关关员的个人经验进行主观臆断。其二是海关在采用客观可量化标准时，必须符合必然性和客观性的要求，即必须依据采用的估价方法和具体情况而定具体的估价标准。就特许权使用费的分摊而言，客观可量化标准应当是符合进口国通用会计原则的方法。在这一前提下，特许权使用费的支付金额应当是能够根据有关会计账簿记录和数据资料等，以进口货物为依据客观确定，同时根据客观数据资料所确定的特许权支付金额应当可以合理化并分摊到进口货物中。

第二，通用会计原则。通用会计原则是指一国在某一特定时间内，关于下列内容的公认的一致意见或实质性权威支持：何种经济资源和债务应计为资产和债务，资产和债务的何种变化应予记录，如何衡量资产和债务及其变化，何种信息应予以披露及如何披露以及应编制何种财务报表等。这些标准可以是普遍适用的概括性准则，也可以是详细的做法和程序。

对我国特许权使用费估价适用的会计原则而言，它应当是在我国所普遍接受的会计准则、会计制度等对无形资产、债务和所有者权益等会计要素的定义，记录、计量、摊销和披露等规定、管理制度和方法等。我国现行的主要会计原则是权责发生制，即以实质取得收到现金的权利和支付现金的责任权责的发生为标志来确定本期收入和费用及债权和债务，即收入按现金收入及未来现余收入——债权的发生来确认，费用按现金支出及未来现金支出——债务的发生进行确认，而不是以现金的收入与支付来确认收入费用。与此原则相对应的是现金收付记账法，根据这一会计原则，如特许权使用费分期按进口货物销售额或净利润提成支付时，只有在一个会计期间结束后，进口货物的成本、费用、销售收入和利润才能在相关的应收账款、预期收入和所有者权益等账户中得到体现，因此，特许权使用费的确定和支付通常只能发生在合同的会计期末，即在会计期末特许权使用费才能达到客观可量化标准。

从实际发生的案例来看，在企业对外签订的技术引进协议中，特许权使用费大多是根据企业产品年净销售总额按照一个约定的比例提取并对外支付的。因此，在货物进口申报时往往无法确定特许权使用费的具体金额。在进口环节，海关要么不知道此协议未要求企业申报，要么知道企业有此协议但因无法确定税额而未征税。在货物放行一段时间以后（通常是一个会计期间），企业发生了利润，同时也发生了特许权使用费对外支付，因而也就产生了纳税义务的时候，海关并无及时主动的强制措施，而只能依赖于企业主动以"后续补税"的方式申报（代码9700）。海关唯一的制约措施是通关部门将此线索反馈给稽查部门，稽查部门通过稽查的方式发现问题，要求企业补税。目前，有的海关为解决这一难题，会要求涉及特许权使用费的进出口企业在货物放行前以"自愿"方式缴纳若干保证金，金额大小由企业"自愿"确定，每个会计期末费用实际发生时，以此保证金转缴税款，多退少补。但此种做法缺乏明确的法律规定。

三、关于"无法申报"是否等于"无须履行如实申报义务"的问题

原告仙妮蕾德公司在诉讼过程中，认为相关特许权使用费无法申报的原因有二：一是在现行报关单中没有特许权使用费栏目；二是上述费用在进口的时候并不明确（相关费用是按照净销售额的百分比支付）。虽然现行使用的报关单上并无特许权使用费一栏，但根据《软件费征免税暂行办法》（当时有效）第3条第2款规定："纳税义务人对进口货物及其软件费采取分别订立合同、分别付款的，应当在该项货物进口时主动向海关报明，并交验有关合同。"原告仙妮蕾德公司应当在申报时向海关报明相关特许权使用费情况，并交验相关合同。原告仙妮蕾德公司早在1997年和1998年就与仙蕾德国际机构签订了《技术许可合同》和《知识产权使用许可协议》，约定了支付特许权使用费的有关事项，但原告仙妮蕾德公司在报关活动中一直未交验上述两份合同，致使海关无法了解特许权使用费情况，明显违反了《海关法》第24条第1款规定的如实申报义务。虽然在进口阶段相关特许权使用费不明确，但根据《海关法》《关税条例》关于补征税款的相关规定，原告仙妮蕾德公司也应当提交相关合同，并在缴纳有关特许权使用费后主动向海关补缴相关税款。

值得关注的是，一审法院判决认定："原告仙妮蕾德公司本应主动申报而未申报，其以进口货物时不知道要申报、进口货物时不能确定将支付的商标费和专有技术许可费的具体数额无法申报等为由，认为自己不属于'违反规定造成少征'的情

形的辩解理由不能成立。"上述认定完全采纳了海关的意见。但由于特许权使用费的申报途径和申报方式不如其他申报项目明确,在《报关单填制规范》中也没有特许权使用费的申报栏目,当事人在进行申报时确有疑问和困难,而随着司法审查理念不断向保护行政相对人利益倾斜,海关执法依然存在一定的风险。

四、关于海关追征税款的时效问题

原告仙妮蕾德公司始终主张,被告广州保税区海关于 2005 年 6 月 21 日对其制发海关专用税款缴款书,追征税款的时限应从此时起向前追溯 3 年。海关则认为,"3 年以内追征"是指海关在 3 年以内"发现漏税事实、启动追税程序"。上述观点实际上代表了海关系统内对于《海关法》第 62 条的两种不同理解。一种观点认为,"3 年以内追征"应以"开具税单"为准。如因纳税义务人违反规定,海关对其进行追征,海关应当在货物放行之日起 3 年内作出征税决定。另一种观点则认为,"3 年以内追征"是指海关在 3 年以内"发现漏税事实、启动追税程序"。只要海关在 3 年内启动稽查追税程序,就表示海关开始主张或行使追税权了,而作出征税决定则是解决实体问题,并且一旦发现漏税事实,启动稽查程序,就可以认定为时效中断。

第一种观点符合法律文义解释的原则,有利于对当事人权益的保护,但在实践中往往会出现因海关调查、稽查办案时间过长导致税款无法征收的情况;第二种观点从海关执法实践的角度出发,有利于保障海关的办案时间,保证国家税收的及时足额入库,但容易造成案件办理时间的不确定、当事人无法预计税收经营成本,产生纳税争议。目前,主流观点认为在《海关法》《进出口关税条例》所规定的"1 年补征"、"3 年追征"期限内,海关不仅要启动追补税程序,还要作出征税决定,对外开具税单。但海关对认定纳税义务人是否违反规定进行的调查、侦查和稽查期间应排除在法定追、补税期限之外。本案在后续执行环节也是按照主流观点重新作出征税决定。上述主流观点在司法实践中亦能找到有力支持,如福建省高级人民法院认为,追征税款必须表现为海关明确要求短缴税款者缴纳税款,而且海关法规也没有关于追征时效中止的规定。因此,其认为在相对人缴纳税款之日起的 3 年后责令补缴税款属于超过法律规定的时效。

五、关于发现之日应当如何确定的问题

与此相联系的一个问题:"海关发现之日"应当如何确定?在海关执法实践中,

海关作出的具体行政行为多种多样,发现违规情况的具体要求也很难达到一致,因此,至今在海关系统内部还没有对于"海关发现之日"的统一标准。执法实践认为,关于"海关发现之日"的认定标准问题,鉴于实际工作中对于纳税义务人违反规定行为,"海关发现"形式多样、情况各异,难以明确具体的认定标准,也不宜一概以海关立案之日为准。执法实践中,海关应根据案件具体情况并依据有关规定,确定实际案件中的"海关发现"之日,同时要注意做好能够证明"海关发现"的相关证据的收集和固定工作。本案中,黄埔海关于 2002 年 3 月 15 日对该公司实施稽查,当天就通过调阅特许权协议和其他财务报表,基本上掌握了原告仙妮蕾德公司对外支付特许权使用费未申报的情况。对此,原告仙妮蕾德公司在一审和二审庭审中也都予以承认。因此,本案将稽查实施之日作为海关"发现之日"。

六、如何理解《行政处罚法》第 29 条规定的"发现"

《行政处罚法》第 29 条规定:"违法行为在二年内未被发现的,不再给予行政处罚。法律另有规定的除外。前款规定的期限,从违法行为发生之日起计算;违法行为有连续或者继续状态的,从行为终了之日起计算。"

如何理解上述"发现",在具体个案中可能会成为海关能否作出处罚的关键。首先,海关受理了举报或自首或其他机关移送的线索后,了解到有行政违法行为发生和存在的可能,这个阶段还只是有可能,因为尚未查证一些事实,就目前掌握的这部分证据也尚未核实。其次,海关初步了解了一些线索后进行的初查也不能理解为"发现",因为此时海关只是在考证有无追究的必要,并未对外正式作出具有法律效力的行政追究的意思表示。因此,笔者认为上述"发现"应以海关行政立案为标准。坚持这一标准,主要是因为经过 2 年时间,相应的社会创伤已逐渐恢复、社会危害性已逐渐减少、相关社会关系已逐渐恢复正常,必须维护法的安定性,同时也在于减少执法的拖延及恣意,进一步提高行政效能。因此,认为"发现"以受理为标准,或主要以立案为标准,或认为以其他机关立案或发现为标准的观点都是不妥当的。

反观《海关行政处罚实施条例》第 33 条及《海关办理行政处罚案件程序规定》第 27 条规定,海关发现公民、法人或者其他组织有依法应当由海关给予行政处罚的行为的,应当立案调查。如前所述,这里的"发现"的意思是指查获或受理某线索的意思,而不是立案的意思,与《行政处罚法》中的"发现"意义不同。为避免混淆,该条中的"发现"应修改为"查获或受理……线索"。而《海关办理行政处罚案件程序规定》第28条第1款规定:"海关受理或者发现的违法线索,经核实有下列情形之一的,不予立案:(一)没有违法事实的;(二)违法行为超过法律规定的处罚时效的;(三)其他依法不予立案的情形。"此处的"发现"是"查获"的意思,该"发现"一词建议作相应修改。

执法实践中,经常会遇到刑事程序转行政程序的案件,很容易超过2年追究时效,此时只有在2年内先予以行政立案,再移送侦查,如果刑事司法部门认为不应追究刑事责任,再将案件退回海关行政部门作行政处理的,不认为超过2年追究时效。但如果未经行政立案,直接履行刑事程序,最后刑事撤案移送行政处理的,超过2年则不得再作行政立案及处罚。

七、关于延长稽查期限的程序问题

原告仙妮蕾德公司在庭审中主张,海关于2002年3月15日向其制发的埔关稽通2002〔202〕号《稽查通知书》,仅注明对2000年1月1日以来一般贸易进口的化妆品等货物的生产、使用等情况的真实性、合法性实施稽查。海关随后在未重新制发《稽查通知书》的情况下,将稽查期限向前向后分别延伸至1999年3月16日和2002年12月31日,属于程序违法。对此,海关在庭审答辩时称,海关有权根据《海关法》《海关稽查条例》的规定自行延长稽查的期限。对此,一审法院判决认为,《稽查通知书》显示其仅对原告仙妮蕾德公司2002年3月15日之前的行为实施稽查,其将稽查期间延长至2002年12月31日本应制作并重新向原告仙妮蕾德公司送达《稽查通知书》,海关未重新制作和送达《稽查通知书》属程序不当。

从严格执法的角度分析,根据《海关稽查条例》以及稽查规章的规定,海关在实施稽查之前必须制发《稽查通知书》告知当事人稽查的时间、内容等基本要素。海关稽查行为是一个具体的行政行为,稽查的内容、时间、范围事先已在《稽查通知书》中进行了确定,一旦超出《稽查通知书》确定的内容、时间、范围,则应当视为一个新的稽查行为,而新的稽查行为显然需要重新制发《稽查通知书》。

八、关于制发海关税款缴款书的程序问题

此问题是本案被法院判决撤销的直接原因。一审法院在判决中认为,被告广州保税区海关在向原告仙妮蕾德公司填发《税款缴款书》之前未先行向原告仙妮蕾德公司发出《海关补征税款告知书》，违反了《海关进出口货物征税管理办法》（海关总署令第 124 号）的规定，属程序违法，应予撤销。

实际上，复议机构在复议审理以及应诉准备的过程中已发现，未根据《海关进出口货物征税管理办法》制发《海关补征税款告知书》确属本案难以弥补的"硬伤"。基于各方面的综合考虑，本案仍决定维持原判。进入诉讼程序后，海关认为应将广州保税区海关的征税行为作为海关整个稽查行为的执行环节来对待。海关的诉讼代理人在庭审中反复向法官阐述，广州保税区海关作为隶属海关所作的征税决定是黄埔海关作出的《稽查结论》的后续执行活动，并不能构成一个独立的具体行政行为，由于海关在《稽查结论》中已经明确告知了原告仙妮蕾德公司应当补缴税款的时间和具体数额，所以无须在执行环节重新告知。这一观点并未得到法院认同。

【延伸阅读】

1.蒋兆康等译：《美国海关法典》，中国社会科学出版社 2003 年版。

2.朱新瑞等主编：《中国海关监管与征税》，中国海洋大学出版社 2007 年版。

第五章
海关统计制度

【内容摘要】海关统计属于国民经济统计的组成部分,是国家制定对外经济贸易政策、进行宏观经济调控的主要依据,也是重要国际经济组织与其他国家同我国进行国际经济贸易交流的重要资料来源。统计机构通过对进出口贸易进行统计调查、统计分析和统计监督,以便对进出口各项指标进行监测预警,同时采用一定的方式进行分析并指导相关政策的执行,使国家在国际贸易交往中占得先机。海关统计带有一定的专业性和技术性,与专业统计、国际贸易、行政执法等领域均有一定重合,同时又具有明显的针对性,被视为海关的主要任务之一,因此,在世界多数国家的海关立法以及国际条约中成为重要的组成部分。

第一节　概　述

一、海关统计的主要任务

海关统计是海关依法对进出口货物贸易进行统计,通过公布客观的统计数据资料,为国家、地方和其他组织或个人提供统计服务的行为的总称。海关统计制度是关于海关统计的一系列行为规范,规定进出口货物的统计范围、统计项目、指标含义等内容。1955 年,对外贸易部制定了中国海关历史上第一部涉及海关统计的《中华人民共和国对外贸易统计制度》,这标志着海关统计工作走上了制度化的轨道。自 1981 年起,国务院决定将海关统计作为中国的官方统计,国家公布对外贸易统计数据使用海关统计数字。2006 年 3 月 1 日起施行的《海关统计条例》、2006 年 11 月 1 日施行的《海关统计工作管理规定》,以及《统计法》《统计法实施细则》《海关法》《海关行政处罚实施条例》。这和海关总署发布的一些行政规章,共同构成我国现行海关统计制度的法律渊源。

海关统计过程中,统计调查、统计分析和统计监督是海关统计的基本职能;监测预警是海关统计决策服务和监督监测职能的进一步深化;编制、管理和公布海关统计资料是《统计法》赋予统计工作的职责;统计服务体现了海关统计工作的职能定位。随着统计职能和外部需求的不断发展,尤其是我国于 2001 年正式成为世界贸易组织(WTO)成员方以后,国家对海关统计信息以及由海关统计信息所揭示的对外贸易规律的需求越来越强烈,并且对海关统计与国际接轨提出了更高的要求。自 2012 年起,海关还逐渐增加了外贸出口先导指数调查、进口货物使用去向调查、运保费调查等抽样调查工作,用以编制更加丰富的货物贸易相关统计资料,为国家对外贸易更好地服务。海关统计机构的设置是根据海关垂直领导的管理机制而确立的,是海关统计工作的组织保障。海关总署设立综合统计司,统一领导全国海关的统计工作。

二、海关统计的特点

(一)全面性

我国《海关法》明确规定,海关是国家的进出口监督管理机关。所有进出口货物必须向海关如实申报,接受海关监督管理。海关统计项目数量较多,统计方法固定,统计覆盖面广,统计结果能全面体现货物进出口全过程的各项指标和数据。

(二)客观可靠性

海关统计是海关监管过程和结果的客观记录,海关统计的原始资料是经海关实际监管的进出口货物报关单及有关单证。海关在对外贸易活动中所处的"客观中立"地位决定了海关统计数据具有较高的参考价值和可靠性。

（三）国际可比性

海关统计自 1980 年恢复以来，全面采用国际标准，统计方法与统计口径同各国通行的货物贸易统计方法是一致的，海关统计数据具有国际可比性。尤其是我国加入 WTO 后，与该组织内其他成员方之间的贸易量大幅度上升，各成员方之间的海关机构联系更加密切，因此，海关统计的方法和结果都应符合统一的国际标准。

三、海关统计的国际交往与合作

作为中国对外贸易统计的代表机构，海关总署向联合国、国际货币基金组织、世界贸易组织等国际组织提供中国官方对外贸易统计数据。

自从中国加入 WTO，面对世界经济的发展以及新的通关模式的应用，中国必须建立预警监测机制，向 WTO 提供数据，因此，中国海关一直致力于贸易便利化，发挥数据处理功能，起到关税分析监控、风险管理等业务系统的管理中枢作用。为了提高海关贸易统计质量，海关在国际交往与合作中应主要做到：（1）转变观念，增强对贸易数据的严肃性和功能性的认识；（2）强化管理，加大协调，确立大统计的地位；（3）完善机制，建立贸易数据质量保证体系。

随着双边经贸往来和海关国际合作的不断深入，以研判双边贸易统计差异和揭示海关监管风险为主要目的的双边海关统计数据交换工作日益成熟并不断发展。截至 2013 年 2 月底，中国海关总署已与欧盟、俄罗斯、白俄罗斯、哈萨克斯坦、蒙古、吉尔吉斯斯坦、乌克兰、印度尼西亚、乌兹别克斯坦等国家（地区）的货物贸易统计主管部门签署了开展统计合作的协议性文本，与美国国际贸易委员会签署了联合研究的意向书，与韩国在中韩海关合作框架下开展长期合作，并与日本、南非海关启动了统计合作磋商。

随着全球多边贸易和区域经济一体化的不断纵深发展，尤其在区域合作中自由贸易区等合作形式的大量出现，对区域内国家的海关工作提出了更大挑战。在促进贸易要素流动更加快速、便捷的同时，海关的统计方法应该不断更新发展，并且各国海关在贸易便利化、统计结果公布、统计标准统一等方面都需要开展更全面深入的合作。

第二节　海关统计制度基本内容

●　●　●

一、海关统计数据的收集

海关统计的原始凭证包括了《中华人民共和国海关进口货物报关单》《中华人民共和国海关出口货物报关单》或经海关核发的其他申报单证。进出口货物报关单海关作业联是统计部门收集、整理进出口统计数据的原始凭证和唯一资料来源。

二、海关统计范围

（一）列入海关统计范围的条件

中国的对外贸易统计自 1859 年至 1994 年均采用专门贸易制，1995 年起改为总贸易制。总贸易制是以经济领土作为统计地域，对进入和离开一国经济领土的所有货物实施进口和出口统计的贸易记录制。总贸易制下的对外贸易额，可以用来考察一个国家作为买方或卖方在国际贸易中所起的作用。专门贸易制则是以经济领土的一个特定部分作为统计地域，对进入和离开该地域的货物实施进口和出口统计的贸易记录制。专门贸易制的对外贸易额，可以用来考察一个国家在国际贸易中作为生产者或消费者的流转额。根据《海关统计条例》第 4 条规定，实际进出境并引起境内物质存量增加或减少的货物，以及超过自用、合理数量的进出境物品，列入海关统计。因此，列入我国海关统计范围的货物必须同时具备两个条件：一是跨越我国经济领土边界的物质商品流动；二是改变我国的物质资源存量。

尤其需要注意的是，"实际进出境"即指"实际进出关境"。关境是指《中华人民共和国海关法》全面实施的领域，即除香港特别行政区、澳门特别行政区和台湾地区之外的全部领域。香港和澳门各自实行单独的海关制度；台湾地区于 2001 年以

"台澎金马单独关税区"的名义成为世界贸易组织成员。因此,在海关统计实践中,海关将上述三个地区视作贸易伙伴地区,内地与这三个地区之间往来的货物,列入中国的对外贸易统计;这三个地区与中国以及世界上其他国家(地区)直接的贸易往来由这三个地区另行统计。

(二)海关统计的货物范围

我国将进出口货物分为列入海关统计的进出口货物、单项统计货物和不列入海关统计的货物三类。

1.列入海关统计的进出口货物

凡列入海关统计的进出口货物,以海关的监管方式为基础,分为以下 18 种:(1)一般贸易;(2)国家间、国际组织无偿援助和赠送的物资;(3)华侨、港澳台同胞、外籍华人捐赠物资;(4)补偿贸易;(5)来料加工装配贸易;(6)进料加工贸易;(7)寄售、代销贸易;(8)边境小额贸易;(9)加工贸易进口设备;(10)对外承包工程出口货物;(11)租赁贸易;(12)外商投资企业作为投资进口的设备、物品;(13)出料加工贸易;(14)易货贸易;(15)免税外汇商品;(16)保税仓库进出境货物;(17)保税区仓储转口货物;(18)其他。

除了货物外,超过自用合理数量的进出境"物品"也列入进出口总额的统计范围之内。

2.不列入海关统计的货物

根据国际贸易惯例和我国确定的统计范围,没有实际进出境或实际进出境但是没有引起境内物质存量变化的货物,不列入海关统计(即不列入我国进出口统计)。它主要包括过境、转运和通运货物;暂时进出口货物;货币及货币用黄金;租赁期 1 年以下的租赁进出口货物;因残损、短少、品质不良或者规格不符而免费补偿或者更换的进出口货物,以及海关总署规定的不列入海关统计的其他货物。另外,在《海关统计制度实施细则》和《海关统计工作管理规定》中也有关于"不列入海关统计的货物"的具体规定。由于海关统计的实际需要以及通关便利化的要求,在实践中应尤其明确不列入统计的具体货物种类,以免为统计过程制造不必要的负担,对贸易便利化造成障碍。

3.不列入海关统计但实施单项统计的货物

为了更好地发挥海关统计在国民经济和海关管理中的作用,对于不列入进出口海关统计的货物,海关实施单项统计,对其统计的数值不列入国家进出口货物贸易统计的总值。海关实施单项统计的货物包括:免税品,进料与来料以产顶进,进料与来料加工转内销货物与转内销设备,进料与来料加工深加工结转货物,余料及结转设备,退运货物,进料与来料加工复出口料件。出于贸易优惠政策和海关监管的需要,中国关境内划分了多个海关特殊监管区域和保税监管场所。特殊监管区域和保税监管场所与境外之间进出口的货物被列入进出口统计,特殊监管区域和保税监管场所与境内之间流转的货物,不被列入对外贸易统计。虽然实际进出境但没有引起境内物质存量增加或减少的货物,不被列入海关统计,根据需要实行单项统计。

三、统计资料的对外公布

根据《中华人民共和国海关统计条例》规定,进出口统计数据及相关综合统计资料由海关负责对外公布。海关总署综合统计司统一管理全国进出口统计资料公布工作,直属海关负责公布地方进出口统计资料。各级海关统计部门对经汇总加工编制的海关统计资料,通过举行新闻发布会、出版发行统计书刊、电子数据交换、新闻稿等形式,定期向社会各界公开公布。其中,海关总署按月通过新闻媒介发布中国对外贸易的基本统计数据。月度初步数字在月后13日内发表,月度详细数字可在月后25日内提供,法定节假日顺延。

四、海关统计项目

海关统计项目是构成统计指标体系的基础,是进出口统计数据的法定采集指标。《中华人民共和国海关统计条例》规定进出口货物的统计项目包括:品名及编码、数量、价格、经营单位、贸易方式、运输方式、进口货物的原产国(地区)、启运国(地区)、境内目的地、出口货物的最终目的国(地区)、运抵国(地区)、境内货源地、进出口日期、关别以及海关总署规定的其他统计项目。

（一）品名及编码

列入进出口统计的货物均根据《中华人民共和国海关统计商品目录》（以下简称《海关商品目录》）归类统计。该目录 1980—1991 年以联合国《国际贸易标准分类》第 2 次修订本为基础编制，1992 年起改以海关合作理事会制定的《商品名称和编码协调制度》（*The Harmonized Commodity Description and Coding System*）为基础编制，采用八位数商品编码，前六位数是《协调制度》编码，后两位数是根据中国关税、统计和贸易管理方面的需要而增设的本国子目。

（二）数量

海关统计数量是按商品的实物量统计，用以反映实际进出口商品的规模和发展变化情况。由于商品的实物量统计不受汇率、通货膨胀、价格波动等因素的影响，因此可以成为国际货物贸易数据对比的可靠参考指标。

进出口货物均按照《海关统计商品目录》规定的计量单位统计数（重）量。统计的重量一律按净重计算。

（三）价格

统计价格也就是进出口货物的金额。其中，进口货物按到岸价格（CIF）统计，出口货物按离岸价格（FOB）统计。

统计价格同时按照人民币和美元计价统计。进出口货物的成交价格以其他外币计价的，应当分别按照海关征税使用的中国人民银行折算价和国家外汇管理部门按月公布的统计用各种外币对美元的折算率折算成人民币值和美元值进行统计。

其中，海关征税适用的中国人民银行折算价是根据《中华人民共和国海关进出口货物征税管理办法》（署令第 124 号），为上一个月第三个星期三（该时点如逢法定节假日，则顺延采用第四个星期三）中国人民银行公布的外币对人民币的基准汇率，以基准汇率币种以外的外币计价的，采用同一时间中国银行公布的现汇买入价和现汇卖出价的中间值。各种外币对美元折算率采用国家外汇管理局发布的《统计用各种外币对美元折算率表》进行折算。

2013 年以前，以人民币计价的进出口额仅在《海关统计年鉴》中每年对外公布一次。随着人民币国际化进程的不断深入，自 2013 年起，我国在每月公布的《海关统计快讯》和《海关统计月刊》中,增加公布以人民币计价的进出口总额、出口总额、进口总额以及进出口差额等4个总量指标,并将逐步扩大人民币计价统计数据的发布内容,以满足各界对人民币计价的海关统计数据日益增多的需求。

(四)国别(地区)

进口货物统计原产国(包括地区,下同),出口货物统计最终目的国。原产国是指进口货物的生产、开采或加工制造的国家。对经过几个国家加工制造的进口货物,以最后一个对货物进行经济上可以视为实质性加工的国家作为该货物的原产国。原产国确实不详时,按"国别不详"统计。最终目的国是指出口货物已知的消费、使用或进一步加工制造的国家。最终目的国不能确定时,按货物出口时尽可能预知的最后运往国统计。

根据联合国推荐的统计标准,对于进口货物,除统计原产国外,还统计启运国,即直接运抵我国或在运输中转国未发生任何商业交易的情况下运抵我国的货物的始发国。对于出口货物,在最终目的国的基础上,增加统计运抵国,即出口货物从我国直接运抵或在运输中转地未发生任何商业性交易的情况下最后运抵的国家。

(五)贸易方式

贸易方式是买卖双方转让商品所有权时所采用的交易方式,亦称货物的贸易性质。贸易方式统计可以反映各种贸易方式的进出口情况及其在对外贸易中所占的比重。列入进出口总额统计的贸易方式分为20种。

1.“一般贸易”是指中国境内有进出口经营权的企业单边进口或单边出口的货物,但以下第2项至第20项列出的贸易方式进出口的货物除外。

2.“国家间、国际组织无偿援助和赠送的物资”是指中国根据两国政府间的协议或临时决定,对外提供无偿援助、捐赠品或中国政府、组织基于友好关系向对方国家政府、组织赠送的物资,以及中国政府、组织接受国际组织、外国政府或组织无偿援助、捐赠或赠送的物资。

3.“其他捐赠物资”是指境内、境外捐赠人(外国政府和国际组织除外)以扶贫、慈善、救灾为目的捐赠的直接用于扶贫、救灾、兴办公益福利事业的物资。

4.“补偿贸易”是指由境外厂商提供或利用境外出口信贷进口生产技术或设备,由中方进行生产,以返销产品方式分期偿还对方技术、设备价款或贷款本息的交易形式。

5."来料加工装配贸易"是指由外商提供全部或部分原材料、辅料、零部件、元器件、配套件和包装物料,必要时提供设备,由中方按对方的要求进行加工装配,成品交对方销售,中方收取工缴费和对方提供的作价设备价款,中方用工缴费偿还的交易形式。

6."进料加工贸易"是指中方用外汇购买进口的原料、材料、辅料、元器件、零部件、配套件和包装物料,加工成品或半成品后再外销出口的交易形式。

7."寄售代销贸易"是指寄售人把货物运交事先约定的代销人,由代销人按照事先约定或根据寄售代销协议规定的条件,在当地市场代为销售,所得货款扣除代销人的佣金和其他费用后,按照协议规定方式将余款付给寄售人的交易形式。

8."边境小额贸易"是指中国沿陆地边界线经国家批准对外开放的边境县(旗)、边境城市辖区内经批准有边境小额贸易经营权的企业,通过国家指定的陆地边境口岸,与毗邻国家边境地区的企业或其他贸易机构之间进行的贸易活动。

9."加工贸易进口设备"是指加工贸易项下对方提供的机械设备,包括以工缴费(或差价)偿还的作价或不作价设备。国家为鼓励服务外包产业,海关对发包方提供的为服务外包企业提供服务所需的进口设备实施保税监管,也按照加工贸易进口设备列入统计。

10."对外承包工程货物"是指经批准有对外承包工程经营权的公司为承包国外建设工程项目和开展劳务合作等对外合作项目而出口的设备、物资。

11."租赁贸易"是指承办租赁业务的企业与外商签订国际租赁贸易合同,租赁期为一年及以上的租赁进出口货物。

12."外商投资企业作为投资进口的设备、物品"是指外商投资企业以投资总额内的资金(包括中方投资)所进口的机器设备、零部件和其他物料[其他物料是指建厂(场)以及安装、加固机器所需材料],以及根据国家规定进口本企业自用合理数量的交通工具、生产用车辆和办公用品(设备)。

13."出料加工贸易"是指将中国关境内的原辅料、零部件、元器件或半成品交由境外厂商按中方要求进行加工或装配,成品复运进口,中方支付工缴费的交易形式。

14. "易货贸易"是指不通过货币媒介而直接用出口货物交换进口货物的贸易。

15. "免税外汇商品"是指由经批准的经营单位进口、销售专供入境的中国出国人员、华侨、外籍华人、港澳台同胞等探亲人员、出境探亲的中国公民和驻华外交人员的免税外汇商品。

16. "保税监管场所进出境货物"是指从境外直接存入保税仓库(含保税物流中心)的货物和从保税仓库(含出口监管仓库和保税物流中心)复运出境的货物,不包括保税区等海关特殊监管区域的仓储、转口货物。2011年以前,该项被称为"保税仓库进出境货物"。

17. "海关特殊监管区域物流货物"是指从境外存入保税区、出口加工区、综合保税区、保税港区等海关特殊监管区域和从上述区域运往境外的仓储、分拨、转口等保税物流货物。2011年以前,该项被称为"保税区仓储、转口货物"。

18. "海关特殊监管区域进口设备"是指出口加工区等海关特殊监管区域企业从境外进口用于加工生产所需的机器设备及工模具、区内建设所需的基建物资以及区内企业和行政管理机构自用的合理数量的办公用品。

19. "其他贸易"是指上述列明贸易方式不包括但根据《海关统计条例》应列入进出口额统计的货物,如旅游购物、对台小额贸易等。

20. "免税品"是指设在国际机场、港口、车站和过境口岸的免税品商店进口,按有关规定销售给办完出境手续的旅客的免税商品,供外国籍船员和我国远洋船员购买的送货上船出售的免税商品,供外交人员购买的免税品,以及在国际航班、国际班轮上向国际旅客出售的免税商品,还包括海南离岛免税商品。自2014年起,免税品的统计口径从海关单项统计调整为进出口贸易统计,即列入我国货物贸易进出口值,并在海关统计快讯、月刊和年鉴的进出口商品贸易方式总值表中增列"免税品"的进出口统计数据。

(六)境内目的地和境内货源地

海关统计境内目的地和境内货源地,是用于反映进出口货物在境内的流向,即进口商品的使用地区和出口商品的生产地区。

境内目的地是指进口货物在我国关境内的消费、使用地或最终运抵地,即进口货物的最终使用单位所在的地区。如进口货物的最终使用单位难以确定,按货物进口时预知的最终收货单位所在地统计。

境内货源地是指出口货物在我国关境内的产地或原始发货地。如出口货物在境内多次转换运输工具,难以确定其生产地,按最早发运该出口货物的单位所在地统计。

（七）运输方式等其他主要统计项目

海关对进出口货物的运输方式按实际进境或出境时的具体方式统计,包括水路运输、铁路运输、公路运输、航空运输、邮政运输和其他,后者包括人力、畜力、管道和电网运输等。

进出口货物的经营单位按照在海关注册登记并从事进出口经营活动的法人、其他组织及个人统计。

进出口货物的关别按照接受申报的海关进行统计。如一批海运进口货物从天津口岸进境,在天津口岸换装火车运往乌鲁木齐,在乌鲁木齐报关进口,则关别按乌鲁木齐海关统计。

进口货物按海关放行日期列入统计;出口货物按海关结关时间列入统计。如,2013 年 3 月的进出口额包括 3 月份放行的进口货物和 3 月份结关的出口货物总和。

【延伸阅读】

一、《中华人民共和国海关统计条例》(国务院令〔2005〕454 号)

第四条　实际进出境并引起境内物质存量增加或者减少的货物,列入海关统计。

进出境物品超过自用、合理数量的,列入海关统计。

第五条　下列进出口货物不列入海关统计:

(一)过境、转运和通运货物;

(二)暂时进出口货物;

(三)货币及货币用黄金;

(四)租赁期 1 年以下的租赁进出口货物;

（五）因残损、短少、品质不良或者规格不符而免费补偿或者更换的进出口货物；

（六）海关总署规定的不列入海关统计的其他货物。

第六条　进出口货物的统计项目包括：

（一）品名及编码；

（二）数量、价格；

（三）经营单位；

（四）贸易方式；

（五）运输方式；

（六）进口货物的原产国（地区）、启运国（地区）、境内目的地；

（七）出口货物的最终目的国（地区）、运抵国（地区）、境内货源地；

（八）进出口日期；

（九）关别；

（十）海关总署规定的其他统计项目。

根据国民经济发展和海关监管需要，海关总署可以对统计项目进行调整。

二、《海关统计制度实施细则》

第二条　《制度》第七条所称的其他不列入海关统计的货物、物品，包括修理物品、打捞物品，无商业价值的广告品或货样，我国籍船舶或飞机在境内添装的燃料、物料、食品等。

第三条　根据《制度》第八条的规定，对不列入海关统计的货物实施以下单项统计：免税品，进料加工转内销货物，来料加工转内销货物，转销内地的特区进口货物，保税区运往非保税区和非保税区运入保税区货物（分各种贸易方式），保税仓库转内销和境内存入保税仓库货物（分各种贸易方式），退运货物，过境货物。

（一）免税品，指设在国际机场、港口、车站和过境口岸的免税品商场所进口的，按有关规定销售给办完出境手续的旅客或部分特准口岸的未办进境手续的旅客的免税商品，供外国籍船员和我国远洋船员购买送货上船出售的免税品，以及在我国国际航机、国际班轮上向国际旅客出售的免税品。

统计项目:同海关统计。

(二)进料、来料加工转内销货物,指经批准转为内销的进料加工和来料加工贸易进口的料件或已加工成品,包括海关事后发现"转内销"并准予补办进口手续者。

本项统计包括经济特区或保税区的加工贸易转内销货物。

统计项目:商品编号(转内销的成品按原进口料件的编号统计)、数量、金额(转内销的成品按原进口料件的价格统计)、原产国别、贸易方式、经营单位、境内目的地、关别。

(三)销往内地的特区进口货物,指经批准转销内地的特区减免税进口货物。

统计项目:商品编号、数量、金额、原产国别、贸易方式、经营单位、境内目的地、关别。

特区的加工贸易产品销往内地时,按进料、来料加工转内销货物作单项统计。特区的国产货物和已依章纳税的进口货物运往内地时不统计。从特区暂时运往内地的进口货物也不统计。

设置在特区内的保税区运往内地的减免税进口货物,按保税区转非保税区的进口货物作单项统计。

(四)保税区运往非保税区和非保税区运入保税区货物。

保税区运往非保税区货物,指经海关核准运往非保税区的保税区减免税进口货物。非保税区运入保税区货物,指已向海关办结出口报关手续的从非保税区运入保税区的货物。

统计项目:同海关统计。

统计办法:保税区运往非保税区和非保税区运入保税区的货物应按海关实际管理办法,分别填报相应的贸易方式统计代码。为把保税区单项统计的贸易方式同列入海关进出口统计的贸易方式区分开来,避免重复统计,应在运输方式栏目用代码"7"来标识"保税区运往非保税区和非保税区运入保税区货物",同时相应地在报关单"运输工具名称"栏目中填报汉字"保税区"字样加以标识。在编制统计时,应把"运输方式"栏目中所有以"7"标识的数据列入单项统计数据文件。

保税区的加工贸易产品销往非保税区时,按进料、来料加工转内销货物作单项统计。保税区的国产货物和已依章纳税的进口货物运往非保税区时不统计。从保税区暂时运往非保税区的进口货物也不统计。

（五）保税仓库转内销和境内存入保税仓库货物。

保税仓库转内销货物,指经海关核准转为进入国内市场销售的保税仓库所存货物。境内存入保税仓库货物,指已向海关办结出口报关手续的存放在保税仓库（包括出口监管仓库）内的货物。

统计项目:同海关统计。

统计办法:保税仓库转内销和境内存入保税仓库货物应按海关实际管理办法,分别填报相应的贸易方式统计代码。为把保税仓库单项统计的贸易方式同列入海关进出口统计的贸易方式区分开来,避免重复统计,应在运输方式栏目用代码"8"来标识"保税仓库转内销和境内存入保税仓库货物",同时相应在报关单"运输工具名称"栏目中填报汉字"保税仓库"字样加以标识。在编制统计时,应把"运输方式"栏目中所有以"8"标识的数据列入单项统计数据文件。

（六）退运货物,指因质量问题或交货时间延误买方拒收而退运的进出口货物,以及因错发、错运造成的溢装、漏卸而退运的进出口货物。

统计项目:商品编号、数量、金额、起抵国别、贸易方式、经营单位、关别。

（七）过境货物,指由境外启运,通过境内陆路运输,继续运往境外的货物。

统计项目:商品编号（两位数）、重量（毛重）、来自国别、运往国别、运输路线、关别。

三、《中华人民共和国海关统计工作管理规定》(署令第 153 号)

第十条 下列货物不列入海关统计:

（一）过境货物、转运货物和通运货物;

（二）暂时进出口货物;

（三）用于国际收支手段的流通中的货币以及货币用黄金;

（四）租赁期在 1 年以下的租赁货物;

（五）由于货物残损、短少、品质不良或者规格不符而由该进出口货物的承运人、发货人或者保险公司免费补偿或者更换的同类货物;

（六）退运货物;

（七）边民互市贸易进出口货物；

（八）中国籍船舶在公海捕获的水产品；

（九）中国籍船舶或者飞机在境内添装的燃料、物料、食品；中国籍或者外国籍的运输工具在境外添装的燃料、物料、食品以及放弃的废旧物料等；

（十）无商业价值的货样或者广告品；

（十一）海关特殊监管区域之间、保税监管场所之间以及海关特殊监管区域和保税监管场所之间转移的货物；

（十二）其他不列入海关统计的货物。

第十一条　下列物品不列入海关统计：

（一）修理物品；

（二）打捞物品；

（三）进出境旅客的自用物品（汽车除外）；

（四）我国驻外国和外国驻我国使领馆进出境的公务物品以及使领馆人员的自用物品；

（五）我国驻香港和澳门特别行政区军队进出境的公务物品以及军队人员的自用物品；

（六）其他不列入海关统计的物品。

2005年3月，海关总署、国家发展和改革委员会、财政部以及商务部四部委联合发布《构成整车特征的汽车零部件进口管理办法》，自2005年4月1日起执行。政策规定，通过进口全散件（CKD）或半散件（SKD）组装汽车，进口零部件的价格总和达到该车整车总价格的60％等符合"整车特征"的进口零部件都要缴纳整车关税。当时的整车进口关税税率为25％，零部件则为10％，税差15％。同年7月5日，四部委再次联手发布公告称，"经研究决定，原定于自2006年7月1日起实施的有关整车特征的进口价格百分比界定标准以及有关机车总成（系统）特征的A、B类关键件区分标准，推迟到2008年7月1日实施"。这意味着此前政策中定于7月1日应正式实施的"进口零部件的价格总和达到该车型总价格60％及以上"的进口零部件需缴纳整车关税的政策将推迟。此外，由于A、B类关键件区分标准推迟实施，一些通过总成来认定"整车特征"的零部件缴纳整车关税的时间也被推迟两年。

这类法规被推迟适用的情形并不常见,其中的主要原因之一就是根据我国海关统计显示,该规定出台后的一定时间段内的高档豪华汽车进口呈现高速增长之势,这显示国外厂商有以整车进口代替零部件进口后在国内投入生产的可能,这对我国汽车产业的发展并无益处,因此,四部委作出推迟实施该办法中相关内容的决定。

海关统计不仅是海关对进出口货物贸易进行的客观、科学统计,同时海关统计的数据由于其准确性、权威性,还将成为国家对外贸易谈判、制定相关法律法规的重要依据。现阶段不仅全球贸易非常活跃,区域贸易、跨区域贸易也大有上升之势,同时以国家为代表的贸易保护主义在其中也愈演愈烈。贸易保护主义盛行的主要的原因包括贸易不平衡、可能对国内同类产业造成较大影响或暂时贸易量异常等。因此,国家在采取措施之前都会充分参考、研究海关统计数据,通过这些数据掌握进出口产品的结构、数量、增长趋势、增长幅度等,从而对国家目前所处的贸易地位保持清醒的认识。

四、专著

1. 邵铁民:《海关法学》,上海财经大学出版社 2004 年版。

2. 刘达芳:《海关法教程》,中国海关出版社 2009 年第 2 版。

3. 何力:《国际海关法学——原理和制度》,立信会计出版社 2007 年版。

4. http://www.chinacustomsstat.com (海关统计资讯网)

5. http://www.customs.gov.cn/publish/portal0/(中华人民共和国海关总署)

6. http://www.wcoomd.org/en.aspx(世界海关组织)

第六章
法律责任及救济制度

【内容摘要】违反海关法的行为可概分为走私行为与违反海关监管规定的行为两大类。走私行为和走私罪之间,不存在一个鲜明的界限。当走私行为的社会危害性达到一定程度,就有可能成为走私罪。构成走私行为的,由海关作出没收走私货物、物品及违法所得、并处罚款等行政处罚;构成走私罪的,要按照《刑法》追究刑事责任。行政相对人对海关做出的行政行为不服的,可以通过参加听证、提起行政复议、提起行政诉讼、申请国家赔偿等方式取得救济。该四种救济方式互为补充,构成一个较为完整的权利救济网。

第一节　走私行为及其法律责任

●　●　●

一、走私行为的概念和特点

基于经济利益驱动,走私行为自古即存在,且广泛散布于世界各个角落。走私给一个国家的社会经济造成的破坏是不言而喻的。在相当长的历史时期内,关税以及进出口的管制措施一直是一个国家保护本国经济的重要手段,走私恰恰是绕过甚至冲击这种手段,使国家的保护措施不能发挥应有的作用,一些重要产业或者幼稚产业丧失重要的保护手段,进而影响到国民经济的健康全面发展。对广大发展中国家而言,关税是财政收入的重要来源,走私使国家财政收入流失,直接影响国家的经济行为能力。走私珍稀动植物及其产品、文物、毒品、武器等,还会引发生态环境恶化、社会治安动荡、人类珍贵文化遗存遭到无可挽回的破坏等其他严重的社会问题。

根据《海关法》第82条,走私是指违反《海关法》及有关法律、行政法规,逃避海关监管,偷逃应纳税款、逃避国家有关进出境的禁止性或者限制性管理,进出口国家禁止进出口、限制进出口或者应当缴纳关税的货物、物品的行为。《海关法》第83条亦同时规定,对直接向走私人非法收购走私进口的货物、物品等违法行为,按走私行为论处。

走私具有如下特点:

第一,行为主体多样化,包括自然人、法人及非法人组织。随着国家打击走私力度不断加大,走私主体类型日益复杂,且各类主体相互结合,共为走私。部分走私呈现主体跨地域、跨国界的特征。

第二,行为主体具有主观故意,即明知自己的行为违反国家法律法规,逃避海关监管,偷逃进出境货物、物品的应缴税额,或者逃避国家有关进出境的禁止性管理,并且希望或者放任危害结果发生。过失行为无法构成走私。对于如何界定明知,最高人民法院、最高人民检察院、海关总署《关于办理走私刑事案件适用法律若干问题的意见》第5条规定,"明知"是指行为人知道或者应当知道所从事的行为是走私行为。具有下列情形之一的,可以认定为"明知",但有证据证明确属被蒙骗的除外:1.逃避海关监管,运输、携带、邮寄国家禁止进出境的货物、物品的;2.用特制的设备或者运输工具走私货物、物品的;3.未经海关同意,在非设关的码头、海(河)岸、陆路边境等地点,运输(驳载)、收购或者贩卖非法进出境货物、物品的;4.提供虚假的合同、发票、证明等商业单证,委托他人办理通关手续的;5.以明显低于货物正常进(出)口的应缴税额委托他人代理进(出)口业务的;6.曾因同一种走私行为受过刑事处罚或者行政处罚的;7.其他有证据证明的情形。

第三,走私对象为违禁品,即国家禁止进出口、限制进出口和应当缴纳税款的货物、物品。具体来说,国家禁止进出口的货物、物品,包括珍稀动植物及其产品、文物、毒品、涉及国家安全的高技术产品、重要的战略物资以及危害人类和动植物生命健康、生态环境的废弃物等;国家限制进出口的货物、物品,包括稀缺的自然资源及其产品、武器、我国承担国际义务控制出口品种数量的纺织品等;应当缴纳税款的货物、物品,即根据《海关法》及其他有关法律、行政法规,应缴纳关税等税款的货物、物品。

第四,侵犯客体为国家对对外贸易的管理权和税收权。国家通过海关实施对对外贸易的管理,以实现其政治、经济、社会目的。该权力基于国家主权而产生,由国家公权力保障实施,具有不可侵犯性。

二、走私的类别

走私由于涉及的范围特别广泛,因而表现纷繁复杂,为认识走私的全貌,必须对走私进行分类详述。分类的标准不同,分类也不同,一般而言,它可以按照走私的主体、对象、手法、流向、是否视同走私等不同标准分类。

按照不同的主体,可以把走私分成自然人的走私、单位走私以及自然人和单位相结合的走私,自然人和单位走私还可以细分为单独一个个体的走私和共同走私。按照被走私的对象分,它可以分为走私国家禁止进出口的货物或物品、走私国家限制进出口的货物或物品、走私应当缴纳税款的货物或物品三种情形,这三种情形又都可以细分为走私货物和走私物品两种。禁止进出口的货物包括:军用枪支,伪造的货币,国家三级以上文物,列入《国家重点保护野生动物名录》中的国家一级、二级保护野生动物和列入《濒危野生动植物种国际贸易公约》附录一、附录二中的野生动物以及驯养繁殖的上述特种的珍贵动植物及其制品,固体废物,淫秽的影片、录像带、录音带、图片、书刊和通过文字、声音、形象等形式表现淫秽内容的影碟、音碟、电子出版物等物品等;限制进出口的货物、物品包括:列入《国家限制进出口的可用作原料的固体废物目录》中的可用作原料的固体废物、毒品及易制毒试剂,国家通过许可证、配额等实行进出口管制的货物、物品;应当缴纳税款的货物、物品包括了几乎所有的普通货物、物品。

按照不同的走私手法,可以把走私分为经过设立海关的地点的走私、不经过设立海关的地点的走私、后续监管环节的走私等类型。经过设立海关的地点的走私是指利用伪装、藏匿、伪报、瞒报等手法将走私货物、物品运输、携带通过设立海关的地点,以逃避海关监管和应税义务。经过设立海关的地点走私,表面上必须符合国家对进出口的管理,接受海关监管,因此,走私分子必须使用伪装、藏匿、伪报、瞒报等手法。伪装、藏匿、伪报、瞒报的内容包括货物、物品的品名、规格、数量、金额、贸易性质、原产地、贸易国别、商品归类等各个方面。因而,经过设立海关的地点的走私呈现极端的复杂性。其具体可表现为:把走私货物、物品伪装成其他货物、物品;利用运输工具等特制工具,夹带走私货物、物品;伪报货物品名、规格、数量、价格、贸易性质、原产地等进行走私;利用或制造运输环节的监管衔接空隙进行走私;利用伪造、变造的单证走私进出口货物;利用已有的合法途径达到走私目的;利用低报或者高报产品单耗进行走私;使用购买、伪造、变造的加工贸易手册、单证或者虚构加工贸易企业骗取海关发放的加工贸易登记手册进行走私,等等。

三、走私的法律责任

在走私和走私罪之间,不存在一个鲜明的界限。当走私行为的社会危害性达到一定程度,就有可能成为走私罪。事实上,在我国立法中,《刑法》并没有对走私下过明确的定义,其对走私的概念引用来自于《海关法》,只是《刑法》对走私情节、社会危害性达到何种程度构成犯罪作了规定。这充分说明,走私行为和走私罪在本质上具有一致性。

按照《海关法》的规定,构成走私行为的,由海关没收走私货物、物品及违法所得,可以并处罚款;专门或者多次用于掩护走私的货物、物品,专门或者多次用于走私的运输工具,予以没收;藏匿走私货物、物品的特制设备,责令拆毁或者没收。对于走私触犯《刑法》的,还要按照《刑法》追究刑事责任。根据《最高人民法院关于审理走私刑事案件具体应用法律若干问题和解释》,走私军用子弹 10 发;走私非军用枪支 2 支以上或者非军用子弹 100 发以上;走私武器、弹药虽未达到上述数量标准,但具有走私的武器、弹药被用于实施其他犯罪等恶劣情节的;走私伪造的货币,总面额 2000 元以上或者币量 200 张(枚)以上的;走私国家禁止出口的三级文物 2 件的;走私国家二级保护动物未达到规定的数量标准或者走私珍贵动物制品价值

10 万元以下的;走私淫秽录像带、影碟 50 盘(张)以上;走私淫秽录音带、音碟 100 盘(张)以下;走私淫秽扑克、书刊、画册 100 幅(册)以上;走私淫秽照片、画片 500 张以上;走私其他淫秽物品相当于上述数量的;明知是走私行为人而向其非法收购走私进口的其他货物、物品,应缴纳税额为 5 万元以上的;走私国家禁止进口的固体废物不满 10 吨,或者走私国家限制进口的可用作原料的固体废物偷逃应缴税额在 5 万元以上的;单位犯走私普通货物、物品罪以及走私国家限制进口的可用作原料的固体废物的,偷逃应缴税额在 25 万元以上的即属于需要按照《刑法》追究刑事责任之列。触犯刑法、被追究刑事责任的走私人,将被处以最低管制和罚金、最高死刑的刑罚处罚。

根据《海关行政处罚实施条例》第 12 条,违反海关监管规定的行为,是指违反海关法及其他有关法律、行政法规和规章但不构成走私的行为。《海关法》第 86 条对部分违反海关监管规定的行为进行了类举,并规定对此类行为,可以处以罚款,有违法所得的,没收违法所得,具体如下:

1.运输工具不经设立海关的地点进出境的;

2.不将进出境运输工具到达的时间、停留的地点或者更换的地点通知海关的;

3.进出口货物、物品或者过境、转运、通运货物向海关申报不实的;

4.不按照规定接受海关对进出境运输工具、货物、物品进行检查、查验的;

5.进出境运输工具未经海关同意,擅自装卸进出境货物、物品或者上下进出境旅客的;

6.在设立海关的地点停留的进出境运输工具未经海关同意,擅自驶离的;

7.进出境运输工具从一个设立海关的地点驶往另一个设立海关的地点,尚未办结海关手续又未经海关批准,中途擅自改驶境外或者境内未设立海关的地点的;

8.进出境运输工具,未经海关同意,擅自兼营或者改营境内运输的;

9.由于不可抗力的原因,进出境船舶和航空器被迫在未设立海关的地点停泊、降落或者在境内抛掷、起卸货物、物品,无正当理由,不向附近海关报告的;

10.未经海关许可,擅自将海关监管货物开拆、提取、交付、发运、调换、改装、抵押、质押、留置、转让、更换标记、移作他用或者进行其他处置的;

11.擅自开启或者损毁海关封志的;

12.经营海关监管货物的运输、储存、加工等业务,有关货物灭失或者有关记录不真实,不能提供正当理由的;

13.有违反海关监管规定的其他行为的。

同时,《海关行政处罚实施条例》第18条亦对部分违反海关监管规定的行为做了列举,并规定了其法律责任。有下列行为之一的,处货物价值5%以上30%以下罚款,有违法所得的,没收违法所得:

1.未经海关许可,擅自将海关监管货物开拆、提取、交付、发运、调换、改装、抵押、质押、留置、转让、更换标记、移作他用或者进行其他处置的;

2.未经海关许可,在海关监管区以外存放海关监管货物的;

3.经营海关监管货物的运输、储存、加工、装配、寄售、展示等业务,有关货物灭失、数量短少或者记录不真实,不能提供正当理由的;

4.经营保税货物的运输、储存、加工、装配、寄售、展示等业务,不依照规定办理收存、交付、结转、核销等手续,或者中止、延长、变更、转让有关合同不依照规定向海关办理手续的;

5.未如实向海关申报加工贸易制成品单位耗料量的;

6.未按照规定期限将过境、转运、通运货物运输出境,擅自留在境内的;

7.未按照规定期限将暂时进出口货物复运出境或者复运进境,擅自留在境内或者境外的;

8.有违反海关监管规定的其他行为,致使海关不能或者中断对进出口货物实施监管的。

前款规定所涉货物属于国家限制进出口需要提交许可证件,当事人在规定期限内不能提交许可证件的,另处货物价值30%以下罚款;漏缴税款的,可以另处漏缴税款1倍以下罚款。

此外,《海关法》第87条及《海关行政处罚实施条例》第26条、第27条还根据《行政处罚法》规定了对各类违反海关法行为的申诫类处罚(责令改正、警告)和行为类处罚(暂停从事有关业务、撤销其注册),使法律责任的立法更加完善。

【案例裁决/法律文书摘录】

一、厦门某有限公司诉福建省厦门海关行政处罚案

[基本案情]1997年3月至1998年6月,赫斯特拉号船等64艘次船舶运载油料入境,在某公司所属油库卸载、仓储。其中柴油1150156.9吨、毛豆油256569.64吨、毛菜籽油15568.344吨、棕榈油7171.22吨、精豆油30008.01吨、精棕榈油5633.231吨、大豆油15945.921吨。上述油料均未在中国境内办理报关手续,系走私进口。某公司经营上述业务的营业收入共计5797142.97美元,折合人民币47985271元。某公司1997年、1998年间缴纳的税收3006505元。1997年3月,某公司致函福建省石油厦门总公司,提出卸储的油料手续不全,不予装船,并要求提供海关文件。同年3月25日及4月1日,福建省石油厦门总公司回函,称由其办理海关手续,责任由其承担,并要求以后按照现行方式进行作业。1997年3月25日,厦门海关工作人员在协调时,口头表示货可以先放,但要求福建省石油总公司补办海关手续,且下不为例,以后的货要海关同意才可以卸储。2004年10月27日,厦门海关作出〔2002〕厦关查罚字第05—028号行政处罚决定,决定没收某公司违法所得44978766元,并科处罚款1000万元。某公司不服,向海关总署申请复议,2005年2月4日,海关总署作出〔2004〕0037号行政复议决定,决定驳回某公司的复议申请,维持厦门海关作出的行政处罚决定。某公司仍不服,向厦门市中级人民法院提起诉讼。

原告某公司诉称:一、即使厦门海关对某公司的仓储行为定性正确,在"违法所得"的构成与数额认定上也存在错误。某公司从64艘次涉案船载货物的卸载、仓储业务中获得的营业收入总额为5797142.91美元,其中包括:1.实际发生的经营费用,主要是支付给劳动者的工资费用和储存这些油料所用设备的折旧提成费用及其他必须支出的费用,以上费用共计26809123元;2.经营涉案油料仓储业务所缴纳的国家税款3006505元。扣除上述实际支出费用后的所得利益为18169643元。厦门海关在计算违法所得时仅从某公司营业收入中扣除了税款部分,却没有考虑到营业收入的构成中还包括经营费用的支出,对"违法所得"的金额认定存在错误。二、厦门海关对某公司作出行政处罚的依据是《海关法行政处罚实施细则》

（以下简称《细则》），该《细则》是配合旧海关法制定实施的，在海关处理本案时，新海关法已经颁布实施，旧海关法及相关的实施细则已不再适用，厦门海关适用《细则》，明显属于适用法律错误。三、厦门海关在认定"违法所得"时未考虑到经营费用的支出，将营业收入总额扣除税款后都作为违法所得予以没收，同时处以1000万元的罚款，处罚显失公正。其请求：一、撤销厦门海关〔2002〕厦关查罚字第05-028号行政处罚决定，并判令厦门海关限期重新作出行政行为或判决变更厦门海关作出的行政处罚。二、判令被告承担本案相关的诉讼费用。

被告厦门海关辩称：一、某公司明知涉案油料均未在中国境内办理报关纳税手续，系走私进口，进行卸储并谋取利益，收入共计5797143美元，折合人民币47985271元。扣除某公司1997、1998年间缴纳的税收3006505元，厦门海关认定某公司违法所得数额为44978766元，即以实际收取的仓储费用扣除已缴纳税款，违法所得认定是正确的，某公司提出应扣除经营费用，没有法律依据。二、第九届全国人大常委会第十六次会议于2000年7月8日通过了《关于修改〈中华人民共和国海关法〉的决定》，仅是修改，并未废除1987年《海关法》。《细则》只要不与2000年《海关法》相抵触，继续有效。厦门海关行政处罚法律适用正确。三、《细则》第6条第2款规定："知情不报，并为走私人提供方便的，没收违法所得，可以并处违法所得两倍以下的罚款。"厦门海关对某公司科处罚款1000万元，在法定幅度内，处罚适当。其请求维持厦门海关（2002）厦关查罚字第05-028号行政处罚决定。

厦门市中级人民法院经审理认为，双方当事人争议焦点在于厦门海关对某公司的行政处罚决定是否合法，主要体现在三个方面：一、行政处罚决定适用法律是否正确。该行政处罚决定是2004年10月27日作出的，其法律依据是《海关法行政处罚实施细则》第6条第2款，而该细则直至11月1日《中华人民共和国海关法行政处罚实施细则》生效后才废止，在此之前《海关法行政处罚实施细则》第6条仍具法律效力，故海关的行政处罚适用法律并无不当。二、某公司的行为如何认定的问题。某公司作为专门从事油料仓储的大型企业，应当对所仓储进口货物的合法来源进行审查，这是其法定义务。事实上，某公司起初拒绝出货的行为也表明其清楚这一点，但之后某公司长期对没有合法来源的油料予以卸储及放行，这是本案的客观事实。厦门石油公司出具保函及海关个别工作人员的协调,并不能免除某公司的法定义务,对其行为违法的性质并没有影响。根据《海关法行政处罚实施细则》第 6 条第 2 款关于"知情不报并为走私人提供方便的,没收违法所得,可以并处违法所得两倍以下的罚款"的规定,某公司的行为符合上述法定情节,厦门海关对此的认定是正确的。三、"违法所得"数额的认定问题。本案中,双方当事人对某公司经营涉案油料的总收入为 47985271 元,没有异议,上述款项是通过某公司从事非法行为获取的,与其非法行为有直接联系,厦门海关认定某公司违法所得为营业总收入扣除 1997 年、1998 年间缴纳的税收 3006505 元,并无不当,某公司主张应扣除经营费用,没有法律依据。厦门市中级人民法院依照《中华人民共和国行政诉讼法》第 54 条第 (一)项的规定,判决维持厦门海关的行政处罚决定。宣判后,原告不服,向福建省高级人民法院提起上诉。

某公司上诉称,本案被诉行政处罚决定认定事实不清,适用法律错误,原判予以维持错误。理由是:1.某公司对他人的走私情况并不知情,而且已将所知的情况向监管部门做了通报,厦门海关对涉案油料的每次卸储及放行都做出同意的明确指示,因此,其行为不构成"协助走私";2.修订后的《中华人民共和国海关法》已经取消了"协助走私"这一罪名,《海关法行政处罚实施细则》中的相关规定与新海关法相抵触,不能适用;3.厦门海关认为上诉人负有审查货物合法来源的法定义务及违法所得不应扣除经营成本,但没有提供相应的法律依据,属于没有依法履行举证责任;4.最高人民法院司法解释、国家工商行政管理局规范性文件均表明,经营成本不应被计入违法所得,被诉行政处罚决定认定的违法所得错误。为此,其请求撤销一审判决和被诉行政处罚决定。

被上诉人厦门海关辩称:1.本案相关事实表明,上诉人某公司对海关监管规定是清楚的,在此情况下,其仍为无合法手续的进口油料提供仓储方便,且未向海关报告,已构成"协助走私";2.《海关法行政处罚实施细则》在本案被诉行政处罚决定作出时仍未废止,也没有与新海关法抵触,可以适用;3.被上诉人已经依法履行了举证责任;4.违法所得指的是违法行为人因实施不法行为而获得的利益,不能按照计算利润的方法来确定。据此,其请求二审法院驳回上诉,维持原判。

福建省高级人民法院经审查,原判认定的基本事实清楚,应予确认;但原判漏列被上诉人厦门海关提交的一份证据"会议纪要",且将此次会议的时间 1997 年 3 月 4 日错误地认定为 1997 年 3 月 25 日,应予更正。双方当事人对 1997 年 3 月至 1998 年 6 月间上诉人某公司所属油库属非保税油库,不能仓储保税油品,以及被上诉人作出本案被诉行政处罚决定之前已经告知以及听证程序、处罚程序合法等事实均无异议,经审查,亦予以确认。上诉人向二审法院申请调取的海关总署政策法规司法函〔2003〕58 号函件,经查证属实,系海关总署政法司对国务院法制办工交商事司征求对"违法所得"含义提出的函复意见,没有下发海关执行。

二审法院认为,双方当事人争议的焦点在于上诉人的卸储行为是否构成"协助走私",《海关法行政处罚实施细则》关于"协助走私"的规定与新海关法相关规定是否冲突,以及认定上诉人的违法所得是否应当扣除经营成本。经审查确认如下:(一)上诉人某公司卸储涉案油料的行为属于"协助走私"的违法行为。依照原《海关法行政处罚实施细则》第 6 条第 2 款的规定,知情不报并为走私人提供方便,构成"协助走私"的违法行为。(二)《海关法行政处罚实施细则》第 6 条第 2 款的规定与新海关法没有抵触。无论是对行为人的主客观方面要求,还是对行为人构成相应行政违法行为所应承担的法律责任,《海关法行政处罚实施细则》第 6 条第 2 款规定与新海关法第 84 条规定均未抵触,在其生效期间依法可以适用。(三)上诉人某公司主张认定走私违法所得应当扣除经营成本于法无据。走私违法所得是因实施不法行为而获得的收益,不能按照计算利润的方法来确定。

综上,被上诉人厦门海关作出本案被诉行政处罚决定符合法律规定,一审予以判决维持认定事实清楚,适用法律正确,审判程序合法,应予维持。

[分析]

本案在审理中主要涉及以下几个问题:

(1)《细则》关于"协助走私"的规定是否与新海关法相抵触,以及依照该规定原告的行为是否构成"协助走私"的事实要件而应予处罚,没收非法所得应否扣除经营成本等

现对此存在两种不同意见:一种意见认为,《细则》有关"协助走私"的规定与新海关法相抵触,适用该规定进行处罚错误,理由如下:第一,违背"后法优于前法"的原则,适用法律错误。后法优于前法原则,是指同等效力的法律规范,在适用时,应

当适用后面制定颁布的法律规范,而不应适用先前制定颁布的法律规范。这是法律适用的基本原则之一。适用《细则》第 6 条第 2 款的规定,对原告进行处罚,违背了这一原则。因为该《细则》是配合旧海关法制定实施的,在海关处理本案时,新海关法已经颁布实施,旧海关法及相关的实施细则已不再适用,厦门海关适用《细则》,明显属于适用法律错误。第二,修改后的海关法既然已经取消了"协助走私"这一罪名,因而也就无必要查究原告是否构成"协助走私"的违法行为。第三,海关总署政法司回复国务院法制办工交商事司征求"违法所得"含义的意见时,认为应当扣除经营成本。

另一种意见认为,《细则》有关"协助走私"的规定与新海关法没有抵触,对于构成"协助走私"的行为可以依照该规定进行处罚。理由如下:第一,全国人大常委会 2000 年 7 月 8 日作出的关于修改 1987 年制定的《海关法》的决定,仅是修改 1987 年制定的《海关法》的部分内容,并未废止该法。原《细则》至 2004 年 11 月 1 日《海关行政处罚实施条例》生效后才废止,在此之前,该细则仍具有法律效力,因此,并不违背"后法优于前法"的原则。第二,《细则》第 6 条第 2 款的规定,与新海关法没有抵触,新海关法第 84 条规定,"与走私人通谋为走私人提供运输、保管、邮寄或者其他方便,构成犯罪的,依法追究刑事责任;尚不构成犯罪的,由海关没收违法所得,并处罚款。"对照文字表述,对行为人"为走私人提供方便"这一客观行为要件要求,以及对行为人构成行政违法应由海关没收违法所得、处以罚款,两部法律的相关规定是一致的。第三,违法所得是指违法行为人因实施不法行为而获得的利益,不能按照计算利润的方法来确定。《细则》第 5 条规定,对走私违法行为的行政处罚是没收走私货物、物品、走私专用设备和违法所得,可以并处罚款;对走私货物、物品无法没收的,应当追缴走私货物、物品的等值价款。最高人民法院、最高人民检察院、海关总署《关于办理走私刑事案件适用法律若干问题的意见》第 24 条也规定,对走私货物、物品因流入国内市场或使用,致使无法扣押或不便扣押的,应当按照走私货物、物品的进出口完税价格认定违法所得予以追缴;走私货物、物品的实际销售价格高于进出口完税价格的,应当按照实际销售价格认定违法所得予以追缴。根据这些规定,对走私货物、物品和收入,无论其表现形式和存在状态,一律应予没收或追缴,并不存在扣除走私违法行为人"经营成本"的问题。二审判决均采纳了第二种意见。取舍的理由：第一，无论是从修改前后的海关法立法精神，还是从相关的具体规定来看，即《细则》第6条第2款规定与新海关法第84条规定，两者均没有抵触，在生效期间依法应当适用。第二，违法行为人的行为，符合"协助走私"的主客观要件的要求，也就是说，它构成违反海关监管的相关规定，侵害了国家的利益，应当追究其法律责任。第三，海关总署政策法规司法函〔2003〕58号函件，既不是法律、法规和规章，也不是海关总署为具体应用法律、法规和规章而作出的解释，而是海关总署内设机构对相关法律问题所表达的一种观点，依法不能作为行政案件的审判依据。而且，该函件第3条只是从违法行为人投入资金、涉案货物、物品等违法标的是否划入违法所得范畴的角度对违法所得如何判定提出意见，并没有认为违法所得应扣除"成本"。

（2）运用裁判要旨应当注意的问题

对违法所得的认定，不同领域的认定方法不同。例如，《最高人民法院关于审理非法出版物刑事案件具体应用法律若干问题的解释》对人民法院审理涉及非法出版物的刑事案件对违法所得认定适用的方法，国家工商行政管理局《关于投机倒把违法违章案件非法所得计算方法问题的通知》（现已失效）对投机倒把行为违法所得的认定方法等，都有相应规定。本案只表明，根据现有法律规定，对协助走私行为作出的没收违法所得行政处罚的数额认定，不应扣除经营成本。

二、陈某诉汕头海关行政处罚纠纷案

[基本案情]1999年7月17日，原告陈某乘坐中国南方航空公司CZ376航班从泰国抵中国汕头机场，随身携带人民币40万元，经中国汕头机场海关旅检大厅进境未进行申报，被汕头海关的查验关员查获并扣押该笔款项，同时开具了323785号海关扣留凭单。2000年4月26日，汕头海关作出汕关查〔2000〕9号处罚决定书。该处罚决定书认定：陈某于1999年7月17日乘坐中国南方航空公司GZ376航班从泰国抵汕头机场，进境时选择无申报通道，被海关从其随身携带的密码箱中查获人民币40万元整，其中39.4万元人民币没有向海关申报。以上事实，有海关旅检现场查验记录、查问笔录、相片、海关扣留凭单等证据为证。依据《海关法行政处罚实施细则》第3条第2款、第5条第1款第（二）项的规定，海关决

定没收陈某走私进境的人民币 39.4 万元。当事人对本处罚决定不服的,可以依照《海关法》第 53 条的规定,自本处罚决定书送达之日起 30 日内,直接向汕头市中级人民法院起诉;也可以依据《行政复议法》第 9 条、第 12 条的规定,自本处罚决定书送达之日起 60 日内向上一级海关(海关总署)申请复议。根据《行政处罚法》第 45 条的规定,当事人对行政处罚决定不服申请行政复议或者提起行政诉讼的,行政处罚不停止执行。

陈某不服该处罚决定,于 2000 年 6 月 2 日向汕头市中级人民法院提起诉讼。

汕头市中级人民法院审理认为,原告陈某经汕头海关实施双通道制的监管场所进境,携带国家有数量限制的人民币现钞超过海关规定的数量,且数量显属较大,未向海关申报,在选择走无申报通道(又称绿色通道)时被查获。其行为违反了《海关法行政处罚实施细则》第 3 条第 2 项的规定。被告汕头海关的处罚决定认定事实清楚,证据充分,适用法律、法规正确,处罚程序合法,应予支持。原告认为,其没有走私的故意和实施走私行为,缺乏事实根据,不予采纳。被告采用邮寄方式送达被诉具体行政行为有关的法律文书符合相关的法律规定,原告认为被告应提供送达回证,依据不足,不予支持。被告根据《海关关于进出境旅客通关的规定》第 8 条第 3 项规定,计算确定没收原告走私人民币 39.4 万元,依据充分,程序合法。原告提出被告没收其人民币 39.4 万元没有法定依据和送达有关法律文书程序违法理由不成立,均不予采纳。汕头市中级人民法院判决维持海关的处罚决定。原告陈某不服一审判决,提出上诉。二审法院于 2000 年 10 月 9 日作出终审判决:驳回上诉,维持原判。

[分析]

本案在审理中主要涉及以下几个问题:

(1)关于上诉人携带 40 万元人民币进入无申报通道是否违法的问题

根据《海关关于进出境旅客通关规定》(以下简称《通关规定》)第 7 条、第 12 条的规定,所谓"无申报通道",应指经中华人民共和国海关总署批准实施双通道制的海关监管场所,海关设置"申报"通道(又称红色通道)和"无申报通道"(又称绿色通道)供进出境旅客选择。除依规定必须向海关申报外的其他旅客,旅客可不向海关办理申报手续,直接选择无申报通道进出境。1993 年 2 月 26 日,中华人民共和国海关总署第43号令公布的《限制进出境物品表》规定,国家货币为限制进出境物品。《通关规定》第8条第3项规定,携带人民币现钞6000元以上或金银及其制品50克以上者,应向海关申报,并将申报单证交海关办理进境手续。本案中,上诉人携带超过限量的巨额人民币入境,依照规定应办理申报手续,但上诉人直接选择了无须办理申报手续的无申报通道入境,显然违反了上述《通关规定》第8条第3项的规定,属逃避海关监管的行为。根据《海关法行政处罚实施细则》第3条第2项的规定,经过设立海关的地点,以藏匿、伪装、瞒报、伪报或者其他手法逃避海关监管,运输、携带、邮寄国家禁止进出境的物品、国家限制进出口或者依法应当缴纳关税的货物、物品进出境的是走私行为。一、二审法院认定原告的行为构成上述法规规定的走私行为,是正确的。

(2)被上诉人的汕关查〔2000〕9号处罚决定书认定事实部分没有适用相关的法律规定,是否属没有法律依据或适用法律错误的问题

《行政处罚法》第39条第3项明确规定,处罚决定书要求列明行政处罚的种类和依据。本案汕关查〔2000〕9号处罚决定书适用了《海关法行政处罚实施细则》的两条具体规定。一是第3条第2项规定:"经过设立海关的地点,以藏匿、伪装、瞒报、伪报或者其他手法逃避海关监管,运输、携带、邮寄国家禁止进出境的物品、国家限制进出口或者依法应当缴纳关税的货物、物品进出境的是走私行为";二是第5条第1款第(二)项规定:"走私国家限制进出口或者依法应当缴纳关税的货物、物品的,没收走私货物、物品等值以下或者应缴税款三倍以下的罚款。"本案中适用法律显然是符合处罚法规定的。但处罚决定书没有引用海关总署令第43号公布的《限制进出境物品表》第(一)项第4目认定人民币为国家限制进出境物品,也没有依据《海关进出境旅客通关的规定》第8条第(三)项认定陈某超过6000元人民币没有向海关申报的法律事实,而直接陈述39.4万元人民币没有向海关申报,属走私行为。这种做法在逻辑上显然存在缺陷。但这不属于法律适用错误,而是事实认定上的缺陷。对行政机关作出行政处罚时认定事实部分是否必须附加论述,法律法规没有明确的规定,但从《行政处罚法》第39条第(二)项"处罚决定书应当载明违反法律法规或者规章的事实和证据"的规定来看,法律规范是证据的一种,应予列明。另外,处罚决定书是行政机关行政处罚决定的一个重要表现形式,从依

法行政的角度上,明确援引法律规定,增强文书的说理性,也是提高执法水平的客观要求。二审判决认定被上诉人在陈述事实时没有具体适用《限制进出境物品表》第(一)项第4目和《海关进出境旅客通关的规定》第8条第(三)项,按照严格依法行政的要求,确有不完善之处,但适用的其他法律法规正确,不适用上述条款不影响本案的定性和处罚。这是准确的。

(3)关于处罚决定书等文书的送达,没有附送达回证是否属处罚程序违法的问题

具体行政行为的程序是否合法是法院审查的一个主要内容。上诉人提出被上诉人送达处罚决定书,没有附送达回证属于处罚程序违法,是没有依据的。关于处罚决定书的送达,《行政处罚法》第40条规定:"行政处罚决定书应当在宣告后当场交付当事人;当事人不在场的,行政机关应当在七日内依照民事诉讼法的有关规定,将行政处罚决定书送达当事人。"《民事诉讼法》第80条规定:"直接送达诉讼文书有困难的,可以委托其他人民法院代为送达,或者邮寄送达。邮寄送达的,以回执上注明的收件日期为送达日期。"本案上诉人是外国人,行政处罚决定书采用邮寄送达的方式,符合上述法律规定。《行政处罚法》和《民事诉讼法》并没有要求邮寄送达附送达回证,而是要求以回执为准。《最高人民法院关于适用〈中华人民共和国民事诉讼法〉若干问题的意见》提出,邮寄送达附送达回证,目的在于方便受送达人签收,作为送达凭证。本案被上诉人的告知书、处罚决定书均已邮寄给上诉人,上诉人亦已收到上述法律文书,送达的目的已达到。不附送达回证,并不产生未送达的法律后果,没有附送达回证不属处罚程序违法的问题。一、二审确定被诉的处罚行为程序合法是正确的。

【延伸阅读】

一、法律法规

1.《中华人民共和国海关法》

2.《中华人民共和国海关法行政处罚实施细则》

二、专著

1. 何力：《国际海关法学——原理和制度》，立信会计出版社 2007 年版。

2. 朱秋沅：《国际海关法研究》，法律出版社 2011 年版。

第二节　海关法律救济

●　●　●

一、听证

作为制度，听证是指听取利害关系意见的法律程序。尤其是在行政主体作出不利于当事人的决定之前，应当听取利害关系人的意见，从而体现公正。听证源于英美普通法的"自然公正原则"，它最初适用于司法领域，作为司法审判活动的必经程序，谓之"司法听证"；后来逐渐为立法吸收，适用于立法领域，称之为"立法听证"；到 20 世纪晚些时候，才正式运用于行政领域并获得巨大发展。西方各国听证制度都有其不同但深厚的法理基础，如英国的"自然公正原则"，美国的"正当程序原则"，德国的"法治国理论"，法国的"行政法治原则"等。

我国 1995 年的《行政处罚法》最早引入行政听证制度，是我国第一部规定了行政行为程序的法律，是我国依法治国进程中的一座里程碑。《行政处罚法》确立了听证制度，专设第五章第三节对听证制度作出规定。其中第 42 条规定："行政机关作出责令停产停业、吊销许可证或者执照、较大数额罚款等行政处罚决定之前，应当告知当事人有要求举行听证的权利；当事人要求听证的，行政机关应当组织听证。"《行政处罚法》是中国移植国外听证制度的首次尝试，也是中国行政程序制度发展的重要突破。

2004 年 11 月 1 日起施行的《海关行政处罚实施条例》第 49 条规定："海关作出暂停从事有关业务、暂停报送执业、撤销海关注册登记、取消报送从业资格、对公民处 1 万元以上罚款、对法人或者其他组织处 10 万元以上罚款、没收有关货物、物品、走私运输工具等行政处罚决定前,应当告知当事人有要求举行听证的权利;当事人要求听证的,海关应当组织听证。"《海关行政处罚听证办法》规定,海关行政处罚案件的听证由海关行政处罚案件审理部门负责组织;涉及知识产权处罚案件的听证,由海关法制部门负责组织;涉及资格罚案件的听证,由海关作出资格罚处罚决定的部门负责组织。可见,组织听证的主体为作出处罚决定的部门。

为避免不公正的结果,《行政处罚法》规定,听证由行政机关指定的非本案调查人员主持;当事人认为主持人与本案有直接利害关系的,有权申请回避。《海关行政处罚听证办法》规定,案件调查人员、当事人、案件调查人员的近亲、案件的证人、鉴定人、翻译人员以及与案件的处理结果有利害关系的人不能担任案件听证的主持人。

听证的过程类似于法院开庭,由案件的当事人一方和案件调查人员就案件的事实和法律进行陈述和辩论,围绕案件事实进行质证,在听证结束时,由听证的参加人阅读听证笔录,在确认无误后逐页进行签字或者盖章。听证结束,海关依据有关法律法规作出行政处罚。

二、行政复议

行政复议是在海关作出具体行政行为后,行政相对人不服海关具体行政行为,向上一级海关申请复核的行为和程序。行政复议还是相对人在行政权力范围内寻求法律救济的行为。除纳税争议案件外,行政复议不是行政诉讼的必经程序,行政相对人也可以直接向人民法院提起行政诉讼。

根据《海关行政复议办法》第9条的规定,公民、法人或者其他组织可以就如下情形向海关申请行政复议:

1.对海关作出的警告,罚款,没收货物、物品、运输工具和特制设备,追缴无法没收的货物、物品、运输工具的等值价款,没收违法所得,暂停从事有关业务或者执业,撤销注册登记,取消报关从业资格及其他行政处罚决定不服的;

2.对海关作出的收缴有关货物、物品、违法所得、运输工具、特制设备决定不服的;

3.对海关作出的限制人身自由的行政强制措施不服的;

4.对海关作出的扣留有关货物、物品、运输工具、账册、单证或者其他财产,封存有关进出口货物、账簿、单证等行政强制措施不服的;

5.对海关收取担保的具体行政行为不服的;

6.对海关采取的强制执行措施不服的;

7.对海关确定纳税义务人、确定完税价格、商品归类、确定原产地、适用税率或者汇率、减征或者免征税款、补税、退税、征收滞纳金、确定计征方式以及确定纳税地点等其他涉及税款征收的具体行政行为有异议的(以下简称纳税争议);

8.认为符合法定条件,申请海关办理行政许可事项或者行政审批事项,海关未依法办理的;

9.对海关检查运输工具和场所,查验货物、物品或者采取其他监管措施不服的;

10.对海关作出的责令退运、不予放行、责令改正、责令拆毁和变卖等行政决定不服的;

11.对海关稽查决定或者其他稽查具体行政行为不服的;

12.对海关作出的企业分类决定以及按照该分类决定进行管理的措施不服的;

13.认为海关未依法采取知识产权保护措施,或者对海关采取的知识产权保护措施不服的;

14.认为海关未依法办理接受报关、放行等海关手续的;

15.认为海关违法收取滞报金或者其他费用,违法要求履行其他义务的;

16.认为海关没有依法履行保护人身权利、财产权利的法定职责的;

17.认为海关在政府信息公开工作中的具体行政行为侵犯其合法权益的;

18.认为海关的其他具体行政行为侵犯其合法权益的。

海关行政复议机关是作出具体行政行为的海关的上一级海关或者作出具体行政行为的几个海关的共同上一级海关。海关总署作出具体行政行为时,复议机关是海关总署。海关总署与国务院其他部门共同作出具体行政行为时,海关总署与国务院其他部门共同作为复议机关。根据《海关行政复议办法》第4条的规定,海关行政复议机构履行下列职责:受理行政复议申请;向有关组织和人员调查取证,查阅文件和资料,组织行政复议听证;审查被申请行政复议的具体行政行为是否合法与适当,拟定行政复议决定,主持行政复议调解,审查和准许行政复议和解;办理海关行政赔偿事项;依照《行政复议法》第33条的规定,办理海关行政复议决定的依法强制执行或者申请人民法院强制执行事项;处理或者转送申请人依照本办法第31条提出的对有关规定的审查申请;指导、监督下级海关的行政复议工作,依照规定提出复议意见;对下级海关及其部门和工作人员违反行政复议法、行政复议法实施条例和本办法规定的行为依照规定的权限和程序提出处理建议;办理或者组织办理不服海关具体行政行为提起行政诉讼的应诉事项;办理行政复议、行政应诉、行政赔偿案件统计和备案事项;研究行政复议过程中发现的问题,及时向有关机关和部门提出建议,重大问题及时向行政复议机关报告以及其他与行政复议工作有关的事项。

对受理复议申请后如何审理复议,《行政复议法实施条例》规定,行政复议机构审理行政复议案件,应当由2名以上行政复议人员参加,必要时,可以实地调查核实证据;对重大、复杂的案件,申请人提出要求或者行政复议机构认为必要时,可以采取听证的方式审理。《海关行政复议办法》则规定,海关行政复议案件实行合议制审理。合议人员为不得少于3人的单数。对于事实清楚、案情简单、争议不大的海关行政复议案件,也可以不适用合议制,但是应当由2名以上行政复议人员参加审理。合议人员的资格要求为海关行政复议机构负责人指定的行政复议人员或者海关行政复议机构聘任或者特邀的其他具有专业知识的人员担任。被申请人所属人员不得担任合议人员。对海关总署作出的具体行政行为不服向海关总署申请行政复议的,原具体行政行为经办部门的人员不得担任合议人员。该办法规定具备:申请人提出听证要求,申请人、被申请人对事实争议较大,申请人对具体行政行为适用依据有异议,案件重大、复杂或者争议的标的价值较大,海关行政复议机构认为有必要听证的其他情形这五种情形之一的,海关行政复议机构可以采取听证的方式审理行政复议。

在自受理之日起60日内,重大疑难案件在受理之日起90日内作出维持、变更、撤销具体行政行为的决定,《行政复议法实施条例》规定,行政复议机关在申请人的行政复议请求范围内,不得作出对申请人更为不利的行政复议决定。《海关行政复议办法》在此基础上进一步规定,被申请人不得作出对申请人更为不利的具体行政行为,除非有如下情形:1.不作出对申请人更为不利的具体行政行为将损害国家利益、社会公共利益或者他人合法权益;2.原具体行政行为适用法律依据错误,适用正确的法律依据需要依法作出对申请人更为不利的具体行政行为;3.被申请人查明新的事实,根据新的事实和有关法律、行政法规、海关规章的强制性规定,需要作出对申请人更为不利的具体行政行为;4.其他依照法律、行政法规或者海关规章规定应当作出对申请人更为不利的具体行政行为。

行政复议期间海关具体行政行为不停止执行,但有《行政复议法》第21条规定情形之一的,可以停止执行:第一,被申请人认为需要停止执行的;第二,行政复议机关认为需要停止执行的;第三,申请人申请停止执行,行政复议机关认为其要求合理,决定停止执行的;第四,法律规定停止执行的。

三、行政诉讼

行政诉讼是公民、法人或者其他组织认为海关的具体行政行为违反法律,侵犯其合法权益,向法院起诉,要求判决海关撤销、变更或者作出具体行政行为的活动。行政诉讼主要是对海关的具体行政行为实施合法性审查,在整个诉讼过程中,由海关负举证责任,并且不实行调解。涉及海关的行政诉讼在法院的管辖上由中级人民法院作为一审法院,不可通过指定管辖加以变更。

因不服海关具体行政行为而提起的诉讼主要涉及纳税争议、关于报送资格等的行政许可、对走私违规行为的行政处罚等。公民、法人和其他组织认为海关的具体行政行为违反法律规定、对其合法权益造成了侵害,如果经过行政复议程序的,必须在收到复议决定书之日起15日内向人民法院提起诉讼;对复议机关逾期不作决定的,申请人可以在复议期满之日起15日内向人民法院提起诉讼;如果直接向人民法院提起诉讼的,应当在知道作出具体行政行为之日起3个月内提起诉讼。法院在审理涉及海关处理案件的行政诉讼时,除审查海关具体行为的合法性外,还对海关具体行政行为的程序进行审查。《行政诉讼法》明确规定违反法定程序的具体行政行为判决撤销或者部分撤销,并可以判决被告重新作出具体行政行为。

法院在审理案件后,根据不同情况作出维持和撤销海关具体行政行为的判决。和其他判决一样,行政诉讼案件实行两审终审的审判制度。对判决后败诉一方拒不执行法院判决的,海关可以依法强制执行,公民、法人或者其他组织可以申请法院强制执行。

四、国家赔偿

海关在执法过程中对相对人造成损害的,需依《国家赔偿法》的相关规定进行赔偿。《海关行政赔偿办法》把海关的赔偿分为行政赔偿和查验赔偿。行政赔偿是指海关及其工作人员违法行使行政职权造成公民、法人或者其他组织损害,依法给予的赔偿;查验赔偿是指海关依法对进出境货物、物品实施查验而发生的损害。因此,海关的赔偿主要分成违法行政的赔偿和依法查验的赔偿。但是总体而言,无论是违法行政的赔偿还是查验赔偿,实际都属于行政赔偿的范畴。

违法行政主要侵犯的是公民、法人或者其他组织的人身权利和财产权利,包括:

1.违法扣留公民的,具体包括:对没有走私犯罪嫌疑的公民予以扣留的;未经直属海关关长或者其授权的隶属海关关长批准实施扣留的;扣留时间超过法律规定期限的;有其他违法情形的。

2.违法采取其他限制公民人身自由的行政强制措施的;

3.非法拘禁或者以其他方法非法剥夺公民人身自由的;

4.以殴打等暴力行为或者唆使他人以殴打等暴力行为造成公民身体伤害或者死亡的;

5.违法使用武器、警械造成公民身体伤害或者死亡的;

6.造成公民身体伤害或者死亡的其他违法行为;

7.违法实施罚款,没收货物、物品、运输工具或其他财产,追缴无法没收的货物、物品、运输工具的等值价款,暂停或者撤销企业从事有关海关业务资格及其他行政处罚的;

8.违法对生产设备、货物、物品、运输工具等财产采取扣留、封存等行政强制措施的;

9.违法收取保证金、风险担保金、抵押物、质押物的;

10.违法收取滞报金、监管手续费等费用的;

11.违法采取税收强制措施和税收保全措施的；

12.擅自使用扣留的货物、物品、运输工具或者其他财产，造成损失的；

13.对扣留的货物、物品、运输工具或者其他财产不履行保管职责，严重不负责任，造成财物毁损、灭失的，但依法交由有关单位负责保管的情形除外；

14.违法拒绝接受报关、核销等请求，拖延监管，故意刁难，或不履行其他法定义务，给公民、法人或者其他组织造成财产损失的；

15.变卖财产应当拍卖而未依法拍卖，或者有其他违法处理情形造成直接损失的；

16.造成财产损害的其他违法行为。

但海关对如下行为不予赔偿：第一，海关工作人员与行使职权无关的个人行为；第二，因公民、法人和其他组织自己的行为致使损害发生的；第三，因不可抗力造成损害后果的；第四，法律规定的其他情形。

海关查验过程中，造成被查验货物、物品损坏的，以实际损失向当事人赔偿。但是下列情况，海关不承担赔偿责任：(1)海关工作人员与行使职权无关的个人行为；(2)因公民、法人和其他组织自己的行为致使损害发生的；(3)因不可抗力造成损害后果的；(4)由于当事人或其委托的人搬移、开拆、重封包装或保管不善造成的损失；(5)易腐、易失效货物、物品在海关正常工作程序所需要时间内（含代保管期间）所发生的变质或失效，当事人事先未向海关声明或者海关已采取了适当的措施仍不能避免的；(6)海关正常检查产生的不可避免的磨损和其他损失；(7)在海关查验之前所发生的损坏和海关查验之后发生的损坏；(8)海关为化验、取证等目的而提取的货样；(9)法律规定的其他情形。

海关赔偿义务机关是指违法行使行政职权侵犯公民、法人和其他组织的合法权益对其造成损害的海关。海关赔偿义务机关对赔偿请求审理原则上采用书面审查的办法和合议制。如果赔偿请求人提出要求或者赔偿主管部门认为有必要，也可以向有关组织和人员调查情况，听取赔偿请求人、第三人的意见。对已被确认违法的海关及其工作人员行使行政职权的行为直接造成了公民、法人或者其他组织财产损失或公民人身损害的，经审查，海关赔偿义务机关应当依法作出赔偿决定；对海关及其工作人员并未违法、没有损害结果、违法与损害结果间没有因果关系的,海关应当作出不予赔偿决定。无论赔偿还是不予赔偿,海关都应当分别制作《行政赔偿决定书》或者《不予行政赔偿决定书》,并送达赔偿请求人和第三人。与行政诉讼有所不同的是,当侵权行为已经确认违法的,赔偿义务机关也可以在合法、自愿的前提下,就赔偿范围、赔偿方式和赔偿数额与赔偿请求人进行协商。协商成立的,即制作《行政赔偿协议书》,由双方签章确认。

【案例裁决/法律文书摘录】

一、某公司不服海口海关行政处罚案

[基本案情]原告某公司与朝鲜×贸易会社(以下简称贸易会社)于 1994 年 4 月 28 日在海口签订了一份易货贸易合同书。同年 8 月 6 日,贸易会社按合同约定将 870 辆俄罗斯产"拉达"牌小汽车(以下简称"拉达"小汽车)运抵目的港海南洋浦港。12 月 7 日,海关总署、经贸部发展司会同签发的传 376 号传真电报,函复海口海关,认为:"经审阅有关合同及单证,均符合易货贸易的要求,准予按易货有关规定办理海关手续。"12 月 19 日,原告在洋浦海关正式报关,办理有关手续。同时,在被告的监管下及时在海口秀英港组织汽车轮胎出口朝鲜,1995 年 9 月至 1996 年 3 月经洋浦海关核准,给予合法提取 350 辆"拉达"小汽车。后因贸易会社要求变更货物规格,经双方协商,于 1996 年 11 月 10 日签订补充协议,原告按约定组织汽车轮胎出口朝鲜,贸易会社对原告的易货平衡给予接受,被告以琼关业〔1997〕59 号文通知原告称:"经核查,该笔易货贸易进出基本平衡,原易货合同执行完毕。"同时它还限期原告办理余下的 520 辆车的海关手续和提取车辆。该批贸易中,因贸易会社拒付第 0008 号和第 0009 号正本提单,造成原告无法办理提车手续提取车辆,无奈于 1997 年 5 月向海口海事法院提起民事诉讼,该院在同年 11 月 26 日作出判决:"现存于海南洋浦港仓库的第 0008 号和第 0009 号正本提单项下的 406 辆'拉达'车归原告所有;宣告两正本提单作废。"综上,该批易货贸易项下的 870 辆"拉达"小汽车的所有权明晰,已向被告申办了报送手续,并核销,提取了其中的部分车辆,并领取了被告已开具的海关进口关税、增值税和消费税专用缴款书。被告以无合法进口证明为由,将原告尚未提取的 520 辆小汽车予以罚没并已拍卖。原

告认为被告上述行为的程序不合法,侵犯了原告的合法权益,请求法院撤销被告海口海关1998琼关违字第40号处罚决定书,并赔偿原告经济损失10449922元。

被告(上诉人)海口海关辩称,1994年8月6日,原告在该合同未经海关备案、同意的情况下,即擅自将该合同项目下进口的870辆"拉达"牌小轿车运抵洋浦港。因手续不全且数额较大,洋浦海关经被告向海关总署请示,海关总署批准同意该批车辆可按易货贸易办理进出口手续。于是,被告于同年12月19日正式接受原告的报关并开出税单。因原告无法一次性缴纳税款,故被告同意原告分批缴税。截至1996年3月,被告根据原告出口轮胎及纳税情况先后放行上述350辆小汽车。而后,因国家对易货贸易的许可证及税收优惠政策到期以及发现原告有伪造出口报关单骗取核销合同的嫌疑,被告停止办理剩余520辆车的放行手续并立案调查,后将调查情况及处理意见行文请示海关总署。海关总署于10月22日以调审〔1996〕361号文批复,限期原告向被告"提供合法的易货贸易手续(包括提单),凭合法手续放行车辆;逾期不能提供上述合法手续,按一般贸易办理进口手续,限一个月内补来许可证,否则,按无证到货没收"。后原告对520辆"拉达"小汽车逾期不能提取,被告按无证到货予以没收。被告认为其处罚决定于法有据,适用法律正确,请求法院驳回原告起诉,维持被告作出的处罚决定。

海口市中级人民法院经公开审理查明:原告某公司于1993年8月28日注册登记,领取了企业法人营业执照,经营范围有对外贸易。1994年4月28日,原告依据国务院国发〔1992〕33号文《国务院关于进一步积极发展与原苏联各国经贸关系的通知》的规定,与贸易会社在海口签订了一份易货贸易合同书,约定由贸易会社向原告出售870辆俄罗斯产"拉达"牌汽车,换取原告19000套中国产"海南"牌汽车轮胎,合同总金额为174万美元。合同签订后,同年8月6日,贸易会社按合同约定将合同项下的870辆"拉达"牌汽车运抵目的港海南洋浦港。该批汽车共签发了四份提单,即HDMUGYCH0006号提单261辆、HDMUGYCH0007号提单203辆、HDMUGYCH0008号提单203辆、HDMUGYCH0009号提单203辆。同年12月7日,海关总署以其与经贸部发展司会签发传376号传真电报,函复被告:"经审阅有关合同及单据,均符合易货贸易的要求,准予按易货有关规定办理海关手续。请你关加强对此笔易货贸易出货的监管,及时加以核销,做到进出平衡。"12

月 19 日,原告就上述 870 辆汽车在洋浦海关报关,办理有关手续。洋浦海关开具进口关税、进口消费税和进口增值税专用缴款单。洋浦海关亦出具证明对上述情况予以证实。原告在被告的监督下及时组织汽车轮胎共 2800 套,在海口秀英港出口朝鲜。原告收到贸易会社交付的 HDMUGYCH0006 号和 0007 号正本提单后,于 1995 年 9 月和 1996 年 3 月凭两份正本提单(共 464 辆车)报请被告核销放行,提取 350 辆"拉达"小汽车。1996 年 3 月 22 日,海关总署以税征一〔1996〕3 号文件批复,准许被告对原告所欠的 345 万滞纳金减免,按缓税利息征收。1996 年 3 月 25 日,被告认为原告变相走私进口车辆,决定将剩余的 520 辆小汽车扣留,立案调查,后上报海关总署,1996 年 10 月 22 日,海关总署调查局以调审〔1996〕361 号文批复:"根据本案具体情况,不宜按走私定性处理……"事后,因贸易会社要求变更货物规格,双方经协商,于 1996 年 11 月 10 日签订补充协议,将原合同约定的"海南"牌汽车轮胎变更为"威山"牌或其他质量符合出口标准的产品,轮胎数量可更改,并约定原合同书继续执行。1996 年 12 月 6 日和 1997 年 1 月,原告于山东威海港在威海海关监管下分别向朝方出口了 3000 套和 3400 套两批"威山"牌轮胎。1997 年 2 月 27 日,贸易会社致函原告,表示收到上述轮胎。同年 3 月,被告派员赴威海海关核查证实。同年 5 月 27 日,被告以琼关业〔1997〕59 号文通知原告称:"经核查,我关认为你司的该笔易货贸易进出基本平衡,原易货合同执行完毕。限你司自收到本通知之日起至 1997 年 6 月 30 日前,凭有效单证尽快向我关办结余下的 520 辆'拉达'小轿车的海关手续,限期提取车辆,逾期,将按《海关法》有关规定,将上述车辆提取变卖用以充抵税款及有关费用。"因贸易会社拒不交付 HDMUGYCH0008 号和 HDMUGYCH0009 号正本提单,原告无法提取车辆,遂于 1997 年 5 月 28 日,向海口海事法院提起诉讼,该院于 1997 年 11 月 26 日作出〔1997〕海商初字第 084 号民事判决书,判决如下:一、现存于海南洋浦港仓库的 HDMUGYCH0008 号和 HDMUGYCH0009 号正本提单项下的 406 辆"拉达"车归原告所有;二、HDMUGYCH0008 号和 HDMUGYCH0009 号正本提单已失去法律上的效力,宣告作废;三、驳回原告其他诉讼请求。该判决公告送达朝方,于 1998 年 8 月 7 日生效。原告于 1997 年 6 月 5 日向海口海事法院提出财产保全申请,该院于同年 6 月 11 日作出〔1997〕海保字第 020—1 号民事裁定书,但未执行。

另查,1996 年 8 月 22 日海关总署署监〔1996〕727 号《关于易货贸易优惠政策停止后有关核销等问题的通知》,指出国发〔1992〕33 号中的有关许可证和税收优惠政策于 1996 年 3 月 31 日已经到期,为解决政策衔接之间海关操作及原有易货贸易遗留问题,规范统一海关作业,特就有关问题发出通知。该通知第 2 条规定:"对易货贸易经营单位逾期不到海关核销的,已收取的保证金额转为税款,不足部分应予催补。"第 3 条规定:"对进大于出的易货贸易经营单位,应督促尽快向对方出口货物,考虑到货源、季节以及对方国家的一些问题,允许核销期延长至 1996 年年底,逾期还未达到进出平衡的,应当催补税款,按进口时的税率、汇率计算,经营单位交清税款后予以核销结案。"1998 年 2 月 20 日,被告以琼关办〔1998〕54 号《海口海关关于某公司易货贸易进口车辆征税问题的请示》,向海关总署关税司请示:"我关经请示总署批准,于 1994 年 12 月 19 日正式接受该公司报关并开出税单,因该公司无法一次性缴纳税款,故我关同意其分批缴税,分批放行车辆……最近,该公司以该批车辆的损坏严重、各种税费成本过高、市场价格下跌、企业亏损过大、无法提车销售为由,请求我关对该批车辆重新核价计税。"该请示同时提出如下建议:"一、根据商检部门的检验报告和我关的实际查验情况,对剩余的 520 辆车的完税价格重新估计,原完税价格的 70% 和原进口关税税率计征税费。二、对该批车辆的滞纳金按上述重新核定的税额征收缓税利息;缓税天数按原税款缴款书到期次日起至缴税款之日止,除去我关扣车检查及立案调查期间的天数计算,累计有 11 个月应征收缓税利息。三、由我关核发该批车辆的《货物进口证明》。"1998 年 9 月 10 日,被告依据海关总署署税〔1998〕477 号批复,作出〔1998〕琼关违字第 40 号处罚决定书。原告不服该处罚决定,于 1998 年 9 月 19 日向海关总署申请复议。海关总署于 1998 年 12 月 3 日作出 98 署复字第 10 号复议决定书,驳回申请人请求,维持海口海关 1998 琼关违字第 40 号处罚决定。被告委托海南京海物资拍卖市场于 1998 年 12 月 14 日公开拍卖被没收的 520 辆"拉达"小汽车。

海口市中级人民法院认为,原告某公司具有对外贸易的经营范围,其与贸易会社签订的易货贸易合同及补充协议进口"拉达"小汽车,均符合国务院国发〔1992〕33 号《通知》的规定,且经海关总署和国家经贸部确认是符合易货贸易的要求的,准予进口,是属于免证的易货贸易的货物。该批进口货物"拉达"小汽车共 870 辆,原告已经在被告的监管下,依据第 0006 号和第 0007 号正本提单提取了该两本正本提单项下的 464 辆中的 350 辆,余下的 520 辆属第 0006 号、第 0007 号正本提单项下余数 114 辆及第 0008 号、第 0009 号正本提单项下的 406 辆之和。因贸易会社拒付第 0008 号和第 0009 号正本提单,经海口海事法院生效判决确认,第 0008 号和第 0009 号正本提单项下的 406 辆"拉达"车归原告所有。原告依法对 520 辆"拉达"小汽车享有所有权。被告作出的处罚决定将原告进口的"拉达"小汽车认定为无证到货进行没收,缺乏事实根据。《海关法行政处罚实施细则》(以下简称《细则》)第 10 条是其处的依据,但本条的规定前提是违反国家进出口管理规定,没有领取许可证的擅自进出口货物的。而本案原告是在"八五"期间国家鼓励和支持在特定的国家和地区不需要领取许可证进行易货贸易,原告没有违反国家的规定,不属擅自进口货物。依照《行政处罚法》第 8 条的规定,处罚没收只能是对违法所得和非法财物。被告将原告依法取得的合法财产予以没收,没有法律依据。故被告的处罚决定适用法律、法规错误。被告于 1996 年 3 月以原告涉嫌走私为由,对原告进口的 520 辆"拉达"小汽车进行扣留,立案调查,后经海关总署批复,不按走私处理,仍按易货贸易对待,长达 8 个月之久。此期间,原告不能进行正常的经营活动,以及贸易会社未交付第 0008 号和第 0009 号正本提单,原告无法向海关办理提车手续,被迫于 1997 年 5 月向海口海事法院提起民事诉讼,通过诉讼途径解决提单问题。因贸易会社未应诉,海口海事法院所有的法律文书均需公告送达,至该判决生效时(1998 年 8 月 7 日),历时一年零两个多月,故导致该笔易货贸易超过"八五"期间,这是其自身不能克服的客观原因。被告不顾上述客观原因,对原告处以没收处罚显失公正。此外,参照海关总署署监〔1996〕727 号《关于易货贸易的优惠政策停止后有关核销等问题的通知》第 2 条、第 3 条的规定和根据被告琼关业〔1997〕59 号《海口海关责令某公司限期办理海关手续尽快提取车辆的通知》精神,原告逾期提取车辆的法律后果,应当是补交税费,而不是没收车辆。综上,被告于1998 年 9 月 10 日作出的(1998)琼关违字第 40 号处罚决定书,认定事实缺乏根据,主要证据不足,适用法律、法规错误,应予撤销,原告诉请理由成立,应予支持。但原告认为被告违法行政,造成其经济损失要求被告赔偿之请求,另案处理。依照《行政诉讼法》第 54 条第 2 项第一目、第二目的规定,该院于 1999 年 12 月作出判决,撤销被告海口海关于 1998 年 9 月 10 日作出的(1998)琼关违字第 40 号《处罚决定书》。一审宣判后,原审被告海口海关不服,提起上诉。

二审法院海南省高级人民法院查明如下:双方当事人对原审法院随案移送的证据的合法性、客观真实性以及与本案的关联性均无异议。经本院审查确认,上述证据对原判认定的事实有证明效力,可以作为本案定案的根据。上诉人提供的署法〔2000〕83 号《海关总署关于对"八五"期间易货优惠政策停止后有关进口商品许可证管理问题的批复》(以下简称《批复》),不是上诉人作出被诉具体行政行为的依据,而是海关总署于事后针对本案被诉行为作出的批复;且对进口商品许可证管理的有关政策问题作出规定,不属于海关总署权限范围。故该《批复》不能作为审查被诉具体行政行为是否合法的依据。被上诉人提供的《合同书》和《关于请求放行车辆的报告》,与当事人争议的焦点事实没有关联性,故不予以确认。被告没收的520 辆"拉达"车,与上诉人已放行的 350 辆"拉达"车属于同一批进口的货物。对此,双方当事人陈述一致,且有海关总署传(376)号传真电报、被上诉人进口报关单、海关开具的税单等证据为证,足以认定。二审期间,上诉人海口海关提供了《批复》;被上诉人某公司提供了 1998 年 5 月 26 日海南省乡镇企业进出口公司与太和县对外贸易公司签订 114 辆"拉达"车的供货《合同书》,被上诉人致海口海关的《关于请求放行车辆的报告》。

海南省高级人民法院认为:小轿车属于国家限制进口的货物,实行严格的进口许可证管理制度。根据《海关法》第 18 条第(一)款规定,进口货物的收货人应当在向海关申报进口货物时,交验进口许可证和有效单证。"八五"期间对易货贸易进口的原苏联各国原产地商品实行免证和税收方面的优惠政策,是国务院"33 号文"规定的一项特殊政策。被上诉人以易货贸易的方式进口俄罗斯产的 870 辆"拉达"小轿车,经海关总署确认,"符合易货贸易的要求,准予按易货贸易有关规定办理海关手续";被上诉人以进口货物的收货人的身份向洋浦海关申报,交验有关单证;洋浦海关接受了被上诉人的申报,并审验完税价格,开出税单,且其中的 350 辆已完税放行。该批进口车辆应当属于"33 号文"规定的免许可证的易货贸易进口货物。

被上诉人不能在海关规定的期限内和"八五"期间办结余下的 520 辆"拉达"车的海关手续,其"逾期"行为已违反了海关监管的有关规定。对此,双方当事人均无异议。但是,对于被上诉人"逾期"行为的具体法律后果,双方当事人的意见发生分歧。上诉人对被上诉人的"逾期"行为实际构成"无证到货"这一事实的法律性质的认定,除《批复》,没有其他规范性文件依据,故上诉人的这一认定没有法律依据。另外,《细则》第 10 条规定的"没收的进口货物",应当属于"违反国家进出口管理规定,没有领取许可证而擅自进出口货物"。但被上诉人进口的 520 辆"拉达"车是在"八五"期间国家免证等优惠政策鼓励下,以易货贸易的方式进口的货物,并经海关总署和外经贸部确认。因此,被上诉人进口的 520 辆"拉达"车并没有违反国家进出口管理的规定,更不是"擅自"进口货物。故上诉人根据《细则》第 10 条规定作出"没收进口货物"的处罚,属于适用法规错误。

原判认为,导致某公司逾期完税提货,确有其自身不能克服的客观原因。上诉人不顾这些客观原因,对被上诉人处以没收全部车辆的处罚,显失公正。原判这一认定并无不当。但还应当说明的是,从涉嫌走私被扣留立案调查到一再逾期完税提货,被上诉人在进行该笔易货贸易活动的过程中是有过错的,应当承担相应的法律后果。海关总署"727 号文"对易货贸易优惠政策停止后,逾期还未达到进出平衡的,明确规定应采取"催补税款按进口时的税率、汇率计算,经营单位交清税款后予以核销结案。"该文对逾期还未达到进出平衡的进口货物尚能按"催补税款"方式处理,而对本案中已被确认为进出口已基本平衡的 520 辆车,上诉人却采取没收处罚的方式处理,该处罚决定确与"727 号文"的精神不符。本着行政处罚与违法行为的社会危害性相当的原则,被上诉人逾期提货行为的社会危害性远不足以处以没收处罚的程序。原审判决以该文为"参照",并无不当。

综上所述,上诉人海口海关〔1998〕琼关违字第 40 号处罚决定书主要证据不足,适用法律、法规错误,应予以撤销。一审判决认定事实基本清楚,证据确实充分,审判程序合法,应予以维持。

[分析]

本案在审理中主要涉及以下几个问题:

(1)原审原告进口的"拉达"牌小轿车是否应办理进口许可证的问题。1992 年6 月 9 日,国务院国发(1992)33 号文《国务院关于进一步积极发展与原苏联各国经贸关系的通知》(以下简称《通知》)规定,在"八五"期间对易货贸易进口原苏联各国原产地商品全部放开经营,不再下达进口计划指标和办理进口审批及许可证手续,凡有易货经营权的企业均可自主经营。本案原告是具有对外贸易的经营企业,"八五"期间与贸易会社签订的《易货贸易合同》及补充协议进口的"拉达"牌小轿车均符合《通知》和海关总署易货贸易的规定,故原告进口的"拉达"牌小轿车是属于免许可证的易货贸易进口货物。

(2)原审被告没收的520辆"拉达"牌小轿车是否属于无证到货的问题。本案原告与贸易会社签订了《易货贸易合同》后,按合同的约定向贸易会社分别出口了中国产的"海南"牌和"威山"牌汽车轮胎,贸易会社也按合同约定将870辆"拉达"牌小轿车运抵目的港海南洋浦港,原告就上述870辆汽车在洋浦海关报关,办理有关手续,洋浦海关开具了关税、消费税和增值税专用缴款单,由于贸易会社拒不交付0008号和0009号正本提单,原告无法提取车辆,遂向海口海事法院提起诉讼,从易货贸易合同、0006号和0007号正本提单、海口海事法院的民事判决书以及洋浦海关出具的关税、消费税、增值税的单据证实,被告没收的520辆"拉达"牌小轿车不属于无证到货。

(3)被告作出的处罚决定适用的法律是否正确的问题。《海关法行政处罚实施细则》第10条是被告处罚的依据,该条规定的前提是违反国家出口管理法规,没有领取许可证件擅自进出口货物的。而本案原告在"八五"期间对易货贸易进口原苏联各国原产地商品实行免证政策,是国务院33号《通知》规定的一项特殊优惠政策,所以,本案原告没有违反国家的规定,不属擅自进口货物。《行政处罚法》第8条规定:"没收非法财物、没收违法所得。"所谓非法财物,是指当事人未办理合法手续持有或经营国家禁止流通或限制的物品,或者当事人作为从事违法犯罪行为之手段的物品;所谓非法所得,是指当事人没有合法所有权的物品,或者当事人通过违法犯罪行为赢得的物品。本案中的被告没收的520辆"拉达"牌小轿车是原告在合法的易货贸易过程中取得所有权的物品,是原告的合法的财物,易货贸易合同书和海口海事法的民事判决书是原告取得并且享有合法所有权的证据,原告因逾期提取车辆所欠的关税和有关费用的事实不影响或改变原告对520辆"拉达"牌小轿车所有权的合法性,其逾期提货行为的处理应当是补交税费和有关费用,因此,被告依据《中华人民共和国海关法行政处罚实施细则》第10条作出没收的处罚决定适用法律错误。

（4）违法没收财物是否应当赔偿的问题。根据《国家赔偿法》第4条第（一）项的规定，行政机关及其工作人员在行使行政职务时违法没收财物的，受害人有取得赔偿的权利。本案中的被告违法没收车辆，为此造成原告的损失，应当给予赔偿。提起行政赔偿的方式有两种：一是在提起行政诉讼的同时一并提起行政赔偿诉讼；二是单独提起行政赔偿诉讼。本案是属于第一种。但是在案件审理过程中，考虑到案情较复杂，所以先审查被告所作出的处罚决定是否违法，再审理赔偿部分，因此，本院将本案行政诉讼部分与赔偿部分分开审理。

二、广东某股份有限公司诉上海浦江海关没收行政处罚案

[基本案情]1997年10月，原告广东某股份公司（以下简称某公司）将其生产的30辆铭牌为三星SXZ6510型汽车，由中国长航（集团）蛇口公司运抵上海。上海浦江海关委托中华人民共和国上海进出口商品检验局（以下简称商检局）对上述车辆进行检测，该局于1997年12月19日出具检测鉴定报告，认为上述30辆涉案车辆系整车拆卸成发动机、车架和轮胎后重新拼装并调换铭牌的美国产或加拿大产的克莱斯勒道奇CARAVAN7座旅行车。上海浦江海关在某公司未提供其将整车拆卸成散件后重新拼（组）车辆系经过国家有关部门批准的证明材料的情况下，认定某公司未经国家有关部门批准，利用整车拆卸的美国或加拿大产克莱斯勒道奇CARAVAN 7座旅行车的发动机、车架、轮胎三大件，重新拼（组）装成30辆三星SXZ6510型7座旅行车，违反了国函〔1996〕69号《国务院对禁止非法拼（组）装汽车、摩托车通告的批复》（以下简称《批复》）之规定，决定没收上述30辆铭牌为三星SXZ6510型的汽车。在处罚作出前，上海浦江海关向某公司进行了事先告知，某公司亦提出了申辩，2003年7月22日，上海浦江海关以与事先告知相同的认定事实、理由及依据，作出没收涉案车辆的处罚决定。某公司不服，向上海海关申请复议，上海海关经复议于2003年11月17日作出上海海关〔2003〕0015号行政复议决定，维持了浦江海关的沪关调查违字〔2003〕004号行政处罚决定。某公司仍不服，向法院提起行政诉讼。

原告诉称，被告没收的30辆三星SXZ6510型汽车是经国家机械部批准，列入

国家汽车产品《目录》的合法汽车产品,具备合法进口手续,被告仅依据进出口检验局的鉴定作出处罚,认定事实不清;并非国家法律、法规,不能作为行政处罚的依据,被告适用法律错误;被告的违法行政造成其相应的经济损失,故请求判令撤销被告上海浦江海关作出的沪关调查违字[2003]004号行政处罚决定,返还被查扣的其公司生产的三星SXZ6510轻型客车30辆或与查扣时等值的价款人民币11940000元,赔偿因违法查扣车辆造成的利息损失人民币4561139.70元及相关仓储费用;本案诉讼费由被告承担。

被告辩称,其作出行政处罚认定事实清楚,证据充分,适用法律正确,原告赔偿请求缺乏事实证据和法律依据,请求维持其对原告所做的行政处罚决定,并驳回原告的赔偿请求。

上海市第二中级人民法院经审理认为,被告上海浦江海关所提供的国函〔1996〕69号文系行政法规性质,具有法律效力,可以作为被告作出行政处罚的法律依据。根据该函的规定,被告具有在其职权范围内,对属于非法拼(组)装的车辆予以没收的法定职权。被告提供了充分的证据,证明原告某公司有未经国家有关部门批准,将美国或加拿大产克莱斯勒道奇CARAVAN 7人座旅行车整车拆卸成发动机、车架、轮胎三大件,重新拼(组)装成三星SXZ6510型7人座旅行车,并运抵上海的违法行为,其依据规定,作出本案被诉行政处罚,认定事实清楚,适用法律正确。被告作出处罚前告知了被处罚人处罚的事实、理由和依据,听取了被处罚人的申辩和陈述,行政执法程序合法。原告认为涉案车辆并非其公司所有,不仅与其诉状中的主张相悖,亦与被告提供的原告公司法定代表人、工作人员的陈述、原告出具的相关材料证明的事实不一致,故原告认为其并非被处罚主体的主张不能成立。原告认为其系合法进口汽车散件拼(组)装了涉案车辆,但其提供的进口汽车散件货物报关单并不能证明其上所列车身、发动机、轮胎及相关配件用于涉案车辆的拼(组)装,亦与商检局对涉案车辆所做的鉴定结论不一致。原告提供的证据与其待证事实之间缺乏因果关系,故原告对鉴定结论的异议缺乏相应证据的支持,其认为系合法进口汽车散件后将相应的散件组装了涉案车辆的主张,难以成立。原告认为其拼(组)装车辆经过国家有关部门批准,并提供了相关的证据,但上述证据并不能证明原告整车拆卸后将拆卸的散件重新拼(组)装车辆的行为得到了国家许可,且其亦不能提供在行政处罚程序中曾向海关提供了相关许可的证据材料,故原告的该主张亦无法支持。鉴于被告所作行政处罚并无不当,故原告要求返还被没收的车辆或等值价款的主张,缺乏事实和法律依据,不能予以支持。原告要求被告赔偿违法查扣车辆造成的利息损失及相关仓储费用,因本案系海关行政处罚具体行政行为,上述赔偿请求是针对海关查扣车辆的行为,并非基于处罚而提出的,故不属于本案审理范围。据此,法院判决如下:一、维持中华人民共和国上海浦江海关 2003 年 7 月 22 日作出的沪关调查违字〔2003〕004 号行政处罚决定;二、驳回原告广东某企业(集团)股份有限公司要求被告返还被查扣的三星 SXZ6510 型客车 30 辆或与查扣时等值的价款人民币 11940000 元的诉讼请求。

某公司不服一审判决,向上海市高级人民法院提起上诉称:(1)国务院国函〔1996〕69 号《批复》的制定,没有法律依据,故不能认定为行政法规。国务院国办函〔1997〕33 号文只是一个复函,其本身不是行政法规,更无权作为认定行政法规的标准。一审法院回避的效力问题,直接影响到被上诉人处罚的依据问题,显属不当。(2)对非法拼装行为的处罚不是被上诉人上海浦江海关的法定职权,被上诉人不具有作出没收处罚的执法主体资格。法律法规并没有明确海关在何种情况下有处罚权及有什么处罚权,海关对非法拼(组)装车辆的处罚仅限于涉及走私或涉及违反海关监管的非法拼装行为,因此,本案被上诉人的行为明显超越了职权。(3)被上诉人认定上诉人是 30 辆涉案汽车的所有权人是错误的。被上诉人提供的进口货物查验记录、尹某某、周某某的询问记录表明,该 30 辆车不是上诉人生产和运输的。〔1999〕沪二中行初字第 2 号行政判决也证明,同一批车辆中的另外 20 辆汽车被上诉人认定是湛江某汽车企业集团公司所有,但现在将其余的 30 辆车认定为上诉人所有,显然自相矛盾。根据本案相关的证据可以证明,汽车配件是湛江某汽车企业集团公司购买和进口的,在三星集团中,只有湛江某汽车企业集团才具有汽车生产能力,被上诉人没有查清谁实施了非法拼(组)装行为,就对上诉人进行处罚,属认定事实不清。(4)上诉人利用进口车身拼(组)装汽车是得到国家有关部门批准的,国家机械工业局〔1999〕机管汽字第 123 号文已明确,三星牌 SXZ6510 轻型客车已列入国家汽车产品《目录》和光盘中,而且大连市中级人民法院[1999]大行初字第 2 号行政判决也已确认,三星公司系国家批准进口汽车车身生产配套装车的企业。被上诉人认定上诉人实施了非法拼装行为是不成立的。(5)尚未制定法律、行政法规的,国务院部、委制定的规章对违反行政管理秩序的行为,可以设定警告或一定数量的罚款。其并非行政法规,至多算作部门规章,所以被上诉人不能据此对上诉人作出没收的处罚。(6)一审法院拒绝追加湛江三星汽车企业集团公司作为第三人参加诉讼,剥夺了该公司的诉讼权利,属于严重程序违法。(7)非法查扣的利息损失和相关仓储费用,是基于违法行政处罚行为提出的赔偿请求,一审法院不予审理是错误的。综上,其请求二审法院依法撤销原判和被诉具体行政行为,并支持上诉人提出的赔偿请求,案件受理费由被上诉人承担。

被上诉人辩称,海关是国务院设立的直属机构,海关的职权来源于法律、行政法规的授权。《批复》是经国务院批准发布的,具有行政法规的效力,可以作为行政机关实施行政处罚的依据。《批复》明确规定,海关对非法拼装车辆的行为有行政处罚权。被上诉人将某公司认定为被处罚人证据充分,蒋某某、尹某某、周某某三份笔录及上诉人向海关提交的《广东某关于请求解决三星公司组装生产的 30 辆 SXZ6510 型轻型客车被查扣问题的报告》等数份材料,均能证明涉案车辆属于上诉人所有的事实。且本案中,被上诉人认定某公司是涉案车辆的非法拼装人,并未对车辆的所有权予以认定。〔1999〕沪二中行初字第 2 号行政判决是针对上海浦江海关 1999 年就 20 辆韩国双龙车罚没一案作出的,该案中,海关认定的仅仅是湛江某汽车集团公司将 20 辆面包车运抵上海准备销售的事实,也没有涉及车辆的所有权问题。被上诉人在一审过程中已经提供了充分证据证明本案系争车辆属非法拼装。商检局的鉴定报告明确,本案所涉 30 辆三星 SXZ6510 型 7 座旅行车,系整车拆卸成发动机、车架、轮胎三大件后重新拼装并调换铭牌的美国产或加拿大产的克莱斯勒道奇 CARAVAN 旅行车。由于国家机构改革,2003 年,上海浦江海关作出处罚时,原国家机械工业局的汽车行业主管部门职能已由国家经济贸易委员会行使。国家汽车行业主管部门也明确,将整车拆解后重新拼装是非法拼(组)装行为。上诉人在向法院提供进口汽车零部件报关单复印件时,故意模糊了"商品名称"等关键内容,经被上诉人调查,上诉人提供的报关单进口的是"七座太空面包车"发动机和零部件,上诉人提供的报关单证所载车辆零部件与本案争议车辆是完全不同的车型,这些零部件装配不出本案系争车辆。且上诉人在涉及韩国双龙汽车罚没案审理中,提供的也是同一套进口报关单。因此,上诉人称争议车辆系合法拼装的反驳理由不能成立。上诉人认为利用进口车身拼(组)装汽车是得到国家有关部门批准的,三星牌 SXZ6510 轻型客车已列入国家汽车产品《目录》和光盘中。而按照国家汽车产品《目录》和光盘的要求,上诉人应是利用自己生产的汽车底盘,使用进口零部件自行组织生产车辆,但绝不是将"整车拆解后重新拼装"。"整车拆解后重新拼装"是国家产业政策明令禁止的行为。被上诉人依据此对上诉人作出处罚,认定事实清楚,于法有据,某公司的行政赔偿请求,没有事实和法律根据。综上,其请求二审法院判决驳回上诉,维持原判。

二审庭审中,上诉人在以原审提供的全部证据证明自己主张的基础上,还向法庭提供了 1987 年由国务院批准,国务院办公厅发布的《批复》,证明制定的程序不符合规定,不具有行政法规的效力。对此,被上诉人认为,上诉人没有在一审法院规定的举证期限内提供该份证据,故对该证据的效力不予承认。同时表示,国办函〔1997〕33 号,《国务院办公厅关于执行国办发〔1993〕55 号和国函〔1996〕69 号文件有关问题的复函》已经明确,是经国务院批准发布的,具有行政法规效力,可以作为行政机关实施行政处罚的依据。

被上诉人上海浦江海关仍以原审中提供的全部证据作为作出具体行政行为的事实和法律依据,并坚持原审中对相关证据的质证意见。

上海市高级人民法院经审理认为,《批复》是国家工商局、公安部、海关总署、国家计委、机械部、外经贸部、国家机电产品进出口办公室等七部委办为贯彻实施国家发布的,打击非法拼(组)装汽车、摩托车活动,保证汽车、摩托车生产经营的正常秩序,起草制定并报经国务院审批,具有行政法规的效力。海关的职权来源于法律、法规的授权。《批复》规定,对非法拼(组)装车辆的行为,工商行政管理机关、公安机关、海关依据各自的职责没收销货款、未销售的车辆及进口件。被上诉人上海浦江海关是中国海关的组成部分,其对非法拼(组)装车辆的违法行为,具有作出行政处罚的执法主体资格。

本案中,行政处罚认定的被处罚主体是否正确,是上诉人提起上诉的主要问题。上诉人认为,被上诉人认定上诉人是 30 辆涉案汽车的所有权人是错误的,被上诉人没有查清谁实施了非法拼(组)装行为,就对上诉人进行处罚属认定事实不清。对此,被上诉人上海浦江海关在一审时提供了海关工作人员 1997 年 11 月 7 日分别对湛江三星汽车企业集团公司驻上海分公司经理尹某某、某公司总经理助理周某某所制作的询问笔录、2001 年 8 月 28 日对上诉人法定代表人蒋某某的询问笔录、上诉人向上海海关调查局出具的广东三星股字[1997]236 号《关于恳请放行三星牌轻型客车的请示》和《关于请求妥善解决三星公司组装生产的 30 辆 SXZ6510 型轻型客车被查扣问题的报告》等证据材料。经审查,这些证据真实、合法,与案件待证事实之间且有关联性,且证据间能够相互印证,足以证明涉案的 30 辆车辆是由上诉人组织生产,并运抵上海。湛江三星汽车企业集团公司是上诉人某公司全资子公司,上诉人的法定代表人蒋某某在询问笔录中也承认:"某公司与湛江三星汽车企业集团公司实际上是两块牌子,一套班子。现在处理债权债务以及对外都由广东某企业(集团)股份有限公司出面,处理这批三星 SXZ6510 型 30 台 7 座面包车也是由我公司广东三星企业(集团)股份有限公司全权负责,接受调查和处理。"事实上,在整个行政处罚程序中,也确实是上诉人某公司在接受调查,提出申辩和复议,直至提起诉讼,期间并未对被处罚对象提出过异议。上诉人虽提供了进口汽车零部件的报关单、销售合同、发票、完税证明等证据,欲证明湛江三星汽车企业集团公司是涉案车辆所有权人。但经庭审质证,上诉人提供的这些证据不能证明与涉案车辆有关联,销售合同及报关单项下的汽车零配件不能装配成本案所涉型号的车辆,上诉人提供的证据不足以否定被上诉人对实施违法行为主体的认定。故原审法院认定某公司认为被处罚主体错误的理由不能成立并无不当。

二审中,上诉人坚持认为其利用进口车身及零部件拼(组)装汽车,是得到国家有关部门批准的,三星牌 SXZ6510 轻型客车已列入国家汽车产品《目录》和光盘中,故被上诉人认定其实施了非法拼(组)装行为是错误的。对此,法院认为,被上诉人上海浦江海关将上诉人运抵上海的 30 辆铭牌为三星 SXZ6510 型 7 座旅行车,委托上海进出口商品检验局鉴定,该局出具的检测鉴定报告结论为,上述 30 辆铭牌为三星 SXZ6510 型 7 座旅行车均有明显拆装痕迹,系整车拆卸成发动机、车架、轮胎三大件后重新拼装并调换铭牌的美国产或加拿大产的克莱斯勒道奇 CARAVAN 7 座旅行车。被上诉人据此对上诉人作出行政处罚,认定上诉人未经国家有关部门批准,整车拆解重新拼装的行为,违反了有关规定。该处罚决定并未对上诉人是否可以利用进口车身及零部件拼（组）装汽车予以评判。三星牌SXZ6510轻型客车已列入国家汽车产品《目录》和光盘中，但被上诉人提供的证据可以证明，本案所涉的被查处车辆与国家汽车产品《目录》和光盘中三星牌SXZ6510轻型客车的技术参数不相符。上诉人不能证明其是按照国家有关部门批准的内容生产组装上述30辆车辆，且上诉人提供的进口汽车零部件的相关证据材料，也无法证明与被查处的车辆相对应。当时的国家汽车产业主管部门国家经贸委于2003年3月25日作出的产业〔2003〕073号复函已明确，汽车生产企业将国外生产的整车在境外拆解成散件进口后重新组装成整车，是与国家产业政策相违背的，是国家禁止的行为，属非法拼（组）装汽车的行为。综上，被上诉人所做行政处罚决定认定事实清楚，证据充分，程序合法，原审法院判决维持该处罚决定并无不当。

至于上诉人某公司提出原审法院未准许湛江三星汽车企业集团公司作为第三人参加诉讼属程序违法，法院认为，根据《行政诉讼法》的规定，同提起诉讼的具体行政行为有利害关系的其他公民、法人或者其他组织，可以作为第三人申请参加诉讼。因湛江三星汽车企业集团公司与被诉的具体行政行为没有利害关系，原审法院对其要求作为第三人参加诉讼的申请不予准许，符合法律规定，并未违反法定程序。湛江三星汽车企业集团公司对此有异议，应另行要求处理。上诉人某公司提出的原审法院未追加第三人，违反法定程序的上诉理由不能成立。上诉人某公司在提起行政诉讼的同时，一并提出行政赔偿的诉讼请求。而被上诉人承担行政赔偿责任的前提是，被诉具体行政行为违法，且造成上诉人合法权益受到损害。鉴于被上诉人所作行政处罚决定系合法行政行为，应该予以维持，故原审法院对上诉人要求被上诉人返还没收的车辆或等值价款的主张不予支持是正确的。上诉人要求被上诉人赔偿查扣车辆造成的利息损失及相关仓储费用，因查扣行为与行政处罚是两个独立的行政行为，原审法院认定上诉人的该诉请不属本案的审理范围并无不当。上诉人提出行政处罚行为违法查扣行为必然违法的上诉理由没有法律依据，法院不予支持。

综上，上诉人广东某股份有限公司提出的上诉理由不能成立，上诉请求法院不予支持，原审法院判决维持被上诉人中华人民共和国上海浦江海关所作行政处罚决定,并判决对上诉人的行政赔偿请求不予支持均无不当。

[分析]

本案在审理中主要涉及以下几个问题:

(1)行政处罚依据的法律效力问题

本案没收行政处罚的依据是由国家工商局、公安部、海关总署、国家计委、机械部、外经贸部、国家机电产品进出口办公室等七部委办起草制定并报经国务院审批的国函[1996]69 号《批复》。

该《批复》不仅规定了海关对非法拼(组)装汽车行为具有执法主体资格,而且也设定了包括没收在内的各项行政处罚。审查本诉行政处罚的合法性,首先需要解决的问题就是该《批复》是否有权设定没收财物的行政处罚。

《立法法》第 10 条规定,行政法规可以设定除限制人身自由以外的行政处罚。第 12 条规定,国务院部、委员会制定的规章可以在法律、行政法规规定的给予行政处罚的行为、种类和幅度的范围内作出具体规定。尚未制定法律、行政法规的,前款规定的国务院部、委员会制定的规章对违反行政管理秩序的行为,可以设定警告或者一定数量罚款的行政处罚。罚款的限额由国务院规定。第 14 条规定,除本法第 9 条、第 10 条、第 11 条、第 12 条以及第 13 条的规定(这些条文规定了法律、行政法规、地方性法规、规章对行政处罚的设定权)外,其他规范性文件不得设定行政处罚。根据上述有关行政处罚设定权的法律规定,由国务院七部委办起草制定的《批复》的性质有可能是行政法规、规章和其他规范性文件三种情况中的一种,同时根据上述规定亦可见,没收行政处罚只能由法律、行政法规或者地方性法规设定。因此,如果《批复》的性质是规章或者其他规范性文件,那么,其对没收行政处罚的设定就是无效的,以此为依据作出的行政处罚当然违法。如果《批复》的性质是行政法规,则其对没收行政处罚的设定就是有效的,该《批复》就可以作为没收行政处罚的依据。因此,《批复》的性质是不是行政法规是本案审理的重点。

《批复》颁布于 2000 年 7 月 1 日起实施的《立法法》之前,而对这类文件的法律位阶,《立法法》并未明文规定,属于法律真空地带,可以由司法权进行判断。长期以来,我国的行政立法并不规范,程序、权限、效力相对模糊,本案《批复》法律位阶不明的问题正是由这一历史原因造成的。针对这类突出而又普遍的现象,2004 年

5月18日,我国明确规定:"考虑建国后我国立法程序的沿革情况,现行有效的行政法规有以下三种类型:一是国务院制定并公布的行政法规;二是《立法法》施行以前,按照当时有效的行政法规制定程序,经国务院批准、由国务院部门公布的行政法规。但在《立法法》施行以后,经国务院批准、由国务院部门公布的规范性文件,不再属于行政法规;三是在清理行政法规时由国务院确认的其他行政法规。"本案《批复》系国务院于1996年8月21日,以国函〔1996〕69号文批复同意,由七部委联合发布,并具体组织实施。按照《行政法规制定程序暂行条例》的规定,行政法规可以由国务院主管部门负责起草。起草重要的行政法规,其主要内容与几个主管部门的业务有密切关系的,由国务院法制局或者主要的部门负责,组成有关各部门参加的起草小组进行工作。行政法规可以由国务院发布,也可以由国务院批准、国务院主管部门发布。因此,本案所涉《批复》属于"施行以前,按照当时有效的行政法规制定程序,经国务院批准、由国务院部门公布的行政法规"。另外,国务院办公厅曾发出国办函〔1997〕33号《关于执行国办发〔1995〕55号和国函〔1996〕69号文件有关问题的复函》,将《批复》定义为具有行政法规的法律效力。在有关文件清理之前,由于行政实践的需要,大量的类似文件仍然作为重要的有时甚至是唯一的行政执法依据。本案《批复》对打击非法拼(组)装汽车的违法行为就发挥了重要作用,否定该《批复》的效力,则会彻底摧毁打击防线,导致非法拼(组)装汽车行为猖獗。

基于上述考虑,本案两审法院都确认了《批复》的行政法规效力。

(2)没收行政处罚中的被处罚主体问题

本案中没收行政处罚的被处罚主体是某公司,其依据在于:某公司法定代表人的笔录等证据均证明涉案汽车系某公司所有,且在整个行政程序中,某公司从未提出过车辆系湛江三星公司所有的申辩,浦江海关以此为据认定某公司为被处罚人并无不妥。

审理中,某公司提供了进口汽车零部件的报关单、销售合同、发票、完税证明等证据,欲证明湛江三星汽车企业集团公司是涉案车辆所有权人,由此认定被处罚主体错误。二审法院以这些证据不能证明与涉案车辆有关联,销售合同及报关单项下的汽车零配件不能装配成本案所涉型号的车辆为由,未认可某公司的这一主张。

但由此也引申出一个值得进一步探讨的问题:没收行政处罚的被处罚主体必须是财物的所有权人吗?

没收行政处罚的被处罚主体,一般是财物的所有权人,但基于财物的存在状态有所有权和使用权分离的情况,因此,没收行政处罚的被处罚主体不排除实际占有人,特别是在类似走私之类的违法行为中,由于进出口管理手续和国际贸易活动的复杂性,法律和事实问题交叉,合法与违法行为并存,要查清走私物的所有权人,往往十分困难,所以在实践中,比较可行的方法就是以实际持有人或掌控人作为被没收处的主体。这也和没收行政处罚行为的特征相吻合,因为没收行政处罚直接针对的对象并非是人,而是物,因此,反映该行为本质特征的应当是该行为针对的物。故在非法财物的所有权人不明,或难以查清,但财物的非法性质已经确定,并且处于实际掌控人的支配控制之下时,由于没收行为的本质要件已经具备,也可实施没收处罚。

《行政处罚法》第 8 条规定了没收违法所得、没收非法财物的处罚种类,但对于被没收的违法所得、非法财物这类违法物品与被处罚人之间的关系则未作规定,那么,被没收处罚人应该是违法物品的所有权人还是持有人?

由于《治安管理处罚条例》第 7 条规定:"违反治安管理使用的本人所有的工具,可以依照规定没收。"(2006 年 3 月 1 日实施的《治安管理处罚法》第 11 条已取消了"没收"的规定,代之以"收缴")故一直存在一种看法,即被没收处罚人应该是违法物品的所有权人。事实上,这是一种误解。

首先,《治安管理处罚条例》第 6 条规定的处罚种类为:警告、罚款、拘留三种(《治安管理处罚法》增加了两种处罚:吊销公安机关发放的许可证,对违反治安管理的外国人,可以附加适用限期出境或者驱逐出境),所以,"没收"在治安案件中并不是一种处罚,而是一种行政强制措施,故不能以该规定推导出被没收处罚人应该是违法物品的所有权人。

其次,没收行政处罚直接针对的是违法物品而不是人,故查清所有权之归属并不是实施没收处的前提条件,只要物品属于"违法所得""非法财物",无论持有人是不是所有权人,该违法物品都应该被没收。持有人对他人的合法物品非法使用导致物品被没收,由此给所有权人造成的损失应由违法行为人承担。

第三,在某些情况下,很难查清违法物品的所有权人,比如对类似本案的走私物品,往往就难以查清其所有权人,如果对这类难以查清所有权的违法物品不予没收,显然违背《行政处罚法》设立"没收违法所得、没收非法财物"这一处罚种类的立法初衷。

所以,没收行政处罚的被处罚主体,不应仅仅局限于物品的所有权人,违法物品的持有人也可以成为被没收处罚的主体。故本案原告某公司的前述上诉理由,即使有证据支持,也不能成立;上海浦江海关认定某公司为本案没收行政处罚的被处罚主体并无不当。

【延伸阅读】

一、法律法规

1.《中华人民共和国海关行政处罚实施条例》

2.《中华人民共和国海关行政赔偿办法》

3.《中华人民共和国国家赔偿法》

二、专著

1.陈晖等:《海关法理论与实践》,立信会计出版社 2008 年版。

2.邵铁民等:《海关法学》,中国海关出版社 2010 年版。

第七章
海关国际合作

【内容摘要】随着全球经济一体化的不断深入,WTO 也已走过风雨兼程的 20 年,伴随着区域一体化以及各种跨区域合作的不断深入,国际贸易对国际法体系以及国内法提出了更高的要求。其中贸易便利化便是当前国际合作中尤其是各国海关合作的重要领域之一。

第一节　国际贸易便利化

一、定义

根据世界海关组织 2002 年统计,该组织的 161 个成员中,共有海关关员 850000人,他们将在一年中,承担价值 6.5 万亿美元的国际贸易货物的监管任务,8 亿人次旅客的进出境,截获约 1200 吨非法毒品,监督 1.5 亿个满载货物、4000 万个空集装箱的进出境,以及约 120 亿封邮件来往世界各地。不难看出,国际贸易量的增长速度尤为迅速,各国海关机构人员的数量却相对稳定、增幅有限,因此,海关及其工作人员承担了较大压力。同时,由于国家之间发展水平的不一致,导致货物通关、贸易运行的速度等受到了较大影响,因此,进一步减少贸易流程障碍,提高通关速度,简便进出关手续办理,并随着国际贸易环境的改变而转换海关职能,成为国际贸易发展的重要问题。

现阶段经济全球化浪潮不断高涨,区域合作的势头也非常强劲,同时国家与国家之间还通过签订自由贸易协议等双边条约使国际贸易得以多方位蓬勃发展,其中,贸易便利化(trade facilitation)已日益成为各国之间发展贸易共同关注的重要议题。

由于不同框架下关注贸易便利化议题的内容各不相同,因此,贸易便利化迄今在世界范围内尚无一个被普遍接受的统一定义。世界贸易组织(WTO)和联合国贸发会议(UNCTAD)所定义的贸易便利化是指国际贸易程序(包括国际货物贸易流动所需要的收集、提供、沟通及处理数据的活动、做法和手续)的简化和协调。世界海关组织(WCO)于 2001 年给出的贸易便利化的定义主要是指海关程序的简化及标准化,同时将贸易便利化与贸易安全紧密联系在一起,力求两者的平衡。

虽然各类组织对贸易便利化的界定并不完全一致,贸易便利化的内涵和外延也在不断丰富,但总的来说,贸易便利化旨在简化和协调货物在国际贸易活动中所涉及的各种程序,以此减少交易成本和困难,改善贸易环境,以便最大限度地实现国际贸易的自由和开放。贸易便利化涉及的内容十分广泛,几乎包括了贸易过程的所有环节,其中,海关制度是问题的核心,这涉及海关的行政管理效率、进出口手续办理的效率、边境管理的透明度等诸方面。海关作为监管国际货物流动的政府部门,拥有其他政府部门所没有的重要专项权力,即查验进出境及过境货物和物品的权力、拒绝货物进出境和加速进境的权力、要求提供有关进出口货物的信息权力。而我们常说到的通关便利化则属于贸易便利化范畴中的关键问题之一。通关是指完成必需的海关手续以使货物出口,为境内使用而进口或置于另一种海关制度下。通关便利化包括了改进海关的行政管理,更新通关标准与技术规则,消除阻碍商务人员流动的各种因素等。通关便利化是贸易便利化最直接的体现和考察标准。

二、贸易便利化的主要措施

(一)单一窗口制度

由于进出口涉及多个行政管理部门,因为管理部门之间的不协调而导致的贸易成本增加严重制约了贸易便利化的发展,因此,世界海关组织等多个国际组织均将单一窗口制度作为海关制度改革的重要方面。一般认为,在通关程序中建立"单一窗口",解决了涉及多重跨界边境监管机构的边境自动化和信息管理的复杂问题。为了支持这一制度的建立,联合国贸易便利化和电子商务中心在其2005年发布的《建立单一窗口的建议与指南》中指出,这种便利准许贸易与运输的有关方在一个单一的入境口(岸)提交标准化的信息和文件,以履行所有有关进口、出口以及转运的规范性要求。世界海关组织则对各国海关数据进行协调和标准化,建立起世界海关组织数据模型(WCO Data Model),其中有数据模型反映了其他政府部门的业务和数据要求,是建立"单一窗口"的特定工具。"单一窗口"的建立除了需要技术支持,同时还需要法律的保障,其表现在对实施单一窗口制度的法律授权以及明确单一窗口授权机关的协调或领导地位,并同时确认其他机构的相应权利与协作地位。另外,电子数据的法律地位、电子签名制度等,都是"单一窗口"实施过程中的一些重要法律实践问题。

(二)协调边境管理(CBM)

协调边境管理(CBM)也是世界海关组织一直在推动的一项贸易便利化措施,是对边境管理机构的监管活动进行组织和监督,以便在边境安全和合法合规的前提下满足合法贸易和人员流动便利化的要求。该措施包含了所有相关政府机构的协调和合作,这些机构都与针对过境旅客、货物和交通工具的边境安全和监管要求有所关联。基于这一原因,世界海关组织进行了包括概述和个案的协调边境管理研究。这也促使各国政府花费精力和时间来认真考虑现行的边境管理制度,并增加了"一站式"边境检查站的设置数量。

（三）授权经营者制度（AEO）

这一理念产生于《京都公约》[①]，是为了解决贸易量不断增长和海关有效监管之间的矛盾，从以货物为管理重点入手，改变以贸易商作为风险控制与便利授予的标准，将贸易商分为一般经营者和经认证/授权的经营者。其中，经认证/授权的经营者主要是指国际物流中，经海关或其授权部门批准，为符合世界海关组织制定的或同等效力的供应链安全标准的企业。这些企业可以是：生产商、进口商、出口商、报关行、承运人、货代、贸易中间商、港口、机场、码头经营者、综合经营者、仓库、分销商等，它们分布在供应链的任何位置，履行各种不同的职能。这一制度不仅简化了程序，同时保证了供应链的安全，无疑也是一项重大的贸易便利化措施。

（四）通关管理流程化

通关制度设计流程化可以简化通关手续，降低贸易成本，进而促进贸易便利化发展。它主要是将"流程管理"的理念运用于通关制度中，以客户为导向，以通关投入与产出取得正收益为流程运作成功的标志，打造跨部门快速协同运作平台，使海关各项业务活动能够以更快的速度为贸易界提供优质服务产品。国际社会的普遍做法是在"跨部门、多部门参与"的基础上实现流程化、动态、环形的通关管理。流程化管理可以产生如下变革：第一，改变以往单向、直线型的通关模式，转变为流动、环形的通关模式；第二，通过与服务对象共同协商来确定更加可行的、易为商界接受的具体工作规范与指标；第三，海关与商界之间将建立一种伙伴关系，把工作及服务对象的需要与海关价值目标结合起来。

（五）电子通关

日本进出口港口信息处理系统（NACCS）就是日本的电子口岸，是日本为快速处理国际贸易中关于报关以及进口之际缴纳关税等而建立的数字信息通信系统。它将海关当局、运输业者、仓储保管业者、航空公司、船舶公司、船舶代理业者、金融

---

① 即《关于简化和协调海关业务制度的国际公约》，海关合作理事会 1973 年 5 月 18 日在日本京都召开的第 41/42 届年会上通过，1974 年 9 月 25 日生效。1999 年 6 月 26 日，海关合作理事会在布鲁塞尔通过了《关于简化和协调海关制度的国际公约修正案议定书》，2006 年 2 月 3 日修订后生效。以下简称《京都公约》。

机关等与通关相关的政府部门和各业界用数字化信息通信系统联系起来,成为日本电子通关的核心制度,也是日本推行通关便利化的关键。这一类电子通关是国际发展趋势,其实现的无纸化所节约的纸张和文书管理的成本,以及电子化通关所带来的国际物流速度的加快、劳动力成本的节约等给企业创造的价值将大大超出设备的投入,利于海关管理、企业发展,也是贸易便利化的必然要求。

三、贸易便利化与贸易安全

经济全球化对各国海关的最大挑战就是如何处理好海关有效监管和便利贸易之间的矛盾。海关组织和人员的资源有限,而世界贸易量却成倍增加,面对迅速增加的国际贸易量,如何利用有限的海关资源,既实施海关有效监管,保证国家安全,又便利和促进贸易,成为各国海关共同面临的问题。20 世纪 90 年代以来,一些西方发达国家海关和国际组织纷纷进行改革。改革主要围绕海关职能、海关制度、创新和转变管理观念进行。包括美国、日本等在内的国家对海关专项立法进行了大规模修改,澳大利亚、欧盟国家的海关也纷纷进行海关改革或修改海关立法。在国际法方面,为了更好地实现贸易便利化,世界海关组织启动了对《京都公约》的修改工作,修订后的公约于 2006 年 2 月 3 日生效。世界海关组织认为,《京都公约》作为世界上唯一一个全面规定海关制度和做法标准的国际性法律文件,应该成为国际上公认的标准海关手续,并在简化和便利海关手续、服务国际贸易方面做出贡献。

经济全球化带来了社会的发展和经济的繁荣,却使影响和平与发展的不稳定、不确定因素明显增多,非传统安全问题日益突出,金融、环境、信息安全、流行疾病、民族分裂主义等非传统安全因素,已构成对国家安全的重要威胁,也深刻影响到各国的经济社会发展。2001 年发生的"9·11"事件更是将贸易安全问题首当其冲地摆在各国海关面前,并一跃成为以美国为首的发达国家和世界海关组织的首要关注问题。

(一)其他国家与国际组织的具体措施

"9·11"事件后,美国海关与边境保护局实施了一系列倡议计划,包括美国盾牌计划、集装箱安全倡议(CSI)、24 小时提前申请规则、30 点智能边境协议等,把美国的安全区扩展至地理边境之外,使美国边境由第一道防线变为最后一道防线。

欧盟税务及海关同盟总司将"管理并保护欧盟统一的外部边境,打击非法贸易,增强国际供应链的安全"确立为主要职责之一。

新西兰海关"2006—2010年海关成果目标"中的第一项,就是"边境安全——提高海关的协同作战能力,为国家安全做出贡献"。

WCO于2002年6月召开的理事会年会通过了《海关合作理事会关于国际贸易供应链安全与便利的决议》(SCS),将保障贸易安全问题作为"9·11"事件后国际海关面临的重大新挑战和关注的重中之重,并为此提出重新审视WCO战略规划重点和海关的职能定位、贸易便利化与加强监督安全间的关系定位,并把推进成员加入《京都公约》、通关数据标准化、电子数据预交换、风险管理、行政互助、技术援助等都列为贸易安全与便利化的保障措施,形成一个保障贸易安全的完整战略规划。2005年6月,WCO通过了《全球贸易安全与便利化框架》一揽子文件,被认定为世界海关应对21世纪挑战的发展蓝图,是国际海关制度的重大变革。

(二)中国的具体措施

根据1987年《中华人民共和国海关法》的规定,我国海关承担着监管、征税、查私、统计四项基本任务。但随着对外不断开放,全球贸易环境以及区域贸易环境发生了较大变化,海关承担的职责范围实际上也在不断扩大。2005年,时任海关总署署长牟新生将海关任务概括为海关监管、海关征税、打击走私、海关统计、加工贸易保税、海关稽查、口岸管理七项职责。而现在的国际贸易安全与便利问题,实际上提出了海关在新的国际贸易环境下需要进行职能定位的更新、扩容。为适应国际海关发展趋势和参与国际海关合作的需要,中国海关在完善和发展四大任务和七项职责的基础上还应在海关边境保护、保证供应链安全与便利以及口岸一体化管理等几方面承担起应有的职能作用,在国际贸易安全与便利问题上发挥主导作用。

1.海关边境保护职能

新的海关边境保护职能是指中国海关应对新形势下非传统安全威胁对国家产生的危害和影响,履行作为国家进出境监督管理机关应尽的职责,起到应发挥的作用。该项职能强调在关境"进"和"出"两个环节上,预防、查缉和打击各种非传统安全因素,维护国家的整体安全利益。具体职能包括了反恐、反洗钱、环境保护、保护濒危动植物、打击"洋垃圾"的进口、查缉货币非法输出、查缉化学前体等。

虽然我国履行安全保护职能包括边境安全保护的政府部门很多,但根据海关法规定,在海关监管区及规定地区内履行针对安全因素的保护职能只能由海关承担。执法空间在地区上的特定性和确定性是划分海关与其他部门职责的法定标准。同时应该区分的是,该项职能限于对进出境货物、货品、运输工具中所含的非传统安全威胁因素进行预防、查缉和打击,但对进出境人员所涉及危险因素的预防、查缉和打击不属于海关边境保护的内容。

2.保障供应链的安全与便利职能

保障供应链的安全与便利职能是中国海关为应对恐怖主义等非传统安全因素给全球贸易供应链带来的威胁,适应贸易便利化发展,而履行国家进出境监督管理的职责。中国海关履行该项职能应以战略性风险管理、人力资源管理、立法管理、简化海关手续、信息技术、海关内部治理、与外部合作交流等为切入点,实现供应链安全与供应链便利的有效平衡。

就目前全球贸易现状来看,强调保障供应链安全应排在首位,其次才是供应链的便利。供应链的安全是供应链的便利的基础,供应链的便利是供应链安全的目的。只有在供应链安全的条件下,才可能享受供应链便利带来的各种益处;但如果无法实现供应链便利,单方面的强调供应链安全,反而会成为国际贸易进行中新的障碍。

3.口岸一体化管理职能

口岸一体化管理职能是中国海关为履行国家赋予自身在口岸管理中应尽的职责和应发挥的作用,即发挥海关在中国口岸管理部门中的主导和牵头作用,科学规划口岸发展,合理配置口岸管理资源,在各口岸部门之间形成良好的大通关机制,创新口岸管理模式,提高口岸管理技术水平,提升口岸的整体通关能力和综合效能。

该项职能具体包括:研究并提出组织实施中国对外开放口岸的整体规划及规范管理的具体措施;根据国务院的总体要求组织协调口岸通关中各有关部门的工作关系,指导和协调地方政府的口岸工作;参与中国口岸管理法律、法规的制定和修改;跟国际接轨,保持各口岸各项规则和具体措施的透明度和便利化;积极推动中国口岸管理体制改革和电子口岸的建设,逐步实现口岸管理的单一窗口模式,提升中国口岸的技术含量和管理水平等。

第二节　中国海关与海关国际合作

●　●　●

国际合作是国际法的重要原则之一,在 1945 年《联合国宪章》[①]的宗旨中也规定:"促成国际合作,以解决国际间属于经济、社会、文化及人类福利性质之国际问题,且不分种族、性别、语言或宗教,增进并激励全人类之人权及基本自由之尊重。"1974 年的《各国经济权利义务宪章》规定:"所有国家有义务个别地和集中地进行合作",并把"国际合作以谋发展"规定为所有国家的"一致目标和共同义务"。可以说,国际合作是现代国际社会国家之间相互依存的产物,也是各国共同发展不可或缺的重要保证。随着全球经济一体化的不断纵深发展,尤其给国际贸易带来了巨大机遇和挑战,在这样的国际形势和贸易背景下,海关作为参与和建构经济全球化和区域经济一体化进程中的各个国家的主要职能机关,其征税等传统职能被弱化,而促进贸易安全和便利化、保护知识产权、保持环境的可持续性发展等非传统职能得到强化。基于非传统职能的实现更需要依赖国际上各国和各政府之间,以及国际组织之间的通力合作,考虑到国际海关新制度的建立和形成状况,中国理应参与海关国际合作,并在其中争取重要地位,以与我国的经济发展状况和国际影响力相适应。

根据世界海关组织的相关文件显示,各国海关合作的主要目的是,推动世界海关标准化发展,简化协调海关程序,保证货物供应链的安全和便利,并通过合作,大大提高信息交流和便利化。从实际情况来看,现今主要发达国家负责海关事务的部门,都非常重视寻求广泛合作,海关的国际合作主要是通过在不同国家和地区之

---

① 《联合国宪章》第 1 条第 3 款。

间建立情报联络网、开展信息数据交换、开展交流培训等方式不断推进。

一、中国海关参与国际合作的现状

(一)中国海关积极参与世界海关组织的制度建设

作为世界海关组织的成员,中国海关积极参与国际海关事务,大力推动"保障全球贸易安全与便利""能力建设""海关商界伙伴关系""海关现代化"以及"打击商业瞒骗"等重大议题的讨论和实施,承办了世界海关组织亚太地区情报联络中心,并在上海海关学院建立了世界海关组织亚太地区培训中心。同时,中国政府还积极参加世界海关组织多项规则的讨论、起草以及签署过程,争取在规则制定中掌握一定的话语权,在规则实施过程中取得更大的主动权。

(二)中国在各个领域参与海关合作

中国目前是世界第三大贸易国,每天货物进出境数量庞大,中国海关的各项任务非常繁重。在传统职能征税、监管、打击走私和海关统计方面,中国海关取得了很多成果,并与其他国家或地区通过情报交换、案件协查、技术合作和开展联合行动等方式在国际(地区)间开展互助合作活动,也取得了相当大的进展。我国与十几个国家签订了双边协定,对海关合作与互助确定了范围,主要涉及:便利和加速两国间货物和人员往来;防止、调查和惩处违反海关法规的行为;保证正确计征对进出口货物和物品所征收的关税、国内税和其他费用;交流海关事务方面的专业经验和信息。

我国在统计合作方面成效显著,中国海关与哈萨克斯坦、韩国、蒙古、俄罗斯和中国香港特别行政区等海关在协议、议定书和合作安排的框架下开展了富有成效的统计合作,并与乌克兰、吉尔吉斯斯坦海关签署了新的统计合作议定书。上述合作除在增进彼此了解和缩小双方的统计数据差异方面具有重要意义外,还有力地促进了我国海关互助合作总体方略的执行。

另外,我国与其他海关在情报交换方面也展开了深入的合作,确定了情报交换的范围包括:可能构成违反海关法行为,将对另一方经济、公众健康、公共安全或其他重大利益造成严重损害的活动;在打击违法活动中可能有用的执法技术,尤其是在打击这种违法行为中被证明有用的技术手段;违法采用的新的作案手段;采用新的执法技术所获得的观察资料和研究结果;海关计征关税及其他税费情况,尤其是可能有助于对货物进行海关估价和税则归类的情况;执行进出口禁限管制情况等。

我国与其他海关还在国际培训、特别监视和核查、海关行政互助的请求和执行等方面也开展了深入合作,通过签署双边条约的方式与全球多个国家的海关机构建立起了互助合作关系,通过国家间的海关互动沟通加强海关管理和共同发展。

（三）中国积极开展双边和多边海关合作

截至 2010 年,我国海关已经与 117 个国家和地区的海关开展了友好往来,与 64 个国家或地区签署了海关双边互助合作协议(协定/备忘录/安排/换文/联合声明等),适用的国家基本覆盖了与我国交往中的主要政治和经济大国。在协议中,它们根据与我国的合作程度不同而分别约定了合作范围、合作方式、合作内容等。

截止到 2014 年年初,在备受关注的中国与部分国家积极协商签署的 FTA[①] 文本中,大多数协议都专门设有"贸易便利化"或"海关合作"一章,例如中国—瑞士、中国—冰岛、中国—新西兰、中国—秘鲁签署的 FTA 均有专章约定海关合作与贸易便利化措施和安排;另外,在中国—东盟、中国—新加坡、中国—智利、中国—哥斯达黎加签署的 FTA 文本中虽没有专章约定海关合作和贸易便利化措施,但也有专门的条款涉及该问题。目前,FTA 的签署意味着国家之间建立了较高层次的国际自由贸易合作,而这一类双边条约的签署尤其关注贸易便利化与海关合作问题,可见,在最新最活跃的国际贸易形态中,贸易便利化已具有非常重要的实践意义。

（四）中国海关积极参与区域海关合作

区域合作是目前与全球一体化并行不悖的一种国家间合作模式,中国也正积极参与其中,而中国海关参与的区域海关合作不仅包括在本区域内的各种组织的海关事务合作,也包括跨区域的与世界其他主要区域开展合作。

中国海关作为 APEC[②] 海关手续分委会的成员,积极参与亚太地区贸易便利

---

① FTA 为 Free Trade Agreement(自由贸易协定)的英文缩写。

② 亚太经济合作组织(Asia-Pacific Economic Cooperation,简称 APEC)是亚太地区最具影响的经济合作官方论坛。

化共同行动计划的制定和审议工作,担任了本地区的海关监管快递物品的项目牵头人,承办了海关与商界大型对话会,开发了 APEC 上海示范通关点项目。

中国海关还先后在亚欧论坛峰会、上海合作组织、中亚八国、大湄公河次区域、东盟等九个区域合作机制框架下开展海关合作,促进了我国海关业务在自由贸易和安全便利化等区域合作平台的领域中获得交流和发展。

中国与欧盟的海关合作是随着 1985 年中欧签署《贸易和经济合作整体协定》被纳入框架中。中欧经贸关系的健康快速发展促进了海关之间的合作,双方海关通过高层互访、专家讲学和考察访问等多种形式进行交流与合作,内容涉及关税、EDI①、原产地、知识产权保护、反商业瞒骗、缉毒和海关估价等多个领域。

二、中国海关国际合作的建议

中国作为全球重要的经济贸易体,不仅应与全球经济一体化、区域合作的大趋势相接轨,同时还必须关注发达国家的贸易需求,尤其是海关在非传统职能领域制度的构建。中国仍然是发展中国家,因此,中国海关在加快职能更新的过程中仍应保持和贯彻执行海关的传统职能。结合国际社会中海关合作的实践和趋势,以及我国海关的自身情况,海关可以从以下几个方面开展工作:

(1)积极参与多边合作,加强自身制度建设。中国应积极参与有关世界海关事务的各项会议和议题,并在区域合作中积极就海关职能等问题与区域内其他国家进行充分具体协商,争取在《京都公约》的再次修改、《全球贸易安全与便利标准框架》的加入和实施中直接参加具体制度的讨论、修改、起草和推行。中国 1991 年加入《商品名称与编码协调制度的国际公约》后一直致力于改革国内税则,按照该公约要求和标准逐步实现以协调制度为基础的《进出口商品分类和代码》,这一实践受到包括协调制度委员会在内的国际社会的肯定。因此,国内法与国际法规则接轨,大力推行统一标准的国际合作,是中国海关未来的重要发展方向。

---

① 全称 Electronic Data Interchange,中文译名:电子数据交换。它是由国际标准化组织(ISO)推出使用的国际标准,指一种为商业或行政事务处理,按照一个公认的标准,形成结构化的事务处理或消息报文格式,从计算机到计算机的电子传输方法。

中国在海关国际合作上已经确立国际合作工作联络员、协议评估、联席会议等机制,为参与海关国际合作提供了现实性。同时,海关的国际合作工作机制也应纳入法治化的轨道,故我国有必要建立海关国际合作的法律保障机制。

(2)扩大国际合作的领域。目前,中国海关已经在海关统计、缉私以及海关人员培训等方面与海关国际组织、其他国家或地区建立了联系。今后,中国海关可以在此基础上继续扩大和深化这些领域的合作,同时在国际标准化合作、行政互助、反恐怖主义、知识产权边境保护、贸易安全与便利化等方面进一步加大投入,增加与国际社会在新的领域合作的机会。拓展领域过程中,中国可以借助重要的国际组织的良好平台,在联合国、WTO、WCO等组织的框架内利用国际组织的合作机制,有目的、有针对性地开展各领域的合作。

(3)增加科研投入,对非传统职能的理论和实践进行研究,成为新阶段制度的建设者和推动者。现今世界海关的工作重点正在转向非传统职能领域,作为发展中国家,中国应在巩固传统海关工作职能的基础上,结合中国在世界贸易、区域贸易的总体定位和长远规划,加大对非传统职能理论的研究的投入,克服实践经验不足的不利因素,通过提升科研能力和水平,深入进行相关理论研究和探索,为面临的海关非传统职能的挑战提供必要准备。

(4)借助各种途径,拓展合作方式。中国海关的国际合作应借助于各种途径,拓展合作方式。它可以利用双边或多边的定期、非定期会晤、谈判、高级别官员互访、经济论坛等形式,传达中国海关的信息,宣传中国海关在机构职能升级过程中的先进经验和具体措施,提高中国海关在国际社会的地位和影响力。同时,它应建立、巩固和发展中国与世界各国海关的友好合作关系,有选择地与中国主要贸易大国、国家集团、周边国家、友好国家等建立并发展长期、稳定的战略伙伴关系,扩展中国在国际海关体系中的盟友,为中国海关更加深入、广泛地参与多边、区域乃至全球的海关合作创造良好的国际外部环境。

【案例裁决/法律文书摘录】

中美联合打击走私毒品案

[基本案情]2006 年 3 月 15 日,中国海关广东分署、深圳、广州、拱北、上海海关在海关总署的指挥、组织和协调下,联手美国司法部缉毒署(DEA)和中国香港海关,破获了一起涉及亚、非、南美、北美四大洲,哥伦比亚、委内瑞拉、尼日利亚、尼日尔、泰国,以及中国内地、中国香港的特大跨国走私毒品案件,全案缴获毒品可卡因 142.7 千克,毒资人民币 17 万元、港币 3 万元,先后抓获犯罪嫌疑人 9 名,捣毁 2 个藏毒窝点和 1 个地下毒品加工厂。

从 2006 年年初开始,海关总署通过美国司法部缉毒署等获取一定的案件线索,并迅速组成"1·11"案件协调指挥组,统一指挥国内各个相关海关工作,并加强同美国司法部缉毒署、中国香港海关的案情沟通。3 月 2 日,中国内地海关缉私部门、美国司法部缉毒署、香港海关通过联合监控,成功对该犯罪团伙从内地运往香港的 1 千克可卡因样品实施控制。3 月 4 日,根据案件侦办工作需要,中国内地海关、美国司法部缉毒署、香港海关三方在深圳召开专案协调会,加强案件线索交流并制定了下一步工作方案。3 月 9 日,根据案情发展,海关总署果断要求相关海关按既定方案开展工作,并在 3 月 15 日由深圳海关组织海关缉私警察在深圳罗湖口岸交通楼抓获该走私毒品犯罪团伙成员梁某等 4 人,当场缴获可卡因 5170 克,随后在其住所内又查获可卡因 544 克。3 月 16 日,根据前期案件线索和犯罪嫌疑人供述,深圳海关派出行动组在拱北海关的配合下展开行动,于 3 月 16 日在中山市缴获可卡因 136 克,并在珠海市捣毁秘密地下毒品加工厂一处。同晚 19 时 40 分,香港海关根据联合行动的统一部署,在港抓获外籍犯罪嫌疑人 2 名。3 月 17 日,另外 3 名主要犯罪嫌疑人先后在深圳、珠海落网。

[分析]由于"9·11"事件后贸易安全和贸易便利化同时在国际贸易过程中被推上风口浪尖,而贸易安全是贸易便利化的重要前提,因此,在多数国家、地区之间已展开大量国际海关合作与行政互助,在保证贸易安全的前提下开展合作,促进贸易便利化的顺利推进。随着跨国犯罪数量大幅度增加、犯罪手段不断翻新,任何国家凭一己之力已很难有效查缉、处罚和防范违反海关法的行为,因此,目前各国或

地区通过缔结双边条约、参加国际公约等形式参加海关合作与行政互助,合作的形式包括多边合作、双边合作和区域合作等。中国非常重视开展海关合作与行政互助,现已同世界多个国家和地区缔结了一系列关于海关合作与行政互助的条约,合作的国家和地区分布广泛,成效明显。例如,中国通过 WCO、WCO 地区情报联络处(RILO)、APEC 海关手续分委会、联合国国际麻醉品管制署(联合国禁毒署)、国际刑警组织等积极开展多边合作,并在其中扮演了重要的大国角色,不断推动海关合作的进程。同时,中国也非常重视与周边国家和地区的合作,合作覆盖面广,合作机制多种多样。

【延伸阅读】

1.何力:《日本海关法原理与制度》,法律出版社 2010 年版。

2.周阳:《美国海关法律制度研究》,法律出版社 2010 年版。

3.郑俊田、张红编著:《海关事务》,对外经济贸易大学出版社 2010 年第 2 版。

4.陈晖、朱秋沅:《比较海关法》,中国海关出版社 2011 年版。

5.陈晖、邵铁民:《案例海关法教程》,立信会计出版社 2007 年版,第 285～286 页。

6.陈晖、邵铁民:《海关法理论与实践》,立信会计出版社 2008 年版,第 359～364 页。

7.何力、周阳:《海关国际商务法教程》,中国海关出版社 2010 年版,第 106 页。

8.http://fta.mofcom.gov.cn(中国自由贸易区服务网)

9.https://www.wto.org(世界贸易组织官方网站)